Das Große
Festspielhaus

Clemens Holzmeisters
Gesamtkunstwerk

Artbook

Das Große Festspielhaus

Clemens Holzmeisters Gesamtkunstwerk

Herausgegeben von
Andrea Gottdang und
Ingonda Hannesschläger
Fotos Hubert Auer

KUNSTSTANDORT SALZBURG²

Aus Gründen der Lesbarkeit wird auf geschlechtsspezifische Formulierungen verzichtet. Sofern personenbezogene Bezeichnungen nur in männlicher Form angeführt sind, beziehen sie sich auf Frauen und Männer gleichermaßen.

Inhaltsverzeichnis

9	**Grußwort des Rektors der Universität Salzburg**
13	**Grußwort der Präsidentin der Salzburger Festspiele**
15	**Vorwort und Danksagung**
17	**Salzburgs Anfänge als Festspielstadt**
19	Musikfeste und die Idee eines Festspielhauses in Salzburg
21	Die ersten Festspielhäuser. Standortsuche und Startschwierigkeiten
23	Neue Probleme. Baumängel und Umbauten
27	**Clemens Holzmeister und der Bau des Großen Festspielhauses**
29	Holzmeisters Biographie im Zeichen des Theaterbaus
33	Nach dem Zweiten Weltkrieg. Die Suche nach Neuem
35	Das Große Festspielhaus im Kontext des internationalen Theaterbaus
39	Die Bauaufgabe. Diskussion um die Gestaltung
45	Das Gesetz baut mit. Entscheidungsträger und Normen
49	Grundsatzentscheidungen
53	Zügig zum Ziel. Kleine Bauchronologie
59	Bauen auf engstem Raum. Die Grundrissdisposition
67	Less is more. Die Fassade
75	**Kunst im Großen Festspielhaus**
77	Den Salzburger Charakter wahren. Holzmeisters Material-, Farb- und Lichtkonzept
87	Die Innenausstattung. Holzmeisters Gespür für Details
95	Der Kunstausschuss. Viele Politiker, wenige Künstler und: Holzmeister
97	Clemens Holzmeister, der Netzwerker
101	Eingangshalle. Festliches Entrée
109	Theater und Musik. Ein allegorischer Empfang durch Wander Bertoni
113	Wandteppiche. Textile Kunstwerke von Gretl und Leo Wollner
119	Pausenhalle im Erdgeschoss. Flanieren im ehemaligen Marstall
123	Steinmosaike. Pferde, Hufeisen und ein Einhorn, verlegt von Richard Kurt Fischer
129	Orpheus II. Der Verzweifelte von Alfred Hrdlicka
133	Huldigung an Anton von Webern. Zwölftontechnik aus Stahl von Rudolf Hoflehner

	139	Rangstiegenhäuser. Die Kunst des Aufgangs
	141	Wandkeramiken. Große Kunst im kleinen Format von Gudrun Baudisch-Wittke
	145	Fuge von Bach. In Ton transponierte Klänge von Arno Lehmann
	151	Haupt- und Logenfoyer. Flanieren zwischen Kunstwerken
	155	Stuckreliefs. Zurückhaltende Dynamik von Hilda Schmid-Jesser
	159	Goldene Decke. Das Juwel im Logenfoyer von Franz und Ursula Mair
	161	Amor und Psyche. Sinnliches Fadenspiel nach Oskar Kokoschka
	165	Sphärenklänge. Der Kosmos des Künstlers Herbert Boeckl
	171	Ranglogensalons. Monumentale Wandmalerei in kleinem Raum
	173	Salzburg, seine Erbauer und seine Musik. Karl Plattners Hommage mit kleinen Widersprüchen
	181	Von der Nacht zum Tag. Wolfgang Hutters blühende Farbenpracht
	187	Fördererlounge. Das besondere Foyer
	191	Masken, Tiere und Porträts. Reliefs von Heinz Leinfellner
	195	Opern, Elemente, Monster. Gobelins von Richard Kurt Fischer und Giselbert Hoke
	199	Zielpunkt. Der Große Saal
	205	Lamellendecke. Carl Ungers Antiken- und Technikbegeisterung
	209	Eiserner Vorhang. Rudolf Hoflehners glänzender Blickfang
	213	Roter Vorhang. Ein Kunstwerk aus der Textilwerkstatt Gretl und Leo Wollner
	217	Leisten, Lampen, Marketerie. Interieur en détail
	221	Direktionsetage. Zentrale der Kunst
	223	Mörtelschnittdecke. Schlichte Eleganz von Gudrun Baudisch-Wittke

Um die Orientierung im Großen Festspielhaus zu erleichtern, sind den einzelnen Gebäudeteilen Farben zugeordnet. Im Anhang befinden sich Grundrisse mit den entsprechenden Farbmarkierungen.

225 **Nachwort**

227 Die Kunst im Festspielhaus nach 1960

237 **Anhang**

239 Künstlerviten
244 Abkürzungs- und Quellenverzeichnis
246 Literaturverzeichnis
249 Abbildungsnachweis
250 Grundrisse des Festspielhauses mit Farbcode
256 Impressum | Sponsoren

Grußwort des Rektors
der Universität Salzburg

Der Universität Salzburg sind der Kontakt und die Kooperation mit den Kulturinstitutionen in Stadt und Land Salzburg ein großes Anliegen, das sie systematisch verfolgt. In vielfältigen kulturellen Aktivitäten profitiert auch eine breite Öffentlichkeit von dem produktiven Austausch. Die Vermittlung von Wissenschaft und Kunst an ein interessiertes Publikum begreift die Universität Salzburg als gesellschaftspolitischen Auftrag, der zum Beispiel im Kooperationsschwerpunkt Wissenschaft und Kunst, einer Zusammenarbeit mit der Universität Mozarteum, eine eigene Plattform hat. Was läge in diesem Rahmen in Salzburg näher, als auch den intensiven Austausch mit den Salzburger Festspielen zu suchen? In Tagungen, Publikationen und Vorträgen wurden an der Universität bereits immer wieder die Geschichte, die Gegenwart und auch die Zukunft der Festspiele erforscht und vermittelt.

Universität und Salzburger Festspiele weisen mehr Gemeinsamkeiten auf, als zunächst zu vermuten. Beide befinden sich im Herzen der Stadt, mit der sie eng verbunden sind. Beide teilen sich einen zentralen Bereich des Festspielbezirks, pflegt das Festspielhaus doch in der Hofstallgasse mit der Universitätsbibliothek eine gute Nachbarschaft. Und für beide, Universität wie Salzburger Festspiele, wurden in den 1950er Jahren entscheidende Weichen gestellt. Für die Salzburger Festspiele mündeten langjährige Diskussionen und Planungen in der Eröffnung des Großen Festspielhauses im Jahr 1960; die Universität feierte ihre Wiedergründung 1962. Beide Ereignisse wurden durchaus von einem ähnlichen Geist des Aufbruchs und der Verantwortung gegenüber Stadt und Land, und dies in einem europäischen Kontext, getragen. Clemens Holzmeister entwarf mit dem Großen Festspielhaus ein Gesamtkunstwerk, das zugleich eine Leistungsschau österreichischer Kunst sein sollte. Die Kunstwerke im Großen Festspielhaus legen davon ein beredtes Zeugnis ab. Die Festspiele mit ihrem neuen Domizil sollten Gäste aus aller Welt nach Salzburg locken, Salzburg als weltoffene Kulturstadt repräsentieren, aber auch den Tourismus und damit die Wirtschaft ankurbeln. Wie die Kunst sollte auch die Wissenschaft im Dienst von Stadt und Land stehen. Der damalige Landeshauptmann Hans Lechner betonte 1961 in einem engagierten Plädoyer, die Hochschulausbildung sei nötig, wenn das „Land teilnehmen soll an den modernen Errungenschaften und an der Erforschung und damit Bezwingung des Lebens". Als eine Grundvoraussetzung für die „gedeihliche Ausbildung" benannte er die „gerade auf der Hochschule so wichtige unmittelbare menschliche Beziehung zwischen Lehrenden und Lernenden". Diesem Ideal fühlt sich die Universität Salzburg heute immer noch verpflichtet. Nicht in Massenveranstaltungen, sondern nur im intensiven Miteinander von Lehrenden und Lernenden, die sich über mehrere Semester auf ein gemeinsames Projekt einlassen, ist eine Publikation

Impressionen von der Eröffnung des Großen Festspielhauses. Unten Gusti Wolf im Gespräch mit Curd Jürgens und seiner Gattin Simone.

wie der vorliegende Band möglich. Die Initiative dafür ging von der Abteilung Kunstgeschichte des Fachbereichs Kunst-, Musik-, und Tanzwissenschaft aus. Mit den Salzburger Festspielen haben die Herausgeberinnen einen engagierten Partner gefunden, der seine Türen der Wissenschaft weit öffnete – und Studierende die Geschichte des Großen Festspielhauses erforschen ließ. Was als Lehrveranstaltung an der Universität begann, entwickelte eine Eigendynamik: Funde in Archiven, tiefere Einsichten in Holzmeisters Kunstauffassung, die Analyse historischer Fotos, die Geschichte und Geschichten hinter dem Großen Festspielhaus, seiner Ausstattung und den Kunstwerken motivierten das Team, angeleitet von seinen Professorinnen, ein breites Publikum teilhaben zu lassen an ihren Ergebnissen – ganz im Sinne des Schwerpunktes Wissenschaft und Kunst. Das ist für Studierende, die gerade noch dabei sind, die Wissenschaftssprache ihres Faches zu lernen, eine ganz eigene Herausforderung. Es ist gelungen, ein lebendiges Bild der Entstehung des Großen Festspielhauses und seines Aussehens im Jahr 1960 zu rekonstruieren. Wie sorgfältig selbst Details durchdacht sind, an denen man oft genug vorbeigeht, wieviel mehr als Dekoration die Kunstwerke sind, zeigen schon die Bilder in diesem Band, die der Fotograf der Abteilung Kunstgeschichte eigens angefertigt hat. Manche Entdeckungen mögen selbst versierte Festspielgäste überraschen und sie anregen, beim nächsten Besuch des Großen Festspielhaus wieder einmal auf eine Entdeckungsreise zu den kleinen und großen Kunstwerken zu gehen.

Heinrich Schmidinger,
Rektor der Universität Salzburg

Grußwort der Präsidentin der Salzburger Festspiele

„Das Salzburger Festspielhaus ist ein Symbol. Keine Theatergründung, nicht das Projekt einiger träumerischen Phantasten und nicht die lokale Angelegenheit einer Provinzstadt. Es ist eine Angelegenheit der europäischen Kultur und von eminenter politischer, wirtschaftlicher und sozialer Bedeutung."

Mit diesen ergreifenden Worten warb 1919 einer unserer Gründerväter, der Dichter Hugo von Hofmannsthal für ein Festspielhaus in Hellbrunn – das dann allerdings nie gebaut wurde. Über drei Jahrzehnte später gelang es Herbert von Karajan am Zenit seines Schaffens, das Große Festspielhaus durchzusetzen – obwohl auch in den 1950er Jahren die Widerstände groß waren, weil die Schäden des Zweiten Weltkriegs andere Projekte dringender erscheinen ließen.

Gemeinsam mit Clemens Holzmeister plante er das Haus mit einer Bühne, die auch heute noch zu den größten der Welt zählt, mit einer Akustik, um die uns alle beneiden. Holzmeister, dem wir den einzigartigen Festspielbezirk verdanken, war es auch, der Künstlerkollegen – wie Wander Bertoni, Herbert Boeckl, Oskar Kokoschka, Carl Unger u.v.a.m. – mit der wunderbaren Aufgabe betraute, das Haus auszustatten, zu schmücken. Fresken, Mosaike, Gobelins, Gemälde, Skulpturen: Es ist eine eindrucksvolle Spur, die die bildende Kunst in unseren Häusern hinterlassen hat. Ein sichtbares Zeichen für die Einbindung aller Künste ins Gesamtkunstwerk Festspiele. Sei es auf der Bühne, sei es in den Foyers, die dadurch eine besondere Aura entwickeln.

Die universitäre Initiative der Professorinnen Andrea Gottdang und Ingonda Hannesschläger schenkt uns das erste Buchprojekt mit Blick auf das 100-Jahr-Jubiläum der Salzburger Festspiele 2020. Dafür herzlichen Dank.

Ein besonderer Dank gilt aber auch Dr. Klaus und Manuela Esser, die sich spontan bereit erklärten diese Idee finanziell zu unterstützen und ihre Verwirklichung dadurch erst ermöglichten.

Helga Rabl-Stadler

Bei der Eröffnung des Großen Festspielhauses gaben sich Prominente aus Politik, Wirtschaft, Kunst und Unterhaltungsbranche ein Stelldichein. Unten: Gusti Wolf, Simone und Curd Jürgens.

Vorwort und Danksagung

Das Große Festspielhaus in Salzburg – es steht für festliche Stimmung, unvergessliche Aufführungen, hervorragende Akustik. Gerade die treuesten Besucher der Salzburger Festspiele dürften dabei schon so vertraut mit dem Haus sein, dass sie kaum noch wahrnehmen, wie sehr die von Clemens Holzmeister geschaffene Architektur, die einem einheitlichen Programm folgende Innenausstattung und die vielen Kunstwerke, die selbst noch in den Stiegenhäusern ihre Wirkung entfalten, zur ureigenen Atmosphäre der Salzburger Festspiele beitragen.

Es ist das Ziel dieses Buches, die Aufmerksamkeit auf die herausragende Leistung des Architekten und aller Beteiligten zu lenken, das Gesamtkonzept zu erklären und die einzelnen Kunstwerke vorzustellen. Wir möchten die Leserinnen und Leser mitnehmen auf einen Rundgang durch die Vergangenheit des Hauses, bei dem es viel zu entdecken und in Erinnerung zu rufen gibt. Es gilt Holzmeisters „Generalplan" zu würdigen und so den Zugang zum historischen Verständnis zu öffnen, denn das Große Festspielhaus ist ein bedeutender Zeitzeuge der 1960er Jahre. Es ist eine Aufgabe der Kunstgeschichte, dem Vergessen entgegenzuwirken und zur historischen Kontextualisierung der Kunstwerke beizutragen. Daher wird in diesem Buch der Stand zum Zeitpunkt der Eröffnung des Großen Festspielhauses rekonstruiert, um eine Einbindung in die Kunstauffassung der Zeit zu ermöglichen. Allein eine Inkonsequenz haben wir uns dabei erlaubt: Alfred Hrdlickas „Orpheus II", heute aus dem Festspielhaus nicht mehr wegzudenken, stand ursprünglich im Haus für Mozart. Gleichwohl gehört er zur und gibt Auskunft über die „Ära Holzmeister".

Recherchen unter anderem im Archiv der Salzburger Festspiele, dem Salzburger Stadtarchiv und in den Nachlässen der Künstler sowie Gespräche mit Zeitzeugen brachten nicht nur viele unpublizierte Entwürfe ans Licht. Sie erschlossen auch neue Einblicke in Entscheidungsprozesse und die Ideenwelt Holzmeisters, der selbst den kleinsten Details der Ausstattung noch Beachtung schenkte, angetrieben von dem Ehrgeiz, den Besuchern nichts Geringeres als eine Leistungsschau österreichischer Kunst nach dem Zweiten Weltkrieg zu bieten: Mit Bertoni, Boeckl, Kokoschka, Unger seien nur wenige der bekannten Namen genannt, denen Besucher des Großen Festspielhauses begegnen.

Im ersten Teil des Buches gilt die Aufmerksamkeit dem Architekten und seinem Werk. Die Planungsphase mit den ersten Entwürfen, den Schwierigkeiten, die Baugrund, Denkmalpflege und Gesetzesvorgaben bereiteten, werden ebenso erläutert wie Holzmeisters Architekturauffassung und seine Vorstellungen vom idealen Theaterbau. Der zweite Teil widmet sich der Innenausstattung und den Kunstwerken. Den Gang des Besuchers

Clemens Holzmeister, der Architekt des Großen Festspielhauses.

Einblicke in die Vorarbeiten zu diesem Buch: Recherchen im Archiv der Salzburger Festspiele, das neben Dokumenten einen Großteil der in diesem Band gezeigten Entwurfszeichnungen aufbewahrt.

durch das Festspielhaus nachvollziehend, geleiten wir die Leserinnen und Leser durch das Haus. Für jeden Gebäudeteil werden Konzepte der Innenausstattung vorgestellt, ebenso alle Kunstwerke, die zum Zeitpunkt der Eröffnung das Haus zierten. Dabei wird auch der Werke gedacht, die heute leider nicht mehr gezeigt werden, wie der Rote Vorhang, der schon handwerklich höchsten Standards entsprach, oder Teppiche von Giselbert Hoke und Richard Kurt Fischer, die einst den Pausenraum im 1. Stock, die heutige Förderer-Lounge, schmückten. Besondere Aufmerksamkeit bringt der Band natürlich dem Großen Festsaal entgegen, dem Herzstück des Baus.

Das Buchprojekt ging aus zwei an der Abteilung Kunstgeschichte der Universität Salzburg abgehaltenen Seminaren hervor. Dass die bedeutende Institution des Festspielhauses von zehn Studierenden der Kunstgeschichte erlebbar gemacht wird, verleiht der Publikation einen eigenen Charme. Univ.-Prof. Dr. Andrea Gottdang und Ass.-Prof. Dr. Ingonda Hannesschläger entwickelten das Konzept, leiteten die Recherchen und begleiteten die Studierenden beim Verfassen der kurzen und informativen Texte. Die von Hubert Auer eigens für diese Publikation angefertigten Fotos machen das Buch zu einem visuellen Erlebnis. Wie schon im ersten Band der Reihe, „Kunststandort Salzburg. 32 Kunstwerke auf Salzburgs Straßen und Plätzen", sind Bilder und Texte sorgfältig aufeinander abgestimmt und laden ein, sich neue Einblicke in alt-Bekanntes eröffnen zu lassen und das Gesamtkunstwerk Festspielhaus eingehend kennenzulernen.

Wer regelmäßig im Großen Festspielhaus zu Gast ist, bekommt immer wieder neue Werke oder ältere, zwischenzeitlich im Depot aufbewahrte Kunstwerke zu sehen. Diese Dynamik trägt zur Lebendigkeit des Hauses bei, verhindert seine Musealisierung und regt zu Diskussionen an. Daher beschließt den Band ein Essay, der die Zeit nach Holzmeister in den Blick nimmt, aus der lebendigen Perspektive der Präsidentin der Salzburger Festspiele, Dr. Helga Rabl-Stadler.

Eine große Zahl von Menschen hat uns bei unseren Recherchen unterstützt, Archive geöffnet, auf private Nachlässe aufmerksam gemacht, Erinnerungen mit uns geteilt. Es ist uns ein Bedürfnis, allen zu danken, die uns unterstützt haben. Dass nicht jede Fährte den gewünschten Erfolg bringt, weil vieles sich doch nicht erhalten hat oder Sachzwänge der Nutzung von Archivalien entgegenstanden, gehört zur Normalität des wissenschaftlichen Alltags und mindert nicht den Wert der Hilfsbereitschaft der Beteiligten.

Der erste Dank gebührt der Präsidentin der Salzburger Festspiele, Dr. Helga Rabl-Stadler, die uns das Haus großzügig vom Keller bis zum Dach zugänglich machte und sich mit großem Engagement für die Realisierung der Publikation einsetzte. Ohne die tatkräftige Unterstützung der Leiterin des Archivs der Salzburger Festspiele, Frau Mag.ª Franziska-Maria Lettowsky wäre die Publikation nicht möglich gewesen. Sie und Victoria Morino gingen mit uns auf historische Entdeckungsreisen und betreuten uns mit Geduld und Begeisterung.

Gedankt sei des Weiteren den Leitern und Mitarbeitern des Stadtarchivs Salzburg, des Archivs für Baukunst in Innsbruck (Holzmeister Archiv), der Bundesimmobiliengesellschaft, des ORF, der Archive beteiligter Firmen und Nachfahren der Künstler.

Für konstruktive Kritik danken wir unseren Probeleserinnen Mag.ª Jutta Baumgartner, Mag.ª Martina Greil und Mag.ª Franziska-Maria Lettowsky.

Bei der Endredaktion wurden die Herausgeberinnen unterstützt von Petra Brugger-Rückenbach, Doris Huber, Günther Jäger, Dr. Karin Kovarbasic, Jakob Reitinger und Tanja von Schilling. Wir danken ihnen für ihr Engagement und ihren unverwüstlichen Enthusiasmus.

Ohne großzügige finanzielle Unterstützung wäre das Buch nicht zu realisieren gewesen. Wir danken dem Rektor der Universität Salzburg, Herrn Univ.-Prof. Dr. Heinrich Schmidinger sowie den Freunden der Kunstgeschichte, Verein an der Paris Lodron Universität Salzburg sehr herzlich. Ein besonderer Dank gilt der Großzügigkeit unserer Sponsoren Dr. Klaus und Manuela Esser.

Andrea Gottdang
Ingonda Hannesschläger

Salzburgs Anfänge als Festspielstadt

Musikfeste und die Idee eines Festspielhauses in Salzburg

Salzburgs Anfänge als Festspielstadt

Eines der ersten Musikfeste in Salzburg beging man im Jahr 1842 aus Anlass der Enthüllung des vom Münchner Bildhauer Ludwig Schwanthaler geschaffenen Denkmals für Mozart. Nach dem großen Erfolg dieses musikalischen Ereignisses und des Beginns einer weitreichenden Mozart-Verehrung fand zum 100. Geburtstag Wolfgang Amadeus Mozarts im Jahr 1856 ein weiteres Musikfest statt. Doch erst die 1870 gegründete Internationale Mozart Stiftung, die heutige Internationale Stiftung Mozarteum, begründete die Tradition von Musikfesten. Im Zuge ihrer Aufgabe, das Erbe Mozarts in den Bereichen Konzert, Wissenschaft und Museum zu bewahren, begann die Stiftung „Salzburger Musikfeste" zu veranstalten. Der Wiener Hofkapellmeister Hans Richter, unter dessen Leitung die Feste ein zweites und drittes Mal stattfanden, gab 1887 den Anstoß, Salzburg möge zu Ehren seines berühmten Sohnes ständige Mozart-Feste einführen. Mit diesem Gedanken wurde auch die Vorstellung geboren, für die Musikfeste ein eigenes, angemessenes Festspielhaus zu errichten. Für die Realisierung beauftragte man die Wiener Architekten Ferdinand Fellner und Hermann

Das Mozart-Denkmal von Ludwig Schwanthaler wurde 1842 feierlich enthüllt. Es löste nicht nur Begeisterung aus, da der Michaelerbrunnen abgetragen werden musste.

Der österreichische Schriftsteller Hugo von Hofmannsthal (1874-1929), einer der Mitbegründer der Salzburger Festspiele.

Helmer. Sie sollten ein Festspielhaus auf dem Mönchsberg, fernab vom Lärm und Getriebe des städtischen Lebens, entwerfen. Das Projekt kam jedoch über das Planungsstadium nicht hinaus.

Zwischen 1877 und 1910 führte die Mozart Stiftung insgesamt acht Musikfeste durch. Der zunehmende Bekanntheitsgrad dieser musikalischen Veranstaltungen bescherte der Stadt Salzburg nun auch eine kulturtouristisch ausgerichtete Sommersaison.[1] Mit dem Ausbruch des Ersten Weltkrieges nahmen die Salzburger Musikfeste allerdings ein jähes Ende. Doch noch 1917, im vorletzen Kriegsjahr, kam es zur Gründung der Salzburger Festspielhausgemeinde, die das vorrangige Ziel verfolgte, die Idee eines Festspielhauses in Salzburg voranzutreiben. In Anbetracht der Schrecken des Krieges fällt auf diese kulturelle Initiative ein besonderes Licht. Im Wunsch nach einem neuen Kulturfest in Salzburg kam die Hoffnung der Menschen nach Frieden zum Ausdruck. Mit Festspielen wollte man die gegeneinander aufgebrachten Völker inmitten unfassbarer Gräueltaten wieder miteinander versöhnen.[2]

In schweren Zeiten schrieb Hugo von Hofmannsthal seine Gedanken über zukünftige Festspiele in Salzburg nieder. Der österreichische Schriftsteller, Dramatiker und Lyriker Hofmannsthal „entwarf das kühne geistige Konzept, dem tragisch zertrümmerten Österreich zumindest eine Kulturaufgabe von weltweiter Bedeutung wiederzugeben".[3] In seinem 1919 noch anonym veröffentlichten „Ersten Aufruf zum Salzburger Festspielplan" umriss Hofmannsthal nicht nur sein Programm musikalisch-dramatischer Festspiele, sondern formulierte auch die wesentlichen Grundgedanken für den Bau eines eigens dafür vorgesehenen Festspielhauses. In Salzburg, das er als „Herz vom Herzen Europas"[4] bezeichnete, wollte er eine Bühne für Musik und Theater errichtet wissen, die Angehörige vieler Nationen anziehen sollte, um hier geistigen Frieden und die Freuden Mozartscher Reinheit und Schönheit zu finden.[5] Die Gründung von Festspielen und die Errichtung eines eigenen Hauses sollten zur Bildung einer neuen österreichischen Identität beitragen und einer Neuorientierung im Hinblick auf die Zukunft dienen.[6]

Günther Jäger

---

[1] Greger-Amanshauser / Ramsauer 2010, S. 24.
[2] Zur Idee der Festspiele siehe Holl 1967, Steinberg 2000, Fischer 2014, Wolf 2014.
[3] Becker 1966, S. 5.
[4] Hofmannsthal 1952, S. 32.
[5] Hofmannsthal 1952, S. 34.
[6] Zur Geschichte der Festspiele siehe Gallup 1989, Fuhrich / Prossnitz 1990, Kriechbaumer 2007, Prossnitz 2007, Kriechbaumer 2009.

Die ersten Festspielhäuser
Standortsuche und Startschwierigkeiten

Salzburgs Anfänge als Festspielstadt

Stets aufs Neue wurden für den Bau des Festspielhauses unterschiedliche Standorte in und rund um Salzburg ins Auge gefasst. Die Festspielhausgemeinde diskutierte dabei vorwiegend die Orte Maria Plain, die Arenberggründe in Parsch, die Trabrennbahn in Parsch-Aigen und den Franz-Josef-Park. Auch den Waldpark von Aigen zog man in Erwägung, bis die Entscheidung schlussendlich für Hellbrunn fiel.

Drei Architekten lud die Festspielhausgemeinde ein, je ein Projekt für das Festspielhaus in Hellbrunn einzureichen: den Wiener Josef Hoffmann, den Salzburger Wunibald Deininger und den Berliner Hans Poelzig.

Allein Poelzig kam der Aufforderung nach[1] und stellte 1920 sein Modell in den Räumlichkeiten der Salzburger Residenz vor. Im selben Jahr, in dem Poelzig seinen monumentalen Festspielbau der Salzburger Bevölkerung präsentierte, wurden die Salzburger Festspiele aus der Taufe gehoben. Am 22. August begann um 18 Uhr die erste Jedermann-Aufführung am Salzburger Domplatz. Unter der Regie von Max Reinhardt feierte das bis heute gespielte Stück seine Premiere bei den Salzburger Festspielen[2] – und die Fest-

Hans Poelzig stellte ab 1920 mehrere Modelle für ein Festspielhaus in Hellbrunn vor. Es handelt sich um utopische Entwürfe, die schon aus finanziellen Gründen kaum zu realisieren waren.

---

[1] Gottdang 2009.
[2] Hugo von Hofmannsthals „Jedermann" wurde 1911 in Berlin unter der Regie von Max Reinhardt uraufgeführt. Die österreichische Erstaufführung erfolgte 1913 am Wiener Burgtheater. Nach Salzburg kam das Stück 1915 und wurde zuerst im Salzburger Stadttheater aufgeführt, bevor es 1920 die Salzburger Festspiele eröffnete.

Wo heute der Karl-Böhm-Saal als Pausenhalle dient, wurden einst Ross und Reiter trainiert: Die Winterreitschule, in einem um 1760 entstandenen Guckkastenbild, das in den Kunstsammlungen der Erzabtei St. Peter aufbewahrt wird. Der Raum wurde zunächst provisorisch für die Festspiele genutzt.

spiele ihre Premiere mit ihm. Im August 1922 sollte der Bau des Festspielhauses in Hellbrunn beginnen. Die feierliche Grundsteinlegung fand in Anwesenheit des damaligen Bundespräsidenten Michael Hainisch statt. Aufgrund der stetig anwachsenden Inflation und auch wegen fehlender internationaler Finanzierungshilfe konnte das Projekt in Hellbrunn jedoch nicht realisiert werden. Bereits auf dem Heimweg von der Grundsteinlegung für Poelzigs Bau lenkte Max Reinhardt seine Gedanken auf die Umgestaltung eines Gebäudes in der Salzburger Innenstadt: den auf Fürsterzbischof Wolf Dietrich von Raitenau zurückgehenden Hofmarstall aus den Jahren 1606/1607. Zwei Jahre später, 1924, gab Reinhardt schließlich die Anregung, den jüngsten Teil der Hofstallungen, nämlich die unter Fürsterzbischof Guidobald Graf von Thun und Hohenstein 1662 entstandene Winterreitschule,[3] zu einem Festspielhaus umzubauen. Der österreichische Architekt, Bühnenbildner und damalige Landeskonservator Eduard Hütter bekam den Auftrag, Entwürfe auszuarbeiten. Innerhalb von nur vier Monaten gelang der Umbau zum ersten Salzburger Festspielhaus, das am 13. August 1925 mit einem Staatsakt feierlich eröffnet werden konnte.

Günther Jäger

---

[3] Die im 17. Jahrhundert errichtete Winterreitschule dient heute als Pausenfoyer.

Neue Probleme
Baumängel und Umbauten

Salzburgs Anfänge als Festspielstadt

Den Festspielgästen bot sich die umgebaute Winterreitschule mit gotisierend-kathedralartiger Mysterienbühne und Zuschauersaal wie ein Kirchenraum dar. Ein gotischer Portalbogen überspannte die Bühne. Die Eingänge in den Festsaal bildeten hohe, wie Kirchentore gestaltete Eingangstüren, darüber befanden sich hoch angesetzte Galerien sowie ein offener Dachstuhl. Die Außenfassade des Hofmarstalls blieb im Wesentlichen unverändert, lediglich das Dach im Bühnenbereich musste überhöht werden. Der Umbau blieb jedoch ein Provisorium, das eine Reihe von Mängeln aufwies. Bei Regenwetter beeinträchtigte das Regenprasseln die Verständlichkeit der Schauspieler. Außerdem waren die Sichtverhältnisse im 48 Meter langen Zuschauerraum nicht die besten. Gestalterische Schwächen wie die Seitengalerien aus Eisenbeton galt es auf Dauer ebenso zu beheben. Hinzu kam, dass die Überschreitung des Kostenvoranschlages für den Bau die Festspielhausgemeinde in finanzielle Nöte brachte.[1] Landeshauptmann Franz Rehrl kam der Festspielhausgemeinde zu Hilfe, indem er ein Fremdenverkehrsförderungsfonds-Gesetz initiierte, mit dem die noch ausstehende Kostenlast gedeckt und gleichzeitig die Basis für einen weiteren Um- und Ausbau des Festspielhauses geschaffen wurde. Als Architekten für den anstehenden zweiten Umbau holte Rehrl den aus Tirol stammenden Clemens Holzmeister nach Salzburg.[2]

Der zweite Umbau 1926

Auf Holzmeister warteten zwei Aufgaben: die Verbesserung des Zuschauerraumes und der Akustik. In einem knappen Zeitraum von wiederum nur vier Monaten setzte er die Vorgaben um. Der Austausch der vorhandenen Eisenbetongalerien durch Holzgalerien erweiterte die Anzahl der Zuschauerplätze und optimierte zugleich die Akustik. Ebenso begünstigend auf die

oben:

Clemens Holzmeister (rechts) mit Landeshauptmann Franz Rehrl auf der Baustelle.

links:

Die umgebaute Winterreitschule mit der Mysterienbühne.

[1] Mayr 2010, S. 284.
[2] Becker 1966, S. 10.

Clemens Holzmeisters Entwurf für den Umbau des Festspielhauses in der Winterreitschule im Jahr 1926. Holzgalerien und -decke sollten die Akustik verbessern.

Akustik wirkte sich der Einbau einer Holzdecke mit Resonanzkassetten aus. Der „gotische" Spitzbogen der Mysterienbühne blieb erhalten. Die Änderung der Parterreanlage ermöglichte regengeschützte Ausgänge, wodurch das Haus auch eine neue Fassade erhielt. Den Zugang zur Vorhalle, einem barocken Gewölbe, eröffnete ein acht Meter breites Haupttor. Marmorne Riesenmasken des österreichischen Bildhauers Jakob Adlhart schmückten den mächtigen Querbalken des Tores. Eine Querwand schloss die Eingangshalle gegen das angrenzende Foyer ab, das der Salzburger Maler Anton Faistauer vollständig mit Fresken ausmalte.[3]

Holzmeister stellte große künstlerische Ansprüche. Beseelt von der Idee eines Gesamtkunstwerkes nahm er schon damals großen Einfluss auf die künstlerische Ausgestaltung des Hauses: Holzskulpturen von Hans Pontiller, Roland von Bohr und Karl Bodingbauer zierten die Konsolen der Balkone und symbolisierten Schmerz und Zorn, Liebe und Hass, Weisheit und Narrheit. An den Wänden des Saales hingen Gobelins von Robin Andersen und Anton Kolig.

Am 7. August 1926 wurde das von Holzmeister umgebaute Festspielhaus erneut eröffnet.[4]

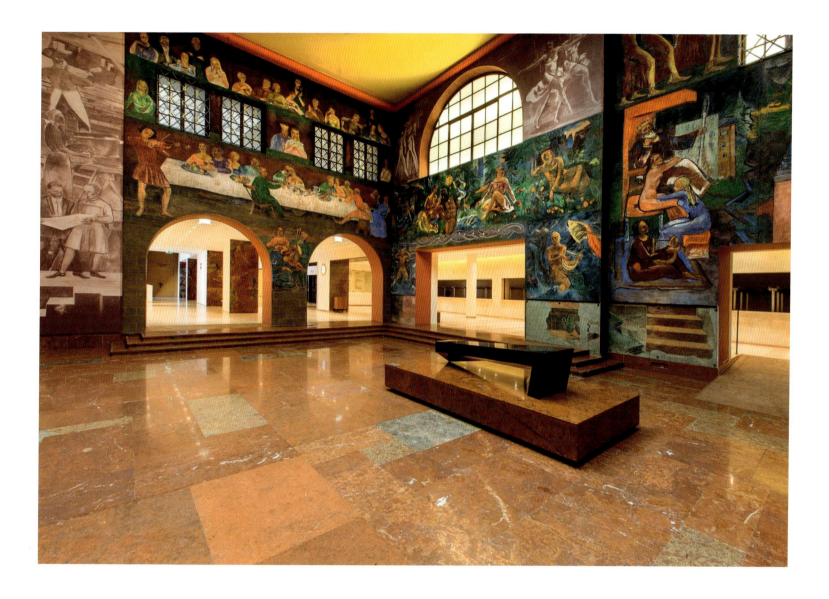

Der dritte Umbau 1936–1938

Auf Anregung des italienischen Dirigenten Arturo Toscanini, der 1934 sein erstes Konzert in Salzburg dirigiert hatte, kam es im Herbst 1936 zu einem weiteren Umbau des Festspielhauses durch Clemens Holzmeister. Durch eine Drehung des Theatersaals um 180 Grad konnte der Zuschauerraum nochmals vergrößert werden. Außerdem wurden zwei neue Seitengalerien und eine Logenempore eingebaut. Dafür musste jedoch das an der Mönchsbergstiege gelegene Geburtshaus von Landeshauptmann Franz Rehrl abgerissen werden. Auf diesem freien Gelände konnten nun neben der Bühne ein Garderobentrakt, Probensäle und Werkstätten eingerichtet werden. Das hohe und breite Bühnenhaus sollte den freien Blick auf die Festung und die Kirche St. Peter nicht verstellen. Ebenso war Holzmeister die Einbindung der Baumasse in das Massiv des Mönchsbergfelsens wichtig. Deshalb führt die Mönchsbergstiege an der Fassade des Bühnenhauses vorbei und geht anschließend wie naturgewachsen in die Konglomeratwand des Felsgesteins über. Steinreliefs von Jakob Adlhart schmücken das wuchtige Bühneneingangsportal und gleich einem Balkon befindet sich über dem Portal die Toscaniniorgel, eine der wenigen Freiluftorgeln weltweit.[5]

Noch vor dem Festspielbeginn des Jahres

Das von Anton Faistauer ausgemalte Foyer. Vor der vollständigen Umgestaltung des Raumes wurden die Fresken 1939 abgenommen und in Sicherheit gebracht. Dennoch waren Verluste zu beklagen, sodass einige Partien rekonstruiert werden mussten, als die noch erhaltenen Malereien 1956 wieder angebracht wurden.

---

[3] Mayr 2005, S. 169–189.
[4] Festspielhausgemeinde 1937, S. 4–6.
[5] Becker 1966, S.16–17; „Freiluftorgel im Toscaninihof" (Website).

So präsentierte sich die Hofstallgasse im Jahr 1937. Seinerzeit standen noch in der gesamten Altstadt Parkplätze zur Verfügung. Die Masken von Jakob Adlhart sind bereits vom Vordach verschwunden.

1937 konnte der erste Bauabschnitt beendet werden. Nach Ende der Spielzeit wurde mit dem Umbau fortgefahren.

Im Frühjahr 1938 kam es zum politischen Umsturz. Die Nationalsozialisten ergriffen die Macht und verwiesen Holzmeister vom Bauplatz. Für 16 Jahre übersiedelte der inzwischen 52-jährige Architekt in die Türkei. Die Verantwortung auf der Baustelle übernahm ein kommissarischer Leiter, der den Um- und Neubau im August 1938 abschloss. Im Jahr darauf ersetzte der Reichsbühnenbildner Benno von Arent die Holzdecke des Zuschauerraumes durch eine Gipsdecke, auch die Holzgalerien wurden mit Gips verkleidet. Die zentrale Loge ließ er zur „Führerloge" umbauen, das Faistauer-Foyer nach Abnahme der Fresken vollständig umgestalten. Die Eingriffe im Sinne nationalsozialistischer Ästhetik zerstörten Holzmeisters Konzept, dem Haus ein Gesicht echter moderner österreichischer Baukultur zu geben. An die Stelle der spezifisch salzburgischen Ausstattung trat nun nationalsozialistische Uniformierung.[6]

Günther Jäger

---

[6] Becker 1966, S. 17–18.

Clemens Holzmeister
und der Bau des
Großen Festspielhauses

Holzmeisters Biographie im Zeichen des Theaterbaus

Clemens Holzmeister und der Bau des Großen Festspielhauses

Rüdiger Fahrner (*1939) porträtierte Clemens Holzmeister in seiner „Arbeitskleidung", aufmerksam, als würde er einem Gegenüber zuhören. Das Gemälde hängt im Großen Festspielhaus.

In seiner Rede zur Eröffnung der Salzburger Festspiele 1966 schilderte Clemens Holzmeister, wie er Anfang der 1920er Jahre als junger Architekt zum ersten Mal durch die außergewöhnliche Schönheit Salzburgs beeindruckt, vor allem vom Felsen des Mönchsbergs und seiner Verwendung als Baustoff an unzähligen Denkmälern Salzburgs in den Bann gezogen worden war.[1] Mit großer Aufmerksamkeit beobachtete er in der Folge die Entstehung verschiedener Versionen der meist nur provisorischen Spielstätten der Festspiele, bis er selbst 1926 vom damaligen Salzburger Landeshauptmann Franz Rehrl den Auftrag zur Planung des Kleinen Festspielhauses erhielt. Ähnlich wie später beim Großen Festspielhaus band man damals schon eine Reihe von Malern und Bildhauern in das Projekt ein, um den Bau zusätzlich künstlerisch auszustatten. Holzmeister arbeitete in Salzburg auch als Bühnenbildner. 1933 schuf er für Max Reinhardt die spektakuläre, legendäre Fauststadt in der Felsenreitschule, die über mehrere Jahre in Verwendung stand. Eine intensive Verbindung zu den Salzburger Festspielen war damit geknüpft, die, Anfang der 1950er Jahre wieder aufgenommen, im Bau des Großen Festspielhauses ihren Höhepunkt erreichte.

Einschneidende Brüche und viele Ortswechsel prägten das Leben des 1886 in Tirol geborenen Clemens Holzmeister. Nach dem Abschluss seines Studiums der technischen Wissenschaften 1919 in Wien rief man ihn als Lehrer zurück nach Innsbruck an die Staatsgewerbeschule. Der Durchbruch als Architekt gelang ihm mit seinen zwar nur drittgereihten, aber viel beachteten Entwürfen für das neben dem Wiener Zentralfriedhof errichtete Krema-

---

[1] Holzmeister 1966, S. 8.

torium. Das daraus erwachsene Renommee brachte ihm 1924 eine Professur an der Wiener Akademie der bildenden Künste ein, die er vorerst bis 1938 innehatte.[2]

Durch alle Lebensphasen und an den unterschiedlichsten Wirkungsorten investierte Holzmeister parallel zur Schaffung eines schier unüberschaubaren architektonischen Œuvres viel Energie in eine intensive Lehrtätigkeit, von der zahlreiche namhafte Schüler beredtes Zeugnis ablegen.[3] 1927 erfolgte die erste Berufung nach Ankara, wo er mit der Errichtung des Kriegsministeriums beauftragt wurde.[4] Holzmeister begann zwischen Wien, Düsseldorf (auch dort war er ab 1928 an der Kunstakademie Leiter einer Meisterklasse)[5] und Ankara zu pendeln. In der Zeit von 1927 bis 1935 bestimmte der Bau des Regierungsviertels der 1923 neugegründeten türkischen Hauptstadt Ankara vorrangig Holzmeisters künstlerisches Leben und es vollzog sich schließlich sein Aufstieg zum türkischen Staatsarchitekten.[6] Mit seinem Einfluss stellte er die Weichen für die Entwicklung einer modern-repräsentativen Architektur in der Türkei, die für dieses sich gesellschaftlich ganz neu formierende, aufstrebende Land modellhaft werden sollte. 1938 auf Betreiben der Nationalsozialisten aus der Wiener Akademie der bildenden Künste entlassen, übersiedelte Holzmeister dauerhaft in die Türkei, wo er, unterbrochen von längeren Aufenthalten in Brasilien und später in Österreich, bis 1954 lebte und arbeitete. Durch den „Anschluss" Österreichs an NS-Deutschland war aus einem Auslandsaufenthalt unversehens eine Emigration geworden. Verstärkt bis 1945 fungierte Holzmeister gewissermaßen als kulturpolitischer Botschafter der zwangsexilierten österreichischen Intelligenz in der Türkei. Die besonderen Lebens- und Arbeitsverhältnisse boten ihm dort die Gelegenheit, weiter an dem so innig und mit größtem Enthusiasmus verfolgten Thema des Theaterbaues zu forschen.[7]

Unabhängig von konkreten Bauentwürfen fertigte Holzmeister während seines gesamten schöpferischen Lebens unzählige Zeichnungen und Aquarelle von historischen Bauten an, unter anderem von Resten antiker Theateranlagen. Die Verteilung von Licht und Schatten, die besondere Lichtführung und die Lage der Bauwerke in ihrer Umgebung studierte er dabei mit aufmerksamem Interesse. Die lange Zeit des Exils in der Türkei erwies sich für Holzmeister als Gewinn. Er wertete sie als „wertvolle Jahre des Lernens und der Erkenntnisse um den Bau des Theaters von heute, vor allem gewonnen an den griechisch-römischen Theaterbauten in Aspendos, Side, Perge und Thermessos".[8] Gemeinsam mit dem Berliner Regisseur Carl Ebert widmete Holzmeister der Idee eines „Idealtheaters" intensive Aufmerksamkeit und viel kreatives Potential.[9] In jahrzehntelanger Arbeit erstellte er Vor- und Idealentwürfe für das Theater, die für Salzburg wichtig wurden.[10] Regisseur und Architekt hatten auch die Diskussion um den deutschen Theaterbau der zwanziger Jahre[11] im Ohr, als sie in der Türkei und eigentlich vorerst für Ankara am Idealtheaterentwurf feilten. Holzmeister resümierte 1966, dass sich bei ihm, „erfüllt von dem Geschauten bei den Theatern an der Ägäis und immer wieder an Salzburg denkend […] und [durch] das umfassende Studium aller Theater der Welt, der schlechten und der guten",[12] die Konzeption des Idealtheaters als Ergebnis konkretisiert habe. Welche Aspekte dieses Idealtheaterkonzeptes sind nun tatsächlich in den Entwurf für das Große Festspielhaus eingeflossen? Holzmeister malte und zeichnete im Zuge seiner Studien immer wieder die steilen Stufen der im Halbrund angeordneten

Mit größtem gesellschafts- und medienpolitischen Geschick präsentierte der charismatische Architekt seine vielen verschiedenen und jeweils leicht modifizierten Versionen des Festspielbezirkes der Öffentlichkeit.

---

[2] Holzmeister 1937, S. 285.
[3] Hölz 2015.
[4] Holzmeister 1976, S. 47.
[5] Holzmeister 1976, S. 85.
[6] Nicolai 2000, S. 116.
[7] Holzmeister 1966, S. 14.
[8] Ebd.
[9] Seine Überlegungen flossen in den Entwurf für ein Freilichttheater am Bosporus von 1941, das nicht realisiert werden konnte, und in die schließlich verwirklichten Entwürfe für Linz (1953–58) und Salzburg (1955–60) ein.
[10] Holzbauer 1982, S. 15: „Viele Gedanken in den gewaltigen, mit dem Regisseur Ebert gemeinsam erarbeiteten Projekten für ein Idealtheater sind später in dem Projekt für ein Haus der Musikolympiade auf dem Mönchsberg und eines neuen Festspielhauses am Rosenhügel im Salzburger Mirabellgarten enthalten. Diese beiden Entwürfe sind denn auch als Vorläufer für das dann letztlich ausgeführte große Haus des Salzburger Festspielhauses zu sehen."
[11] Zum Beispiel Hans Poelzigs Großes Schauspielhaus für Max Reinhardt (1919). Poelzig präsentierte außerdem 1920 seinen Entwurf zum Projekt eines Festspielhauses im Süden des Hellbrunner Schlossparks, das dann allerdings nur bis zur Grundsteinlegung 1922 gedieh. Auch hier sollten schon Bühne und Zuschauerraum ineinandergreifen. Noch radikaler hätte Gropius' und Piscators Totaltheater von 1926/27 das szenische Geschehen in den Zuschauerraum hineingetragen. Diese Vision musste ebenfalls nur Konzept bleiben, wurde aber in Salzburg reflektiert. Piscator pflegte in dieser Zeit intensiven Kontakt zu Max Reinhardt in Salzburg. Zu Poelzig siehe Pehnt/Schirren 2007.
[12] Hadamowsky 1966, S. 13.

Holzmeister, ganz Hausherr, vor dem Bühneneingang des Großen Festspielhauses.

Sitzreihen antiker Theater. Bei seinem Entwurf für ein Freilichttheater am Bosporus formulierte er schon die später in Salzburg realisierte Anordnung vor, indem er die Sitzreihen amphitheatralisch um eine Bühne anordnete, die sich konkav in den Zuschauerraum hinein wölbt. Dadurch ergab sich eine größenflexible Bühnenöffnung, wie sie im Großen Festspielhaus erstmals zur Ausführung kam. Im Spannungsfeld zwischen den Theaterutopien der ersten Hälfte des 20. Jahrhunderts (beispielsweise den Aufführungs-Experimenten am Bauhaus) und den Anforderungen eines konventionellen Spielbetriebes, musste und wollte Holzmeister agieren. Hier die unterschiedlichsten Visionen von innerer und äußerer Erweiterung des Bühnenraumes, von möglichen Überschneidungen und Überblendungen der Bereiche von Akteuren und Publikum, verbunden mit den unterschiedlichsten politisch-gesellschaftlichen Aufgaben des Theaters, dort die Notwendigkeiten eines etablierten Theaterbetriebes, denen man sich vor allem im traditionsbewussten Salzburg immer verpflichtet fühlte. Mit seiner von einer antiken Theateranlage inspirierten, in ihrer Breite jedoch deutlicher veränderbaren Bühnenöffnung gelang Holzmeister in Salzburg die Aussöhnung. Nach der Rückkehr in die Heimat legte der überzeugte Österreicher Holzmeister ein Wiederaufbaukonzept für die im Krieg zerstörte Wiener Staatsoper vor, das aber zurückgewiesen wurde. In Wien hielt man mit Nachdruck an der traditionellen und bewährten Guckkastenbühne fest. Es mag eine umso größere Genugtuung für den Architekten gewesen sein, als er mit dem Großen Festspielhaus in Salzburg schließlich den Symbolbau für die kulturelle Identität der jungen Republik schaffen konnte.

Gleichzeitig entwarf Holzmeister mit dem Landestheater und den Kammerspielen in Linz zwei Theaterbauten, bei denen in ähnlicher Weise auf zum Teil denkmalgeschützte Gebäude Rücksicht genommen werden musste. Allerdings war in diesen Fällen weniger repräsentativ für einen eher regional ausgerichteten Betrieb zu konzipieren. 1954 wurde Holzmeister erneut als Professor an die Wiener Akademie der bildenden Künste berufen und bald danach auch als deren Rektor eingesetzt. Er blieb bis ins hohe Alter auf vielen künstlerischen Gebieten aktiv. Anlässlich seines 85. Geburtstages unternahm er, diesmal auf Einladung des Österreichischen Außenamtes, eine weitere Studienreise in die Türkei. Noch mit 93 Jahren hielt er Vorlesungen an der TU Wien. Holzmeister starb am 12. Juni 1983 und wurde auf dem Friedhof St. Peter in Salzburg beigesetzt.

Doris Huber

Nach dem Zweiten Weltkrieg
Die Suche nach Neuem

Clemens Holzmeister und der Bau des Großen Festspielhauses

Der wirtschaftliche Aufschwung in den 1950er Jahren, zu dem auch der zunehmende Tourismus sowie der Fremdenverkehr ihren Beitrag leisteten, bescherte den Salzburger Festspielen einen beständig wachsenden Publikumsandrang. Das bestehende Festspielhaus erwies sich im Laufe der Zeit erneut als zu klein. Doch nicht nur der Zuschauerraum konnte die jährlich steigende Zahl der Festspielbesucher nicht mehr aufnehmen. Die Vielfalt der Festspielproduktionen führte auch zu Engpässen an geeigneten Proberäumen, Malersälen, Kulissen- und Kostümdepots zur Aufbewahrung der zahlreichen Requisiten. Wurden vor dem Krieg fertige Inszenierungen, vorwiegend Produktionen der Wiener Staatsoper, mit all ihren Kulissen und Kostümen übernommen, ging man ab 1947 dazu über, die Opern in Salzburg selbst zu produzieren. Zahlreiche Proben mussten aufgrund Raummangels in Salzburger Klassenzimmern und Turnsälen abgehalten werden. Der Bau eines neuen Festspielhauses, das dem wachsenden Platzbedarf entsprach, wurde immer dringlicher nötig. Auch die technischen Anforderungen im Opern- und Schauspielbetrieb stiegen und konnten an den bestehenden Spielstätten nicht angemessen umgesetzt werden.

So traten im Jahr 1953 der langjährige Regisseur der Salzburger Festspiele Herbert Graf sowie Clemens Holzmeister mit der Idee an die Öffentlichkeit, ein neues Festspielhaus neben dem bestehenden Haus in der Hofstallgasse zu errichten. Holzmeisters Intention war es, einen einheitlichen Festspielbezirk in der Salzburger Altstadt entstehen zu lassen. Dieses Ziel wollte er durch die Verbindung von altem und neuem Haus unter Einbindung der Felsenreitschule erreichen. Die Einbeziehung des Hofstalltraktes und des Innenhofes sowie die teilweise Abscherung des Mönchsbergfelsens sollten genügend Raum für das Bühnenhaus und den Zuschauerraum des neuen Hauses erschließen.[1] Bei der Konzeption des neuen Hauses richtete Holzmeister von Anfang an sein Interesse darauf, seine lang gehegte Idee eines idealen Theaters umzusetzen. So ging es ihm um die Abkehr von der Form des Guckkastentheaters und die Hinwendung zu einer Bühne, die durch ihre Wandlungsfähigkeit den Erfordernissen eines weitgespannten Programms gerecht werden konnte. Die Bühnenanlage des Neuen Festspielhauses beruht auf dem Hauptgedanken, „die historische Tiefenbühne zum ersten Mal durch ein ingeniöses System der veränderlichen Portalbreite und der Einbeziehung der Vorbühnenzone mit der mittelalterlichen Breitbühne und sogar andeutungsweise mit der antiken Rundbühne"[2] zu verbinden. Gleichzeitig sollte sie beste Sicht- und Hörverhältnisse von allen Zuschauerplätzen gewährleisten. In seiner Rede zur Eröffnung 1966 beschreibt Holzmeister die vielschichtigen Anforderungen:

„Dem neuen Festspielhaus sind drei große Aufgaben aufgebürdet: Als Mehrzweckhaus muß das neue Haus die Bedingungen für Oper und Schauspiel großer Ausmaße erfüllen und außerdem dem großen Konzert mit Orchester und Chor den empfindsamen Rahmen bieten. Dieser dreifachen Aufgabe muß als erstes der Zuschauerraum in seiner Gesamtgestaltung gerecht werden.
Bei dem Fassungsraum von 2100 Personen ist das Sechsfache seines gesamten Raumausmaßes an Kubikmetern die Vorbedingung für eine gute Akustik. Der Mensch ist das Maß aller Dinge, auch das seiner Augen und seiner Ohren. Die gute Sicht und das gute Hören sind in gleicher Weise von der Form des Raumes abhängig."[3]

Insgesamt galt es Ausdauer zu beweisen und das Bauprojekt gegen vielerlei Kritik zu verteidigen. Vor allem der Unterstützung und Förderung von Landeshauptmann Josef Klaus ist es zu verdanken, dass die von Holzmeister „erfundene und geplante"[4] Gesamtkonzeption eines neuen Festspielhauses umgesetzt werden konnte. Im Juni 1956 begannen schließlich die Bauarbeiten für das Große Festspielhaus in der Hofstallgasse, so wie es sich noch heute präsentiert.

Günther Jäger

---

[1] Becker 1966, S. 23–24.
[2] Festspielhaus 1960, S. 46.
[3] Holzmeister 1966, S. 18.
[4] Interview Holzmeister (Website), Minute 24.

Das Große Festspielhaus im Kontext des internationalen Theaterbaus

Clemens Holzmeister und der Bau des Großen Festspielhauses

Schon 1926 ein beliebtes Fotomotiv: der Blick in Richtung Festung mit dem Eingang zum Festspielhaus.

Suche nach modernen Lösungen

So sehr man in Salzburg mit dem Bau des Neuen Festspielhauses durch die Wahl österreichischer Künstler und Handwerker und regionaler Materialien dem neuen nationalen Selbstverständnis ein Denkmal zu setzen gedachte, sollte doch jeder Provinzialismus vermieden und ein internationales Niveau angestrebt werden. Zusammen mit Clemens Holzmeister unternahmen die für den Bau des neuen Festspielhauses zuständigen politischen Entscheidungsträger 1958 eine Besichtigungsreise zu neuen Theatern in Deutschland.[1] Unter sachkundiger Führung des Architekten wollte man sich über die allgemeinen Strömungen im Bereich des zeitgenössischen Theaterbaus informieren. Auf der Agenda könnte neben der Besichtigung der Wiener Staatsoper und des Burgtheaters auch ein Besuch der 1951 eröffneten Oper in Frankfurt am Main, des Stadttheaters in Münster (1956), der Oper Düsseldorf (1956), des Theaters Gelsenkirchen (1958 im Bau), der Oper Köln (1957) und des Nationaltheaters Mannheim (1957) gestanden haben. Es ist anzunehmen, dass vor allem die unter ähnlichen wirtschaftlichen Bedingungen wie in Salzburg entstandenen Theaterneu- und -umbauten in Deutschland auf dem Programm standen. Man suchte nach einer Lösung, die alle verfügbaren auf der Höhe der Zeit stehenden technischen Finessen bot, gleichzeitig aber dem tendenziell konservativ ausgerichteten musikalischen Programm der Salzburger Festspiele entgegenkam. Das Fazit dieser Reise skizziert uns der Reiseteilnehmer Landeshauptmann Klaus in seiner Festschrift zur Eröffnung des Festspielhauses 1960. Die Mitreisenden waren zu der Überzeugung gelangt, dass zuerst auf „einwandfrei architektonische Proportionen, gute Materialwahl, freundliche Farben und angenehme Lichtwirkungen der größte Wert gelegt werden"[2] müsse. Nach der Rückkehr gelang es Holzmeister wohl einmal mehr, mit dem ihm immer wieder zugeschriebenen diplomatischen und taktischen Geschick, die Entscheidungsträger von seiner besonderen Theatervision zu überzeugen, die naturgemäß nicht in allen ihren Gestaltungselementen neu war, sondern durchaus ihre Vorläufer hatte.

---

[1] Klaus 1960. Die besuchten Orte werden nicht genannt.
[2] Klaus 1960, S. 18.

Das Erbe des 19. Jahrhunderts

Die traditionelle Guckkastenbühne als Erbe der hierarchisch gegliederten Gesellschaft des Barock trennte scharf zwischen Bühnen- und Zuschauerraum. Schon im 19. Jahrhundert lässt sich eine Abkehr von dieser Grundstruktur beobachten. Otto Brückwald und Richard Wagner breiteten, wie später Holzmeister, ihren Zuschauerraum in Bayreuth fächerförmig aus, um von allen Plätzen die bestmögliche Hör- und Sichtbarkeit des Bühnengeschehens zu ermöglichen.[3] Die Überbauung des Orchestergrabens verband dort in zuvor nie erreichter Weise Bühne und Zuschauerraum. Ende des 19. Jahrhunderts war also einer freieren Anordnung von Theaterräumen der Weg bereitet und es tat sich ein Experimentierfeld für vielfältige Theatervisionen auf. Holzmeister verringerte 90 Jahre später in Salzburg durch die erhöhte Querrechteckigkeit seines Grundrisses zusätzlich noch die Distanz der Zuschauerplätze zur Bühne.

Reformvorschläge am Anfang des 20. Jahrhunderts

Theatertheoretische Überlegungen brachten im ersten Viertel des 20. Jahrhunderts eine Unzahl von theaterbaulichen Reformvorschlägen hervor. Die Liste der Änderungsvorschläge war lang, variantenreich und vieles blieb Utopie. Bereits 1918 erdachte beispielsweise der Wiener Architekt Oskar Strnad ein Schauspielhaus mit einer drehbaren Ringbühne, die er mit stark ansteigenden amphitheatralisch angeordneten Sitzreihen umgab. Die Möglichkeit simultan bespielbarer Spielflächen führte Henry van de Velde in seinem Werkbundtheater-Entwurf 1919 ein, indem er den Bühnenraum zum Breitformat ausweitete. Das legendäre Idealtheater, von Walter Gropius für Erwin Piscator 1926/27 konzipiert, arbeitete erstmals mit einem ellipsenförmigen, von einer runden Spielfläche umgebenen Zuschauerraum. Hier kam es zu einer gänzlichen Umorientierung im konventionellen Anordnungsgefüge. Die Bühne konnte als Ring gedreht und in ihrer Höhe verändert werden. Das Zuschauerrund konnte bei Bedarf noch eine zusätzliche Spielfläche aufnehmen, sodass sich zahlreiche verschiedene Bühnenkonstellationen herstellen ließen. Die Überwindung des Prinzips der Guckkastenbühne schien damit endgültig vollzogen. Die faschistische Ideologie und die Kriegswirren erstickten die Experimente danach im Keim.[4]

Neuanfang nach 1945

Es ist einer allgemeinen gesellschaftlichen Verunsicherung und Desorientierung nach dem Zweiten Weltkrieg zuzuschreiben, dass diesen progressiven Ansätzen eine Weiterentwicklung verwehrt war. Die Theaterbauten der 1950er Jahre tragen oft das Stigma von naturgemäß beschränkten finanziellen Mitteln und übergroßer Zurückhaltung angesichts vermeintlich gewagter Experimente. Der auch Holzmeisters Salzburger Festspielhaus immer wieder nachgesagte allzu große Konservatismus und Pragmatismus relativiert sich mit Blick auf diese Zusammenhänge. Eine weit verbreitete Ratlosigkeit der politisch Verantwortlichen in Fragen der gesellschaftlichen Aufgaben des Theaters der Zeit spiegelt sich an einer Reihe von Nachkriegs-Bauprojekten,[5] zu denen auch die auf der erwähnten Reise sicherlich besuchten neuen Theaterbauten zählen. In Salzburg hatte man sich an den festen Parametern des Festspielgedankens mit seiner klar umrissenen kulturellen Mission, dem oft beschworenen wirtschaftlichen Nutzen und erheblichen denkmalpflegerischen Erwägungen zu orientieren. Gemessen daran zeigt Holzmeister viel innovatives Potential in seinem Projekt. In Deutschland lobten die verantwortlichen Gremien auf der Suche nach einem zeitgemäßen Theater Wettbewerbe aus. Jene von international renommierten Architekten eingereichten visionären Entwürfe, die den Bogen zu den reformerischen Ideen vom Anfang des Jahrhunderts hätten spannen können, wurden nicht umgesetzt. Mies van der Rohe erstellte ein Modell für das National-Theater Mannheim, Richard Neutra eines für das Schauspielhaus Düsseldorf. Sie wurden genauso wenig realisiert wie Alvar Aaltos faszinierender und origineller Entwurf für das Opernhaus Essen von 1959. Aaltos Idee einer inneren Raumbildung mit mehreren Ebenen und vielfältigen wohlkalkulierten Durchblicken erregte internationales Aufsehen. Ein asymmetrisch angelegter Zuschauerraum und eine flexible Zone als Bindeglied zwischen Bühne und Publikum nahm am Anfang des Jahrhunderts schon vorformulierte Anliegen wieder auf und bot zugleich Anknüpfungspunkte für spätere Lösungen. Weiters legte Hans Scharoun Wettbewerbsentwürfe für das Staatstheater Kassel und das Nationaltheater Mannheim vor, die eine extrem breit disponierte Bühne mit Holzmeisters Salzburger Anlage verbindet. Auch Scharouns Entwürfen zog man vorerst kostengünstigere, allerdings später mit hohem finanziellen Aufwand nachzurüstende Bauten vor. Die Bauherren setzten überall erklärtermaßen auf Funktionalität, bestenfalls mit etwas zurückhaltender Festlichkeit und eventuell leicht geschwungenen Linien verbrämt. Bei kriegsbeschädigten Bauten gingen die allgemeinen Bemühungen eher in Richtung Wiederherstellung des ursprünglichen Zustands, als dass man

einen ganz neuen Griff gewagt hätte. In diesem Sinne wurden die Staatsoper Berlin, das Nationaltheater München und die Staatsoper Wien nach alten Plänen nur rekonstruiert.⁶

Bauliche Parameter in Salzburg

Das Panorama zeitgenössischer Theaterbauten veranschaulicht die Koordinaten von Holzmeisters Handlungsspielraum und mag eine Würdigung des Salzburger Wirkens dieses Architekten befördern, der das Nachkriegsösterreich baulich so entscheidend prägte. Was an architektonischen Geniestreichen andernorts möglich war, wo weder eine alles prägende Kriegsvergangenheit noch eingefleischter Konservativismus die Stoßrichtung vorgaben, zeigt beispielsweise Jørn Utzons Sydney Opera House, dessen Modell erstmals 1957 der Öffentlichkeit vorgestellt wurde.⁷ Holzmeisters Genie erweist sich hingegen mehr an der Harmonisierung vorerst unvereinbar scheinender Faktoren in der Aufgabenstellung. Er stellt eine Synthese von Traditionalismus und theatertheoretischer Innovation vor, die gleichzeitig ausdrücklich der Produktionseffizienz und Aufführungspraxis des Schauspiel-, Opern- und Konzertbetriebes dienen will. Seine Architektur entfaltet ihre Wirkung vergleichsweise ruhig, verlässlich und leise. Mit dem Salzburger Festspielhaus reiht er sich in das *Who is Who* der internationalen Theater-Architekten des 20. Jahrhunderts ein. Nach einer anfänglichen Melange aus heftiger Kritik und Euphorie wird der Bau nun in seiner zeitlosen Unaufdringlichkeit von den meisten Benützern sehr geschätzt, bewährt er sich doch bereits seit vielen Jahrzehnten in allen seinen Funktionen.

Doris Huber

---

³ Kolbe 2003, S. 290.
⁴ Einen detaillierten Überblick zu dieser Entwicklung gibt Bernhard Edl in seiner Diplomarbeit „Das Neue Festspielhaus Salzburg" 2004, S. 101–118.
⁵ Johannes Jacobi thematisierte das in seinem Artikel „Deutsche Städte bauen neue Theater" in der Wochenzeitung Die Zeit, 12. Juli 1956, vgl. Jacobi 1956 (Website).
⁶ Jacobi 1956 (Website).
⁷ Kretschmer 2013, S. 256–257. Das Sydney Opera House zählt seit 2007 zum Weltkulturerbe.

Die Bauaufgabe
Diskussion um die Gestaltung

Clemens Holzmeister und der Bau des Großen Festspielhauses

Es sind vor allem zwei Dokumente, die uns über die Genese der komplexen Bauaufgabe Auskunft geben, vor der Clemens Holzmeister als Architekt des Großen Festspielhauses nach einer jahrzehntelangen öffentlichen Diskussion um den Bauplatz schließlich stand. Zum ersten hatte das Präsidium der Salzburger Landesregierung am 6. Mai 1955 ein Memorandum mit allen wichtigen Anliegen verfasst.[1] Als zweites legte der österreichische Ministerrat unter dem Vorsitz des Bundeskanzlers im Januar 1956 den endgültigen und detaillierten Beschluss vor, ein neues Festspielhaus in Auftrag zu geben.[2] Unter dem Eindruck des wenige Monate vor dem Baubeschluss unterzeichneten Österreichischen Staatsvertrages[3] vollzog sich in der Folge die gesamte Bauplanung. Das Großbauprojekt war damit a priori mit politisch-nationaler Bedeutung aufgeladen, ein Faktum, dem durch den Architekten Rechnung zu tragen war. Josef Klaus, der damalige Salzburger Landeshauptmann, betonte in seiner Festschrift zur Eröffnung des neuen Salzburger Festspielhauses im Juli 1960 nochmals ausdrücklich die symbolisch-gesellschaftliche Dimension des Bauvorhabens.[4] Es ist von einem gesellschaftlichen Grundkonsens über die nationale Bedeutung des Baues auszugehen, der nicht explizit zwischen den engen Freunden Klaus und Holzmeister ausgesprochen oder brieflich formuliert werden musste. Er klingt in allen Dokumenten durch und bildete die Entscheidungsgrundlage bei der Genese der Programmatik des Baukomplexes und beim Prozess der Auftragsvergabe an zahlreiche österreichische Künstler, die zur zusätzlichen Ausgestaltung herangezogen wurden. Man war bestrebt, dem zeitgenössischen österreichischen Kunstschaffen unter möglichst konsequenter Verwendung regionaler Materialien und Ressourcen Raum zu schaffen und so öster-

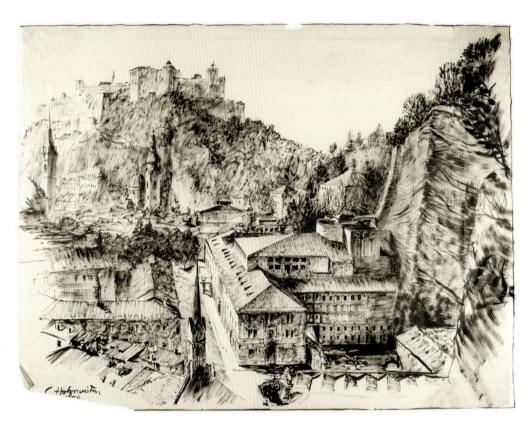

Diese Zeichnung Holzmeisters zeigt nicht nur, wie bewusst der Architekt den städtebaulichen Kontext in allen Phasen der Planung mitdachte. Auch die harmonische Einpassung des vorrangig funktionalen Arbeitstraktes hinter den historischen Baublock der ehemaligen Hofstallungen wird hier deutlich.

[1] ASF 2 – undatiert.
[2] Ministerratsbeschluss vom 24. Jänner 1956, Festspielhaus 1960, S. 42 u. 100.
[3] Durch ihn wurde die souveräne und demokratische Republik Österreich nach der nationalsozialistischen Herrschaft, dem Ende des Zweiten Weltkrieges und der darauf folgenden Besatzungszeit formal wieder hergestellt. Der Staatsvertrag gilt als wesentlicher Kernindikator für die Entwicklung eines eigenständigen österreichischen Nationalbewusstseins.
[4] Klaus 1960, S. 28–29.

Die Pferdeschwemme und das Fischer von Erlach-Portal in einer Ansicht von Johann Michael Sattler aus dem Jahr 1828 (Salzburg Museum).

reichisch-künstlerisches Potential zur Geltung zu bringen. Die Nation schuf sich eine Manifestation ihrer geistigen und künstlerischen Souveränität als Ausdruck politischer Unabhängigkeit. Zurückhaltende, schnörkellose Festlichkeit, wie Holzmeister sie hier vorstellte, entsprach vermutlich am ehesten dem neuen nationalen Selbstbewusstsein. Nicht nur dadurch hatte Holzmeister sich den Entscheidungsträgern als Architekt für das Festspielhaus empfohlen, war er doch bereits seit den 1920er Jahren bei den Festspielen künstlerisch und gesellschaftlich präsent. In die spätere öffentliche Diskussion um einen Neubau hinein hatten Clemens Holzmeister und der bei den Festspielen inszenierende Regisseur Herbert Graf[5] auf Grund ihrer Erfahrungen mit dem laufenden Festspielbetrieb bereits ab 1953 den Plan einer Verbindung zwischen einem neu zu errichtenden Festspielkomplex und den bestehenden Spielstätten entwickelt.[6] Holzmeister schildert 1966 in einem Interview, wie viel Mut vonnöten gewesen war, um die Platzwahl und den Gesamtplan gegen jahrelange vielfältige Angriffe zu verteidigen. Dabei unterstützte ihn wesentlich der Salzburger Landeshauptmann Josef Klaus durch seine *„nimmermüde Tätigkeit, den Gedanken des neuen Hauses dem Land Salzburg und der Stadt Salzburg mit aller klarer Beweisführung mundgerecht zu machen"*.[7] Holzmeister fasste seine eigenen Argumente in der heiß diskutierten Frage des Bauplatzes in einem vierseitigen Bericht mit dem Titel „Warum ein neues Festspielhaus"[8] zusammen. Er schildert darin drastisch die künstlerisch sehr abträglichen, beengten Raumverhältnisse des bestehenden Komplexes. Nur die „opferfreudige Mitwirkung aller Beschäftigten"[9] machte bisher den Betrieb überhaupt möglich. Als besonders heikel führte er die nicht zu befriedigende Nachfrage nach Publikumsplätzen an, die alljährlich so viel Verdrießlichkeit schaffe. *„Nur ein neues Haus mit etwa 2.400 Plätzen kann neben dem Bestehenbleiben des alten Hauses zur Gesundung und zur Befriedung des Festspielgedankens führen"*[10]. Der wirtschaftliche Nutzen aus erhöhten Verkaufszahlen gegenüber gleichbleibenden Produktionskosten wurde hervorgehoben. Durch verkürzte Wege und vermehrte Übersichtlichkeit steigere sich zwangsläufig die Arbeitseffizienz in den räumlich vereinigten Häusern. In den verschiedenen Planungs- und Bauphasen führte Holzmeister immer wieder den besondern Erlebnischarakter des Architektur-Ensembles und seiner engen Verbindung mit der historischen Stadtkulisse als Argument für seine Realisierung ins Feld. Sein Plädoyer für den Standort kulminierte in der Aussage:

„Die Errichtung an dieser Stelle schüfe einen Festspielbezirk in einem historischen Rahmen sondergleichen. Keine Stadt der Welt böte einen solchen Rahmen romantischer Atmosphäre für ein Theaterunternehmen wie die der Verbindung des Mönchsbergfelsens mit alter und neuer Architektur mit einem Aufmarschweg von seltener Vielgestaltigkeit und höchster Vorbereitung für die Festgäste".[11]

Bei aller Euphorie, mit der Holzmeister seine Umgebung für das Projekt zu begeistern in der Lage war, blieb das Ausbalancieren der gesellschaftlichen Brisanz dieses Elite-Unternehmens eine der vordringlichsten politischen Aufgaben. Im genannten Memorandum des Präsidiums der Salzburger Landesregierung vom 6. Mai 1955 wird in Anbetracht der nach und nach erst wieder im Aufbau begriffenen österreichischen Volkswirtschaft für den Neubau eines Festspielhauses vor allem aus wirtschaftlicher Perspektive heraus argumentiert. Ein Gutteil der Ressentiments, mit denen das Projekt zu kämpfen hatte, entsprang den gesellschaftlichen Spannungen. Nicht gelöste nachkriegsbedingte und unübersehbare soziale Missstände beeinträchtigten die Harmonie der städtischen Gemeinschaft. Man stellte von Seiten der Politik gezielt das wirtschaftliche Potential des Projektes in den Vordergrund der Veröffentlichungen, um seinen gesamtgesellschaftlichen Nutzen herauszustreichen. In dieser Perspektive würden die durch die Festspiele erwirtschafteten Ressourcen zukünftig von allen sozialen Schichten lukriert werden können. Den Argumenten der Baugegner, den drängenden Handlungsbedarf in Bezug auf die herrschende massive Wohnungsnot betreffend, versuchte man auf diese Weise zu begegnen. Holzmeister zeigte in seinen planerischen Erwägungen und seinen Stellungnahmen dazu ein geschärftes Bewusstsein und Verständnis für die soziale Dimension seiner Arbeit in Salzburg. In aussagekräftigen Wirtschaftszahlen sollte sich in der Zukunft das angestrebte hohe Prestige der Festspielstadt mit ihrer kulturellen Mission niederschlagen. Der Architekt formulierte seine planerischen Konzepte stets mit diplomatischem Geschick.

Doris Huber

Ein Zwischenruf der freischaffenden Architekten

Am 8. August 1955 lud Landeshauptmann Josef Klaus zu einer ersten Enquete, um die Standortfrage zu diskutieren. Die Entscheidung fiel einhellig für den Platz neben dem bestehenden Festspielhaus in der Hofstallgasse. Die Standortempfehlung wurde ausgesprochen, *„um sowohl die Atmosphäre des Festspielbezirkes zu erhalten, als auch die unbedingt notwendige administrative Zusammenfassung [der einzelnen Aufführungsorte, Anm. d. Autors] zu gewährleisten."*[12]

Da der Salzburger Ingenieur- und Architektenverein sowie der Stadtverein keine Einladung zu jener Enquete erhielten, legten sie ein Memorandum vor, eine „Stellungnahme der freischaffenden Architekten in Salzburg zur Festspielhausfrage", die das Fehlen und die Notwendigkeit eines Ideenwettbewerbs kritisierte. So heißt es in der „Stellungnahme": *„Die Architektenschaft wird grundsätzlich immer den Standpunkt vertreten müssen, daß öffentliche Bauaufgaben, insbesondere Aufgaben von kultureller Bedeutung, durch Wettbewerbe zu lösen seien. Ein Aufgeben dieses Standpunktes würde einer Untergrabung ihrer Berufsgrundlagen – und zwar nicht der materiellen, sondern der ideellen Grundlagen, die zugleich jene des Kulturschaffens überhaupt sind – gleichkommen, zu denen der Gedanke des freien künstlerischen Wettbewerbs untrennbar gehört."*[13] Resigniert hielten die Architekten fest: Da aber *„die Herren des Theaters und der Denkmalpflege den Platz in der Hofstallgasse für den besten halten, andererseits das Projekt von Prof. Holzmeister schon so weit fortgeschritten sei, könne von einem Ideenwettbewerb nichts mehr zu erwarten sein. Die Platzwahl sei entschieden, es könne nur mehr 'ja' dazu gesagt werden."*[14] Landeshauptmann Klaus lud am 22. August 1955 zu einer zweiten Enquete,[15] bei der nun auch Vertreter des Architektenvereins anwesend waren. Hierbei wurde die Forderung nach einem Ideenwettbewerb von Seiten der Architektenschaft fallengelassen. Der Weg für die Umsetzung des ambitionierten Festspielhausprojekts in der Hofstallgasse war geebnet.

Günther Jäger

---

[5] Herbert Graf hatte seit 1953 in der von Holzmeister gebauten sog. „Don-Giovanni-Stadt" diese Oper Mozarts inszeniert, vgl. Hadamowsky 1966, S. 15.
[6] Hadamowsky 1966, S. 15.
[7] Holzmeister 1957, S. 7.
[8] ASF 3 – undatiert, S. 1.
[9] ASF 3 – undatiert, S. 2.
[10] Ebd.
[11] ASF 3 – undatiert, S. 3.
[12] Auszug aus dem Kommuniqué dieser Sitzung. Zit. n.: Festspielhausprojekt 1955, S. 1.
[13] Stellungnahme 1955, S. 5.
[14] Festspielhausprojekt 1955, S. 2.
[15] Festspielhausprojekt 1955, S. 2–3.

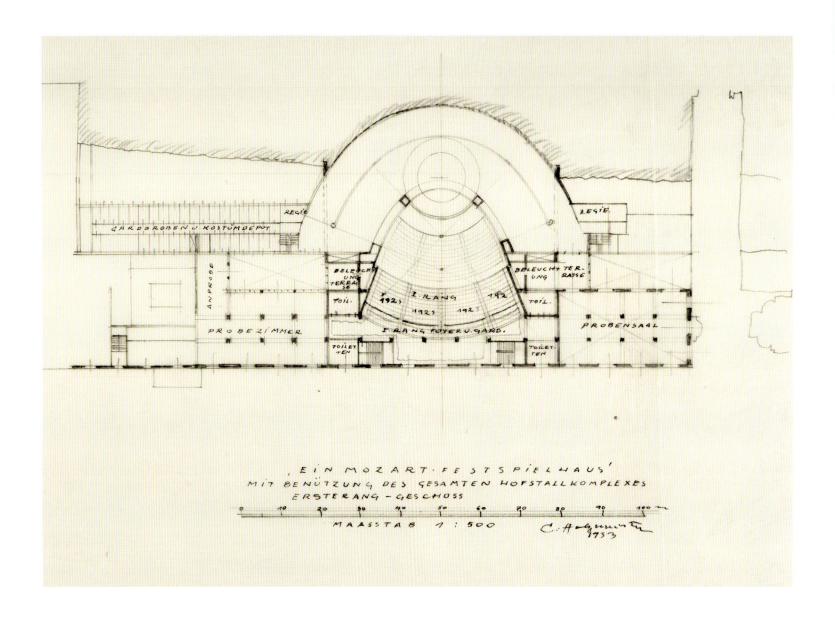

1953 entwarf Holzmeister eine der frühesten Grundrisskonzeptionen, welche schon die Notwendigkeit der massiven Felsenreduktion offenbar werden lässt. Zu diesem Zeitpunkt ging Holzmeister im Zuschauerraum noch von einem zweiten Rang aus.

Reaktion auf das Memorandum

Zusammen mit Modellen des Baus und der Bitte um eine Stellungnahme verschickte man nach langjährigen Diskussionen das Memorandum der Landesregierung 1955 an in- und ausländische Experten im künstlerischen und technischen Bereich des Theaters und der Oper – eine wirksame Maßnahme, um gleichzeitig die internationale Aufmerksamkeit für das Projekt zu wecken. An welche Personen oder Institutionen das Memorandum überhaupt verschickt wurde, ist nicht ersichtlich. Im Archiv der Salzburger Festspiele findet sich jedoch eine Auswahl der eingegangenen Reaktionen.[16] Sie sind durchwegs positiv, beziehen sich aber fast ausschließlich auf die Bauplatzwahl und die Bühnensituation. Wenige kritische Reaktionen betreffen den Modus der Auftragsvergabe an Holzmeister und die anderen Künstler, nicht aber den Entwurf. Es sind dies die Reaktionen der SPÖ Salzburg und der gemeinsame Beitrag der Ingenieurkammer für Oberösterreich und Salzburg sowie des Vereins der Ingenieure und Architekten in Salzburg, die die Auswahlverfahren unbedingt durch einen öffentlichen Wettbewerb geregelt sehen wollten. Gottfried von Einem, von 1948 bis 1951 und dann wieder 1954 bis 1964

Mitglied des Direktoriums der Salzburger Festspiele, lieferte den einzigen kritischen Beitrag von Künstlerseite, der sich allerdings ausschließlich auf mutmaßliche bühnentechnische Mängel bezieht.[17]

Der Aussendung des Memorandums folgte eine über die verschiedenen Bauphasen und die folgenden vier Jahre Bauzeit anhaltende, intensive öffentliche Diskussion um den Bau mit allen seinen Detailentscheidungen. Die Festschrift zur Eröffnung fasst die angespannte Atmosphäre zusammen: *„Zustimmung und Ablehnung, hitzige Polemik, politische Demagogie und sachliche Kritik begannen um das neue Festspielhaus zu toben und machten es zu dem meistbesprochenen und heftigst umkämpften aller österreichischen Nachkriegsprojekte, bis schließlich am 24. Jänner 1956 der entscheidende Schritt erfolgte".*[18] Der österreichische Ministerrat hat die mehrfach „modifizierten, in ihrer Grundkonzeption aber unveränderten Pläne von Clemens Holzmeister"[19] zum Bau genehmigt. Holzmeisters Seilschaft mit Klaus hatte dem Sturm unverbrüchlich standgehalten.

Doris Huber

Am detailgetreuen Holzmodell konnten die Zeitgenossen die letztgültige Version des Festspielhauses mit Arbeitstrakt und sechsteiligem Grabendach sowie das Bühnenhaus mit seinen vier riesigen Blendbögen und den beiden angedeuteten Flachgiebeln studieren.

[16] ASF Presseordner.
[17] ASF 7 – undatiert.
[18] Festspielhaus 1960, S. 47.
[19] Ebd.

Das Gesetz baut mit Entscheidungsträger und Normen

Clemens Holzmeister und der Bau des Großen Festspielhauses

Welche enorme Bedeutung der Neubau des Festspielhauses nicht nur für die Stadt und das Land Salzburg, sondern für die gesamte Republik Österreich besaß, zeigt sich schon allein darin, dass der Beschluss zum Bau von höchster Stelle gefasst wurde. Kein geringeres Gremium als der Ministerrat der österreichischen Bundesregierung unter Vorsitz des damaligen Bundeskanzlers Julius Raab traf am 24. Jänner 1956 diese Entscheidung.[1]

Die Umsetzung und Finanzierung des großen Projektes konnte das Bundesland Salzburg naturgemäß nicht allein bewerkstelligen. Daher fungierten als Bauherren und Kostenträger gemeinschaftlich der Bund, das Land und die Stadt Salzburg sowie der Fremdenverkehrsförderungsfonds des Landes Salzburg.[2] Diese Bauherren sind überdies die vier Rechtsträger des 1950 gegründeten Salzburger Festspielfonds, der damals bereits Veranstalter der Salzburger Festspiele war.[3] Der Bund trug dabei nicht nur die finanzielle Hauptlast, darüber hinaus lag die oberste Bauleitung beim Handelsministerium, dessen Abteilung Bundesgebäudeverwaltung I sich bereits beim Wiederaufbau der Wiener Staatsoper und des Burgtheaters bewährt hatte.

Die für den Bau und die künstlerische Ausstattung des neuen Festspielhauses entscheidungsrelevanten Beschlüsse wurden im Wesentlichen durch zwei gesondert gegründete Gremien, den Bauausschuss und den Kunstausschuss, getroffen. Die Ausschüsse setzten sich verständlicherweise hauptsächlich aus dem Kreis der Bauherren zusammen.

Voraussetzungen für die Durchführung des Projekts waren die im April 1956 beschlossene, unentgeltliche Übertragung der benötigten Grundflächen und der bereits bestehenden Gebäude an der Hofstallgasse durch die Stadt Salzburg an den Bund sowie die Räumung der Gebäude von den bisherigen Nutzern.[4] Unter diesen befand sich auch das nach dem Ersten Weltkrieg gegründete Naturkundemuseum, das in das ehemalige Ursulinenkloster übersiedelt wurde.

Während die Vorarbeiten mit der Sprengung des Mönchsbergfelsens schon seit November 1956 im Gange waren, erfolgte die offizielle „Baubewilligung für das neue Festspielhaus in Salzburg nach Massgabe der beiliegenden Baubeschreibung"[5] erst am 22. März 1957. Als Hauptnorm galt die damals in Kraft stehende Stadtbauordnung. Dieses Gesetz enthielt jedoch keine Vorschreibungen für Theaterbauten. Daher griff man zur Beurteilung der technischen Einzelbestimmungen substitutionsweise auf das bestehende Wiener Theatergesetz zurück.[6] Sowohl die Behörden als auch die Planer bemühten sich, die darin enthaltenen Bestimmungen als Sonderverordnung zum Salzburger Veranstaltungsgesetz und zum Salzburger Lichtspielgesetz heranzuziehen. Im Besonderen betraf dies Regelungen zur Sicherheit der Gäste des Hauses.

Josef Klaus, 1949–1961 Landeshauptmann von Salzburg

[1] Festspielhaus 1960, S. 47 u. 100.
[2] ASF 16 – 12.11.1955.
[3] BGBl Nr. 147/1950 i.d.g.F., Bundesgesetz über die Errichtung des Salzburger Festspielfonds.
[4] Stadtarchiv Salzburg, Innere Stadt 219, Neubau Großes Festspielhaus, Akt 42403/89, 1957–1960, Teil 1: Schreiben des Magistrats Salzburg an die BGV, 23.10.1956.
[5] Stadtarchiv Salzburg, Innere Stadt 219, Neubau Großes Festspielhaus, Akt 42403/89, 1957–1960, Teil 1: Baubewilligung, 22.3.1957.
[6] Ebd.

1954 hatte Holzmeister eine gänzlich andere Ausformung des Bühnenhauses konzipiert, die angesichts der ruhigen Geschlossenheit der endgültigen Umsetzung, noch eher beliebig und uneinheitlich, die Zeichen eines funktionalistisch orientierten Zeitgeistes trägt.

Oftmals mussten sich die Planer entgegen ihren Wünschen und Vorstellungen den Auflagen beugen.[7]

Das geplante Projekt widersprach hinsichtlich seiner immensen Dimensionen allerdings zum Teil sämtlichen geltenden Vorschriften, weshalb zahlreiche Ausnahmegenehmigungen, sowohl die Stadtbauordnung als auch das Wiener Theatergesetz betreffend, erforderlich waren. Dabei handelte es sich keineswegs um Detailfragen, wie die folgende Auswahl veranschaulichen mag. Wie viele andere Großbauten auch, entlarvte sich das Neue Festspielhauses als ständig mutierendes Bauvorhaben, sodass aufgrund zahlreicher Planänderungen und Einwände der Sachverständigen immer wieder Sondervorschreibungen notwendig waren.[8] Besonders intensive und kontroverse Diskussionen entfachte die unter Denkmalschutz stehende Fassade des ehemaligen Hofstallgebäudes. Der Demolierungsbescheid beinhaltete die Auflage, beim Neubau das bisherige Erscheinungsbild möglichst beizubehalten. Neben dem Architekten hatten sich aber auch die Behörden selbst den Vorschriften zu beugen. Dem Wunsch des Denkmalamtes, sämtliche Fenstergitter zu belassen, konnte wegen der Bestimmungen für Flucht- und Rettungsmöglichkeiten nicht entsprochen werden.[9] Die Denkmalschutzbehörde behielt nicht nur den Bau selbst im Auge. So legte sie besonderen Wert darauf, dass sich der Komplex auch von höher gelegenen Blickpunkten wie den Salzburger Stadtbergen ohne schwere Störung in

---

[7] Stadtarchiv Salzburg, Innere Stadt 219, Neubau Großes Festspielhaus, Akt 42403/89, 1957–1960, Teil 1: Bewilligung zur Errichtung des Bühnenhauses, 25.11.1957.

[8] Stadtarchiv Salzburg, Innere Stadt 219, Neubau Großes Festspielhaus, Akt 42403/89, 1957–1960, Teil 1: Baubewilligung, 22.3.1957.

[9] Stadtarchiv Salzburg, Innere Stadt 219, Neubau Großes Festspielhaus, Akt 42403/89, 1957–1960, Teil 1: Demolierungsbescheid, 28.1.1958.

Die Spuren der Zeit haben die Oberfläche des mächtigen Bühnenhauses noch mehr, und ganz im Sinne Holzmeisters, der Farbigkeit des Mönchsbergfelsens angeglichen.

das Altstadtbild einfüge. Angestrebt war der Einsatz von Baumaterialien und Formen von Gebäudeabschlüssen, wie sie in historischen Bastionen verwendet wurden. Die Anbringung der ursprünglich geplanten Giebel wurde daher vehement abgelehnt und ein attikaähnlicher Aufbau vorgeschlagen. Vorzugsweise sollte das Bühnenhaus dem Erscheinungsbild einer „Mönchsbergbastion" entsprechen.[10]

Eine der wesentlichen, für das Gesamtkonzept unverzichtbaren Ausnahmen betraf die Überschreitung der zur damaligen Zeit in der Salzburger Altstadt üblichen Gebäudehöhe. Auch über die Bestimmung des Wiener Theatergesetzes, wonach ein Theater mit einem Fassungsvermögen ab 1600 Zuschauerplätzen auf allen vier Seiten frei zu stehen hat, setzte man sich beherzt hinweg. Der Regelung, das Parkett des Zuschauerraumes nicht höher als zwei Meter über dem Straßenniveau zu situieren, widersprachen als Präzedenzfälle schon das Burgtheater und die Wiener Staatsoper, sodass man aufgrund positiver Erfahrungen von der Einhaltung auch dieser Auflage absah. Die Benützungsbewilligungen, die für jeden einzelnen Bauabschnitt von März bis Juli 1960 erfolgten, setzten abschließend die höchste zulässige Besucherzahl mit 2310 Personen fest. Wiederholt verwiesen die Amtssachverständigen auf die unbefriedigende Parkraumsituation. Die Polizei forderte, dass mangels ausreichender Parkplätze das alte und das neue Festspielhaus nicht gleichzeitig bespielt und die den Dom umgebenden Plätze zum Parken freigegeben werden sollten[11] – ein angesichts der heute üblichen innerstädtischen Fußgängerzonen fast kurios anmutender Vorschlag.

Karin Kovarbasic

---

[10] Stadtarchiv Salzburg, Innere Stadt 219, Neubau Großes Festspielhaus, Akt 42403/89, 1957–1960, Teil 1: Vorgutachten des Landeskonservators, 25.2.1957.

[11] Stadtarchiv Salzburg, Innere Stadt 219, Neubau Großes Festspielhaus, Akt 42403/89, 1957–1960, Teil 1: Benützungsbewilligung, 21.6.1960 und Baubewilligung, 22.3.1957, S. 5 u. 8.

Grundsatzentscheidungen

Clemens Holzmeister und der Bau des Großen Festspielhauses

Zu allererst übertrug die Gemeinde Salzburg die erforderlichen Gebäude und Grundflächen der Hofstallgassenliegenschaft unentgeltlich in den Besitz des Bundes.[1] Dann erst konnten durch Bausachverständige, Denkmalamt und den vom zuständigen Ministerium[2] eingesetzten Bauausschuss die Rahmenbedingungen für den Bau erarbeitet werden. Bindungen und Vorbedingungen aller Art prägten von Beginn an die planerischen Vorgänge. Ab Oktober 1956 wurde die notwendige Demolierung bestehender Gebäudeteile, sowohl des bestehenden Festspielhauskomplexes wie auch der historischen Hofstallungen, diskutiert. Aus einem Gutachten der Bausachverständigen vom 21. März 1957[3] geht hervor, dass die zu erhaltenden Gebäudeteile noch dringend statisch überprüft werden mussten. In der baupolizeilichen Verhandlung vom 8. Januar 1958 lehnten die technischen Sachverständigen eine Erhaltung der denkmalgeschützten Fassade des Hofstallgebäudes aus Sicherheitsgründen ab.[4] Erst mit dem Fortschreiten der Bauarbeiten sei die Baufälligkeit der Fassade in Erscheinung getreten. Eine Unterfangung der sehr seicht fundierten alten Mauern wurde dringend empfohlen, da durch die aufsteigende Bodenfeuchtigkeit bereits die Mauerwerksfestigkeit deutlich herabgemindert worden sei. Die Länge der zu demolierenden Wand musste wegen deren mangelnder Festigkeit im Laufe der Abbrucharbeiten im März 1958 noch von geplanten 62 Metern auf 78 Meter erhöht werden.[5] Im April 1958[6] vermerkte ein Protokoll den vollzogenen Teilabriss der Hofstallgassenfassade und betonte eindringlich, dass die Fassade in ihrem Hauptcharakter wieder aufgebaut werde. Die Fensterreihen des 1. und 2. Stockes seien dabei in Ausmaß und Form beizubehalten. Für die Unterbringung der technisch notwendigen Räume genehmigte man eine Veränderung des Dachprofiles über dem durchgehenden Hauptgesims. Der von Holzmeister schon auf seinen Fassadenplänen seit 1953 vorgesehene flachere Dreiecksgiebel löste engagierte Diskussionen aus. Man hatte sich in Salzburg ja schon an die traditionelle Dachform der Hofstallungen gewöhnt. Insbesondere der Salzburger Stadtverein, die Salzburger Architektenschaft und die Salzburger Bürger empfanden den Giebel als „unerträglichen Fremdkörper".[7] In seiner Not band Holzmeister den Kunsthistoriker Hans Sedlmayr, damals noch Ordinarius in München, in seine Überlegungen ein und führte mit ihm einen diesbezüglichen Briefwechsel. Am 6. Mai 1958 teilte Holzmeister freudig mit: *„Glücklicherweise fand ich einen Ausweg, als mich Freunde auf ein altes Bild des Hofstallgebäudes verwiesen haben, in welchem an Stelle des heutigen Dach-*

---

[1] Stadtarchiv Salzburg, Innere Stadt 219, Neubau Großes Festspielhaus, Akt 42403/89, 1957–60, Teil 1: Zahl 545027, Verhandlungsschrift des Magistrats Salzburg, 23.10.1956.

[2] Den Vorsitz in den Bauausschusssitzungen führte der Bundesminister für Handel und Wiederaufbau Dr. Fritz Bock.

[3] Stadtarchiv Salzburg, Innere Stadt 219, Neubau Großes Festspielhaus, Akt 42 403/89, 1957–60, Teil 2: Ord. Nr. 147, Gutachten der Bausachverständigen, 21.3.1957.

[4] Stadtarchiv Salzburg, Innere Stadt 219, Neubau Großes Festspielhaus, Akt 42 403/89, 1957–60, Teil 1: Zl.: 28. 714-5/58 und Zl.: 1109/5 – I – 1958, Baupolizeiliche Verhandlung, 8.1.1958.

[5] Stadtarchiv Salzburg, Innere Stadt 219, Neubau Großes Festspielhaus, Akt 42 403/89, 1957–60, Teil 1: Zl.: 43 800 5/58, Nachtragsbescheid, 2.5.1958.

[6] Stadtarchiv Salzburg, Innere Stadt 219, Neubau Großes Festspielhaus, Akt 42 403/89, 1957–60, Teil 2: Ord. Nr. 147, Niederschrift 26.4.1958.

[7] Stadtarchiv Salzburg, Innere Stadt 219, Neubau Großes Festspielhaus, Akt 42 403/89, 1957–60, Teil 2, Ord. Nr. 147: Niederschrift 26.4.1958, auch ASF 19; ASF Presseordner: o.V.: Neues Festspielhaus: Holzmeister-Giebel gefallen. Bauausschuß beschließt: Attika statt Giebel – Korrektur des Problems Sitzplätze im Sinn Salzburgs, in: Salzburger Nachrichten, Zeitraum 26.–30. April 1958, S. 5.

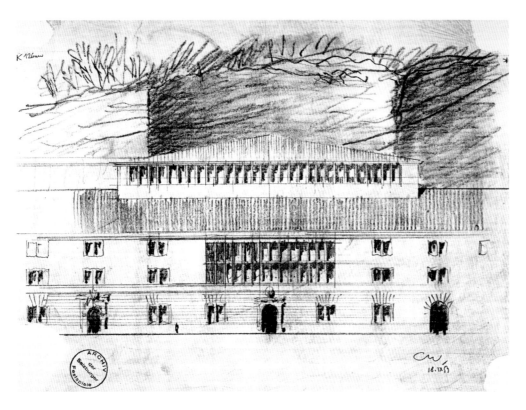

Nur drei aus einer Vielzahl von Entwürfen Holzmeisters. Oben eine Idee mit modernen Elementen, die deutlich in den historischen Bestand eingreifen. Unten der Versuch, die Fenster der beiden Geschosse durch Fenstergitter zusammenzufassen und so der Horizontale entgegenzuwirken. Die Zeichnung auf der rechten Seite kommt dem ausgeführten Bau am nächsten.

gesimses eine hohe Attika aufgebaut war; dieses Bild war meine Rettung. Denn sowohl der Landeskonservator als auch der immer bissige Stadtverein haben den Vorschlag zur Anordnung einer Attika begrüsst. Soviel mir bekannt ist, hängt dieses Bild mit der Attika als Ölbild im Bürgermeisteramt."[8]

Sedlmayr freute sich mit Holzmeister, gab aber zu bedenken:

„Es scheint mir in der Tat, dass der von Ihnen gefundene Ausweg, nämlich die technischen Räume hinter einer Attika unterzubringen, sehr glücklich ist, grundsätzlich wenigstens. Ich kenne zwar das alte Bild mit der Attika nicht, weiss auch nicht, wie hoch die Attika werden muss, um die technischen Räume zu maskieren, aber ich glaube es müsste so gehen, ohne die Attika überhoch zu machen, was an der Längsseite wohl weniger zu fürchten ist, an der Schmalseite gegen den Sigmundsplatz mit ihren von Fischer so fein abgewogenen Proportionen unter Umständen drückend wirken könnte."[9]

Nach heutigen Erkenntnissen hat diese Stadtvedute bzw. dieses Attikageschoss nie existiert.[10]

Während des laufenden Abbruchs- und Aufbauprozesses waren architektonische Detailentscheidungen immer wieder nachjustiert worden, bevor die Fassade zu guter Letzt ihr heutiges Aussehen erhielt. Holzmeisters Fassadenpläne aus den Jahren 1953 bis 1959 zeigen unterschiedliche Dach-, und Fensterlösungen. Außerdem deklinierten sie allerlei mögliche Portalanordnungen durch. Verschiedene Entwürfe von der Hand Rudolf Hoflehners sahen überdies künstlerisch anspruchsvolle, stark geschwungene Fenstergitter vor, die nicht zur Umsetzung gelangten.[11] Welche Erwägungen schlussendlich zur realisierten Variante führten, lässt sich am ehesten aus der Verhandlungsschrift vom 2. Juli 1958, und dort aus den Ausfüh-

rungen des Landeskonservators Theodor Hoppe, erschließen.¹² Dieser favorisierte ausdrücklich sowohl die Attikalösung als auch den Rückbau des durch Umbauten im 19. Jahrhundert zerstörten Hauptgesimses. Lobend erwähnte er weiters, dass die Fenster des 2. Obergeschosses wieder auf die ursprüngliche Höhe herabgesetzt werden würden. Vor allem aber plädierte er in der Portalfrage für eine neue Lösung, die sich am Ende auch durchsetzen konnte. Zu diesem Zeitpunkt hatte Holzmeister nämlich noch vorgesehen, *„ein historisches Portal in die Mitte der Eingangsgruppe zu setzen, an dieses links und rechts anschließend je zwei neue bzw. neugestaltete Portale vorzusehen und, ganz außen links und rechts, ein anderes historisches Portal bzw. eine Kopie desselben anzubringen."*¹³ Dagegen wandte Hoppe ein:

*„Wenn [man] statt dieser Ordnung an die zuletzt erwähnte äußerste Achse der Eingangsgruppe je eines der beiden historischen Portale setzte und die mittleren fünf Eingänge mit neugestalteten Portalen versehen würde, so hätte dies folgende Vorteile: Zunächst entfiele die Anfertigung einer Kopie eines historischen Portals, die mittleren fünf, in die Eingangshalle führenden Portale wären vollständig für eine Neuplanung frei."*¹⁴ Damit war die endgültige Portallösung zur Realisierung gefunden.

Doris Huber

---

⁸ ASF 20 – 6.5.1958; Klaus 1960, S. 15 und Muck u. a. 1978, S. 265.

⁹ ASF 21 – 10.5.1958.

¹⁰ Mayr 2010, S. 288: „Mehr Raum auf dem engen Bauplatz schuf Holzmeister mit einem zusätzlichen Attikageschoß durch die haltlose wie hilfreiche Behauptung, dass es in früherer Zeit solch eine Attika bereits gegeben habe. Diese analysierte der Bauhistoriker Wilfried Schaber 1988: 'Man folgte [...] weder den alten Ansichten noch beließ man den Status quo – ein Zwitterprodukt entstand. [...] 'Alte Ansichten' [...] werden als unangreifbare Dokumente den Kritikern entgegengehalten.' Stadtveduten sollen in Salzburg seit Holzmeisters Festspielhausbau – so Schaber – Bestandsveränderungen ohne Quellenkritik und Bestimmung des Realitätscharakters legitimieren. Wissenschaftliche Erkenntnisse ignorierend lebt diese Mentalität bis heute weiter."

¹¹ Aus einem Aktenvermerk der Planungsstelle Salzburg für das Neue Festspielhaus vom 20. Mai 1960 geht hervor, dass Holzmeister noch zu dieser Zeit über eine architektonische Betonung des Mittelteiles der Hofstallgassenfassade mit Hilfe einer Fenstervergitterung nachdachte. Stadtarchiv Salzburg, Innere Stadt 219, Neubau Großes Festspielhaus, Akt 42 403/89, 1957–60, Teil 2, Plan IX/A3.

¹² Stadtarchiv Salzburg, Innere Stadt 219, Neubau Großes Festspielhaus, Akt 42 403/89, 1957–60, Teil 2, Ord. Nr. 147, Gutachten der Bausachverständigen, 21.3.1957.

¹³ Ebd.

¹⁴ Ebd.

Zügig zum Ziel
Kleine Bauchronologie

Clemens Holzmeister
und der Bau des
Großen Festspielhauses

Die Um- und Neubauarbeiten für das Festspielhaus in der Hofstallgasse begannen in der zweiten Hälfte des Jahres 1956 mit der Sprengung des Mönchsbergfelsens. Rund vier Jahre sollte es dauern, bis die Eröffnung des neuen Hauses am 26. Juli 1960 mit dem „Rosenkavalier" von Richard Strauss unter der Leitung von Herbert von Karajan gefeiert werden konnte.[1]

Im November 1956 waren alle Mieter ausgezogen[2] und es begann der Abbruch des alten Hoftraktes. Gleichzeitig wagte man sich an die Sprengung der Mönchsbergwand und den Abbau von 55.000 m³ Konglomerat. Das mächtige Bühnenhaus beanspruchte Platz. Bis Juli 1957 dauerten die Abbauarbeiten am Mönchsberg,[3] die alle Beteiligten vor eine Herausforderung stellten, da Sprengarbeiten in einem verbauten Gebiet besondere sicherheitstechnische Vorkehrungen benötigten. Die Sprengung der Bergwand war ein spektakuläres Vorhaben, über das der ORF in seiner Zusammenfassung 1960 ausführlich berichtete.[4] Der Felsabbau musste schonend vonstatten gehen, um ein Zerreißen der Felswand zu vermeiden. So wurde der

---

[1] Festspielhaus 1960, S.100; Salzburger Nachrichten 27.07.1960.

[2] Stadtarchiv Salzburg, Innere Stadt 219, Neubau Großes Festspielhaus, Akt 42403/89, 1957–1960, Teil 1: Schreiben des Magistrats Salzburg an die BGV, 23.10.1956.

[3] Festspielhaus 1960, S. 47–48; Wiesner 2006, S. 30.

[4] ORF Bericht 1960 (Aufzeichnung).

letzte Meter der Bergwand nicht mehr gesprengt, sondern mit Presslufthämmern abgeschrämmt.⁵

Noch während des Abbaus der Felswand fing man mit dem Bau des neuen Werkstättentraktes an, zu dem eine Tischlerei, Kulissendepots und Malersäle gehören. Aufgrund der stetig steigenden Festspielproduktionen in den 1950er Jahren wurde dieser Bautrakt am dringendsten benötigt.

Im September 1957, gleich nach dem Ende der Festspielsaison, fiel der Startschuss für den Stahlbetonbau des großen Bühnenhauses. Die Arbeiten verliefen so gut, dass im Juni 1958 die Stahldachkonstruktion aufgesetzt und dieser Teil des Hauses im Rohbau fertig gestellt werden konnte. Gleichzeitig schritten auch die Arbeiten am Werkstättentrakt voran; er stand den Festspielen in der Saison 1958 bereits zur Verfügung.⁶ Für den Künstlertrakt und den Personaltrakt wurde der Auftrag für die Bauarbeiten im Mai 1958 vergeben. Teile des Künstlergarderobentraktes waren bereits in der Festspielsaison 1959 benutzbar.⁷

Um im Jänner 1958 die Errichtung des Zuschauerhauses in Angriff nehmen zu können, wurden die Mittelteile des alten Hofmarstalls abgetragen. Die Außenfassade des Gebäudes wurde auf einer Länge von 78 Metern abgerissen, die unter Denkmalschutz stehende Fassade demontiert. Bautechnische Gründe machten diesen Schritt notwendig, denn das Einschlitzen der neuen straßenseitigen Stahlbetonstützen und der Stahlbetonriegel des Zuschauerhauses stellten eine Gefahr für den Bestand der rund 300 Jahre alten Mauer dar. Außerdem war die Fassade so ausgebaucht, dass sie sich straßenseitig 21 cm vorwölbte. Diese Problematik führte zur Genehmigung für den Abriss, jedoch mit der Auflage, die Fassade in ihrem Hauptcharakter wieder aufzubauen.⁸

Die Unterbringung technisch notwendiger Räume erforderte jedoch eine Veränderung des ursprünglichen Dachprofils über dem durchgehenden Hauptgesims. Als Lösung schien Clemens Holzmeister ein Giebel bestens geeignet, was jedoch auf Seiten des Salzburger Stadtvereins und der Salzburger Architektenschaft sowie der Salzburger Bürgerschaft heftige Diskussionen rund um die Erhaltung eines einheitlichen Stadtbildes auslöste. Man einigte sich schließlich darauf, ein Attikageschoss aufzusetzen.

Der Betrieb auf der Baustelle ruhte nie. Um die Überdachung des Zuschauerraumes termingerecht fertigzustellen, wurde der Stahlbetonskelettbau in durchgehenden Tag- und Nachtschichten empor getrieben. Im Oktober 1958 war auch bei diesem Gebäudeteil die Dachgleiche erreicht. Zu den Festspielen 1959 bot sich für die Besucher die neue Straßenfront im Großen und Ganzen in ihrer endgültigen Form dar.⁹

Das Jahr 1959 und die ersten Monate des Jahres 1960 standen im Zeichen des Innenausbaus des Hauses, denn zur Eröffnung der Salzburger Festspiele sollte die Innenausstattung aller Räume natürlich fertiggestellt sein. Innerhalb der Zeitvorgabe mussten unter anderem das Foyer, Pausensäle, Musiker- und Garderobenräume, Hausverwaltung, Presseräume, Kartenbüro, die Räumlichkeiten für die Festspielleitung, Probenräume für Chor und Ballett sowie Umkleideräume ausgestattet werden.¹⁰

In der vierjährigen Bauzeit wurde insgesamt rund 185.000 m³ umbauter Raum neu geschaffen und gestaltet, um das Festspielhaus in seiner heutigen Gestalt zu errichten.¹¹

---

⁵ ASF 6 – undatiert, S. 4.
⁶ ASF 6 – undatiert, S. 4; Festspielhaus 1960, S. 48.
⁷ ASF 6 – undatiert, S. 4.
⁸ Stadtarchiv Salzburg, Innere Stadt 219, Neubau Großes Festspielhaus, Akt 42 403/89, 1957–60, Teil 2, Ord. Nr. 147: Niederschrift 26.4.1958.
⁹ ASF 6 – undatiert, S. 4; ASF 19 – 26.4.1958, S. 2.
¹⁰ ASF 19 – 26.4.1958, S. 2.
¹¹ Festspielhaus 1960, S. 48.

Ein Blick in die ehemaligen Pferdestallungen während der Bauarbeiten und vor Verlegung des Mosaikbodens von Richard Kurt Fischer.

Herbert von Karajan im Gespräch mit Clemens Holzmeister. Der Einfluss Karajans auf Entscheidungen beim Bau des Großen Festspielhauses fand wiederholt Niederschlag in den Dokumenten, die das Archiv der Salzburger Festspiele bewahrt. Vieles dürfte jedoch mündlich geklärt worden sein.

In die Planung des neuen Festspielhauses schaltete sich auch der künstlerische Leiter der Salzburger Festspiele, Herbert von Karajan, ein. Auf Wunsch Karajans erfolgten umfassende Änderungen in der Gestaltung des Zuschauerraumes. Das Parkett bekam eine wesentlich steilere Neigung als ursprünglich geplant, zudem entfiel der zweite Rang. Die Vorbühnenzone wurde nochmals verändert, die technische Ausstattung der Bühne und der umbaute Raum des Bühnen- und Zuschauerraumes wesentlich erweitert.[12]

Festspielbezirk

Der Salzburger Festspielbezirk präsentierte sich nach einer vierjährigen Baugeschichte mit aufwändigen Innen- und Außenarbeiten zur Eröffnung des neuen Hauses im Jahr 1960 in geschlossener Einheit vom Domplatz als Kulisse für den „Jedermann" bis hin zur Pferdeschwemme und zum Neutor. Die wichtigsten Kunst- und Kulturstätten der Altstadt sind somit in ein architektonisch als Ganzes gedachtes Werk eingeschlossen. Als Herzstück dieses Bauensembles erhebt sich in der Mitte der 225 Meter lange Komplex des Alten und Neuen Festspielhauses mit seinem 40 Meter hohen Bühnenhaus. Der Festspielhauskomplex lehnt sich optisch an die 65 Meter hohe Felswand des Mönchsberges an, der mit steinernen Armen links die drei Jahrhunderte alte Felsenreitschule umfängt und rechts das felsige Neutor-Portal hält. Altes und Neues Festspielhaus sind somit eindrucksvoll eingebettet in Fels und Tradition.[13]

Durch die Errichtung des Neuen Festspielhauses in der Hofstallgasse verwirklichte sich die Idee eines Festspielbezirks, in dem alles Wünschenswerte ineinander fließt: Das Flanieren durch die festlich geschmückte Stadt, der Besuch der Festspielveranstaltung und das anschließende Verweilen und Ausklingen des Abends in einem der Lokale in der Nähe des Festspielhauses. Die Straßen und Plätze der bühnengleichen barocken Stadt sind unersetzlicher Bestandteil des Gesamterlebnisses einer Festspielaufführung in Salzburg.[14]

Günther Jäger

---

[12] Festspielhaus 1960, S. 101; Becker 1966, S. 30.
[13] Festspielhaus 1960, S. 44.
[14] Ebd.

Bauen auf engstem Raum
Die Grundrissdisposition

Clemens Holzmeister
und der Bau des
Großen Festspielhauses

Für den Besucher erschließt sich das Festspielhaus auf kurzen Wegen. Durchquert er die Eingangshalle, gelangt er zur Garderobe, in deren Nähe sich die Toiletten befinden. Ebenfalls im Erdgeschoss liegen unter der Haupttreppe die Kassenräume.[1] Während die Hauptstiege sich großzügig in die Eingangshalle öffnet, befinden sich die beiden Rangstiegen, die sowohl zum Rangfoyer wie auch zum Logenfoyer führen, versteckter an den Flanken der Eingangshalle.

Zum Herbert-von-Karajan-Platz hin lädt ein großer gewölbter Pausensaal zum Verweilen ein. Der langgestreckte Saal bewahrt noch heute die Form der dreischiffigen Bogenhalle des ehemaligen Pferdestalles und schließt mit dem historischen Fischer-von-Erlach-Portal ab.

Die beiden Haupttreppen führen die Besucher ins Foyer des ersten Stockwerks. Dem Pausensaal des Erdgeschosses entspricht im Foyergeschoss ein gleichgroßer, ehemals für Raucher vorgesehener Bereich, die heutige Fördererlounge, mit einem Blick hinunter auf den Herbert-von-Karajan-Platz. Der Saal ist wie der des Erdgeschosses durch Steinpfeiler dreigeteilt, die wiederum eine Holzbalkendecke tragen.

Das Rangfoyer einen Stock höher weist dieselben Ausmaße auf wie das Hauptfoyer und führt die Besucher durch vier Eingänge zum Rang des Zuschauerraumes. Ebenso gelangt man von hier an den Seiten durch je einen vorgelagerten

Das heutige Erscheinungsbild entspricht nicht mehr ganz dem Zustand zur Eröffnung des Hauses, da zum Beispiel die Teppiche ausgetauscht werden mussten.

Logensalon zu den drei seitlichen Logen. In einem undatierten Konzept heißt es dazu: *„Dieses Foyer ist in seiner Erscheinung charakterisiert durch eine in der Kurve laufende schräg aufsteigende Balkenanlage, die aus der darüberliegenden amphitheatralischen Sitzreihe des Ranggeschosses sich ergibt. Diesen Balken aus Lärchenhölzern entsprechen gitterartig gebildete Wände aus demselben Baustoff, die die beiden in diesem Geschoss mündenden Rangstiegen begleiten."*[2]

Das ganz besondere Augenmerk der Planung lag auf dem Herzstück des Festspielhauses: dem Zuschauersaal und der Bühne. Der Baublock des Zuschauerraumes setzt 6 m hinter der Gebäudeflucht auf und tritt dadurch von der Straßenseite aus in den Hintergrund. 2,50 m hohe Stahlbinder tragen die gesamte aufgehängte Decke des Zuschauerraumes mit einer Spannweite von 27 m. Für die Dachform ergibt sich ein sechsteiliges Grabendach, von außen durch halbrunde Einschnitte an der Grabmauer gekennzeichnet.[3]

---

[1] ASF 4 – undatiert, S. 3–4.
[2] ASF 4 – undatiert, S. 4.
[3] ASF 4 – undatiert, S. 2.

Diese Zeichnung Holzmeisters aus dem Jahr 1956 zeigt besonders eindrücklich die Herausforderung.
Der Architekt musste ein großes Festspielhaus für einen sehr begrenzten Baugrund konzipieren.

Unter den Archivalien finden sich oft Zeichnungen, die Holzmeisters Verständnis der Architekturzeichnung als autonomes künstlerisches Medium dokumentieren. Hier gibt er 1958 einen Einblick in das obere Rangfoyer mit vorerst angedachten schweren Vorhängen und massiven Deckenlampen, die den Raum so ganz anders akzentuiert hätten, als die später tatsächlich ausgewählten, zarten Venini-Muscheln.

Innen spannt sich die gewölbte Decke des Zuschauerraums „wie eine riesige weite Muschel"[4] über die Sitzreihen, die wie in einem Amphitheater angeordnet sind. Das Steigungsverhältnis des Parketts bewirkt eine besonders gute Sicht und Akustik, da es größer als gewöhnlich ist. Die Sitzreihen ordnen sich in drei Blöcken konzentrisch um die Bühnenmitte an. In seiner Größendimension weist der Zuschauerraum eine Breite von 35 m und eine Tiefe – vom Eisernen Vorhang bis zu den Logenbrüstungen der Rückseite – von 28 m auf. Sitzreihen in fünf Blöcken unterteilen das Ranggeschoss, das noch um ca. 7 m weiter zurückreicht. Bei musikalischen Aufführungen stehen 2158 Sitzplätze zur Verfügung und bei Einbeziehung des Orchesterraumes 2310 Plätze.[5]

Die Bühne bildet in jedem gewünschten Ausmaß – ob schmal oder breit – mit dem Zuschauerraum eine Zweiheit. Die Abgrenzung zwischen beiden Bereichen ist je nach Anforderung beliebig veränderbar. Immer aber bestehen von allen Plätzen für die Festspielbesucher beste Sicht- und Hörverhältnisse. Mit geringem Aufwand wird nach Bedarf diese Zweiheit von Bühne und Zuschauerraum in einen einheitlichen Konzertsaal nach allen Erfordernissen für eine einwandfreie Aufstellung von Orchester und Chor umgebaut. Weiters ermöglicht ein System von Vorbühnenlamellen in Verbindung mit zwei fahrbaren Portaltürmen ein veränderliches Bühnenportal. So kann die Festspielbreitbühne mit einem Bühnenausschnitt von 9 x 30 m wie auch eine dreiteilige Simultanbühne gleicher Gesamtgröße durch das Verschieben der beiden seitlichen Lamellenwände über die seitlichen Vorbühnen mit Hilfe der Portaltürme auf eine Normalbreite von 9 x 14 m gebracht werden. Der Szenenwechsel findet mit Hilfe von 19 Bühnenwagen nicht durch Versenkungen statt, sondern ausschließlich auf horizontaler Ebene unter Verwendung der 1600 qm großen Haupt- und der zwei je 200 qm

Das obere Rangfoyer, wie Festspielgäste es kaum erleben: Ohne das Publikum, das auf den Beginn einer Vorstellung wartet oder in der Pause auf- und abgeht, wird die wohlkalkulierte Zurückhaltung deutlich. Holzmeisters Architektur drängt sich nicht auf.

großen Seitenbühnen. Für szenische Effekte gibt es fünf voneinander unabhängige Hebebühnen mit maximal je 3 x 24 m Größe. Diese Hebebühnen helfen, verschiedene Niveaus auf der Hauptbühne herzustellen und ermöglichen ebenso Auftritte von unten. Um für eine optimale Nutzung die notwendige Tiefe der Bühne zu erreichen, wurde der Fels des Mönchsberges im Bogensegment der Hinterbühne zusätzlich abgeschert. Darüber hinaus wurde dem Felsen ebenso eine ca. 10 m tiefe Kammer abgerungen, die Projektionen von rückwärts ermöglichen soll. Von Anfang an sollte das Festspielhaus neben den bühnentechnischen auch alle technischen Voraussetzungen für Fernseh- und Filmaufnahmen erfüllen, um dadurch zukünftigen Entwicklungen offen zu stehen.[6]

Bei der Konzeptionierung des neuen Festspielhauses galt es, sowohl ästhetische als auch funktionale Ansprüche zu beachten. Viele Räume wie zum Beispiel die hausinternen Werkstätten, technischen Betriebsräume oder die Probenräume und Büros bleiben dem Festspielhausbesucher verborgen, sind jedoch für das Funktionieren eines Festspielbetriebes unverzichtbar und mussten auf sehr engem Raum untergebracht werden.

Durch die Baumaßnahmen eröffnete

[4] Becker 1966, S. 30.
[5] Festspielhaus 1960, S. 45.
[6] Festspielhaus 1960, S. 46.

Der langgereckte Garderobenbereich wird optisch durch Spiegel verbreitert, die es den Gästen ermöglichen, vor ihrem „Auftritt" noch einen prüfenden Blick auf ihre Erscheinung zu werfen. Für Ablagemöglichkeiten für Taschen und Accesoires ist gesorgt.

sich zwischen dem alten und dem neuen Festspielhaus ein Werkhof. Hier befindet sich, an den Mönchsbergfelsen angelehnt, das Werkstättengebäude zusammen mit einem Teil der Seitenbühne. Darin untergebracht sind Malersäle und Werkstätten, die wiederum auf kurzen Wegen zur benachbarten Hauptbühne sowie zu den Künstlergarderoben führen. Dieser viergeschossige Bautrakt schließt an den straßenseitigen Gebäudeteil der Verwaltung und einzelner Probensäle an.

Der Baublock auf der gegenüberliegenden Seite der Hauptbühne – also zum Herbert-von-Karajan-Platz hin – nimmt ebenso eine Neben- und Abstellbühne auf. Hier befinden sich technische Betriebsräume sowie unterschiedliche Probebühnen. Durch seine Zurücksetzung schafft der Baublock einen geräumigen Straßenhof, welcher der Felskulisse um das Neutor eine besondere, hervorgehobene Wirkung verleiht.[7]

Die langgestreckten Garderobenräume mit Verbindung zu den beiden Armen der Haupttreppe, die zum Foyer und zum Parkett des Zuschauerraumes führen, schließen unbemerkt vom Besucher an die Eingangshalle an.

Günther Jäger

---

[7] ASF 4 – undatiert, S. 3.

LZBURG / ANSICHT 1:200 VOM SIGMUNDSPLATZ

Less is more. Die Fassade

Clemens Holzmeister und der Bau des Großen Festspielhauses

Wer ohne besondere Ortskenntnis durch die Salzburger Hofstallgasse flaniert, würde wohl kaum vermuten, auf der Mönchsbergseite die Fassade einen der größten Theater- und Konzertbauten Europas aus der zweiten Hälfte des 20. Jahrhunderts vor sich zu haben. Keine signifikanten architekturstilistischen Merkmale der klassischen Moderne, der andernorts üblichen Diktatoren-Klassizismen (die Holzmeisters türkische Staatsbauten durchaus aufweisen), noch Anklänge an die Nachkriegsmoderne, lassen sich an der Fassade ablesen. Mit großer Zurückhaltung entwickelt der Komplex seine seriell geprägte Horizontalität parallel zur Bergwand. Nur aus einiger Entfernung oder von einem der Stadtberge herab betrachtet, zeigt das mächtige Bühnenhaus das wahre Herzstück des Festspielbezirkes an.

Seit Beginn der ersten Planungen zu diesem hoch ambitionierten neuen Festspielhaus stand für alle Entscheidungsträger fest, dass neben aller Innovationsbereitschaft die unter Denkmalschutz stehende Fassade des Vorgängerbaus im Sinne der harmonischen Einbindung in die Stadtkulisse möglichst originalgetreu zu erhalten sei. Holzmeisters eigene Intentionen sowie die vielfach von Denkmalschützern, Naturschützern und Verkehrsplanern vorgetragenen Bedenken bezüglich des nicht nur städtebaulich problematischen, hochsensiblen Bauplatzes legten die Maximen der gestalterischen Möglichkeiten fest. Mit unbeirrter Selbstverständlichkeit fügt sich nun der Komplex in das Stadtbild ein, folgt präzise seiner Zweckbestimmung. Immer wieder ernteten das „bewußte Zurücktreten des Architekten hinter seine Aufgabe"[1] und die gelungene „Verklammerung [des Baus] mit der Stadt" Lob.[2]

Holzmeister ließ sich bei der Gestaltung der Hülle seines im Inneren so innovativen Theaterbaus zu allererst von denkmalpflegerischen Erwägungen leiten. Um der wirkungsvollen Entfaltung der nach wie vor barocken Gesamterscheinung zu dienen, tritt alles für den laufenden Theater-

---

[1] Muck u. a. 1978, S. 246.

[2] Ebd.

betrieb funktional Notwendige dezent in den Hintergrund. Diese äußerst schlicht ausgeführten Bauteile sind nur von der Pferdeschwemme aus sichtbar und werden vom Betrachter kaum wahrgenommen. Prägnant hingegen präsentiert sich der in wesentlichen Teilen rekonstruierte ehemalige fürsterzbischöfliche Hofstall, der heute den Publikumsbereich beherbergt. Speziell an der schmalen Stirnseite zur Pferdeschwemme hin erhielten sich die barocken Fassadenteile vom Ende des 17. Jahrhunderts so gut wie unverändert. Fischer von Erlachs gerühmtes Tor, mit dem er einen weiteren prägenden Akzent in Salzburgs Stadtbild hinterließ, dominiert die zweigeschossige, von korinthischen Pilastern gegliederte Wand. Für die lange, über 14 Achsen sich erstreckende Fassade an der Hofstallgasse fand Holzmeister eine dem historischen Vorbild verpflichtete, weitgehend sachliche, klare, dabei aber feierliche Front. Nicht die vertikale sondern die horizontale Gliederung prägt das Erscheinungsbild. Eine Bandrustizierung verleiht dem Portalgeschoss den Charakter eines Sockels über dem sich als Einheit das rau verputzte Hauptgeschoss erhebt. Die unteren Kastenfenster, die durch die Sprossen filigran wirken, sitzen auf einem weißen glatt verputzten Band auf. Analog dazu schließen die darüber liegenden kleineren Fenster an das profilierte Inschriftenband mit seinen monumentalen Lettern an. Darüber setzt ein vorspringendes Gesims eine kleine optische Zäsur. Etwas zurück versetzt erhebt sich das zurückhaltende Attika-Geschoss mit kleinen Fenstern. Ein ganzes Stück hinter der Hauptfassade erst ragt eine weitere Mauer auf, die Holzmeister durch sechs halbrunde Einschnitte und gerahmte, rechteckige Fensteröffnungen strukturierte. Sie war zur Verankerung der Dachträger des Zuschauerraumes notwendig geworden und verbirgt das sechsteilige Grabendach, ein für Salzburgs Bürgerhäuser signifikantes Motiv.

Die beiden original-barocken, wappengeschmückten Portale flankieren fünf neu ausgebrochene Rundbogen-Tore und zen-

trieren so die Fassade. Durch alle fünf rahmenlosen Pforten gelangt man in die Eingangshalle des Publikumsfoyers. In ihre runden Bögen fügte Holzmeister durch geschickte Lichtregie hervorgehobene Sonnensymbole – womöglich als Referenz an „Die Zauberflöte". Zusammen mit den wie gewaltige Kerzen aufstrebenden Kupferlampen und den bronzefarbenen Lettern der Inschrift am Hauptfries bilden sie den äußerst dezent angebrachten zeitgenössischen Akzent der Fassade.

Die Inschrift wünschte Holzmeister sich dagegen antikisierend. Er wandte sich am 27. Mai 1959 an den Benediktinerpater Thomas Michels: „Das Neue Festspielhaus braucht eine sinnvolle und markante lateinische Aufschrift, u. zw. an der viel gerühmten und viel umstrittenen Hauptfassade [...] in grossen goldenen, antiken Lettern [...]." Michels, den Holzmeister als den „ersten Lateiner in Salzburg" titulierte, dichtete sie in Form eines Distichons.[3]

SACRA CAMENAE DOMVS
CONCITIS CARMINE PATET
QVO NOS ATTONITOS NUMEN
AD AURAS FERAT

Der Muse heiliges Haus steht Kunstbegeisterten offen, von ihr entflammt trage uns göttliche Macht empor in himmlische Sphären.[4]

---

[3] Für den Hinweis sei Priv.-Doz. Dr. Alexander Pinwinkler, Universität Salzburg, gedankt, der den Nachlass von Michels bearbeitet hat: Brief Holzmeister an Michels, Wien, 27. Mai 1959, Benediktinerabtei Maria Laach, Archiv, P. Thomas Michels OSB, Korrespondenz A–Z, Clemens Holzmeister.

[4] Für die Übersetzung sei Prof. Maximilian Fussl, Universität Salzburg, gedankt. – Hans Leb, ein Lyriker und Student Holzmeisters, verfasste einen „Salzburger Prolog 1960" zur Eröffnung des Neuen Festspielhauses am 26. Juli 1960, den er Holzmeister widmete. Die von einem Chor gesprochene Übersetzung lautet dort: HAUS DER MUSE GEWEIHT / STEHT MUSISCH ERREGTEN OFFEN / ALS ENTFLAMMTE HINAUF / TRAGE UNS GÖTTLICHE MACHT, Benediktinerabtei Maria Laach, Archiv, P. Thomas Michels OSB, Korrespondenz A–Z, Clemens Holzmeister.

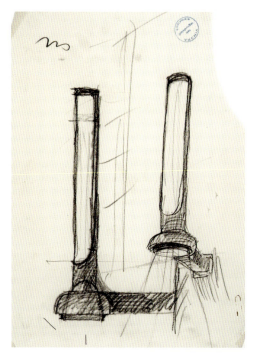

Vor der Felswand erhebt sich der weithin sichtbare Baublock, der die Funktion des Baues anzeigt: das Bühnenhaus, für das eine gewaltige Felsmasse aus dem Berg zu sprengen war.[5] Die Oberflächenstruktur des Bühnenhauses glich Holzmeister dem Gestein an. Durch eine überstehende Felskante an der Neutorseite entsteht der Eindruck, als würde der Bau gleichsam in den Felsen eindringen. Vier riesige Blendbögen beleben die Frontfläche des Bühnenhauses und eine flachgiebelartige Ausformung der Kraghöhe nimmt erneut dieses typische Salzburger Motiv auf: Auch in verborgenen Details verschränkt sich Holzmeisters Architektur mit historisch gewachsenem Salzburger Baucharakter.

Die Portale

Nach Berücksichtigung aller Erwägungen zum Erhalt des Stadtbildes und zum Denkmalschutz lag es Holzmeister bei der Ausgestaltung der Fassade am Herzen, seine vielbeschworene „Festlichkeit ohne Prunk"[6] mit nur wenigen zeitgenössischen Akzenten für die angestrebte gesellschaftspolitische Botschaft aufzurüsten. Erst durch die ausgeklügelte abendliche Beleuchtung entfalten seine fünf rundbogigen, rahmenlosen Tore an der Hofstallgasse ihre festliche Wirkung ganz. Die auf die Rundungen zulaufenden Linien der Rustizierung setzen den Strahlenkranz im Rund der Bronzetüren fort. Den zentralen Eingangsbereich flankieren die beiden historischen Portale aus Untersberger Marmor, jeweils bekrönt mit dem Wappen Fürsterzbischof Wolf Dietrichs von Raitenau. Auf ihn als Landesfürsten und Erbauer des Hofmarstalles verweist zusätzlich eine Tafel mit dem Erbauungsjahr 1607.[7] Auf die gegenwärtige Bestimmung des Baus und zugleich auf seine stadtgeschichtliche Bedeutung weisen die von

---

[5] Von November 1956 bis Juli 1957 mussten 55.000 Kubikmeter Konglomerat der alten Mönchsbergwand zwecks Bauflächenvergrößerung abgebaut werden. ASF 59 – 5.2.1960.
[6] Festspielhaus, 1960, S. 132.
[7] Brandhuber / Fussl 2017.

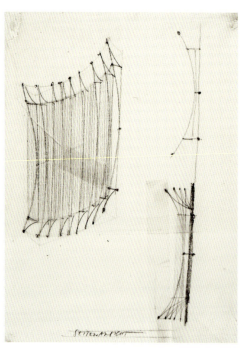

Auf der linken Seite oben und unten in der Mitte ist noch die Vergitterung der Fenster zu sehen, die aus Sicherheitsgründen nicht ausgeführt wurde. Die in der Frontalansicht gerade wirkenden Stäbe sollten in der Tat konkav geschwungen sein.

dem Salzburger Bildhauer Toni Schneider-Manzell entworfenen Türgriffe aus Bronze hin. Die Motive der Griffe des linken historischen Portals schreiben Holzmeister in die Geschichte des Baus ein: links eine erzbischöfliche Mitra, rechts ein Pferdekopf, im Zentrum die Initialen Holzmeisters mit Kreuz und Dreieck. Dem entspricht am mittleren Griff des rechten historischen Portals die römische Jahreszahl der feierlichen Eröffnung des Hauses, flankiert von einer weiblichen und einer männlichen Figur, die Theater und Dichtkunst repräsentieren. So erfüllt dieser einzige wirklich neu geschaffene künstlerische Schmuck der historischen Portale seine Aufgabe ganz im Sinne der Baugemeinschaft.

Das Portal Johann Bernhard Fischer von Erlachs[8] dominiert die Fassade der Stirnseite, die während der ganzen umfangreichen Abbrucharbeiten unangetastet geblieben war. In dem gesprengten Giebel über dem Portal prangt das Wappen des Auftraggebers Fürsterzbischof Johann Ernst Graf von Thun und Hohenstein. Fischer von Erlach hatte das Portal der Hofstallungen und die angrenzende Pferdeschwemme im Zuge der Neugestaltung als städtebauliche und nutzungsbestimmte Einheit geplant. Erst nach der

---

[8] Dehio 1986, S. 575. Nach Plänen von J. B. Fischer von Erlach 1693/94 errichtet.

Errichtung des Neutores in der Mitte des 18. Jahrhunderts wurde dieses Ensemble gesprengt. Holzmeister beabsichtigte, durch die Öffnung des Fischer von Erlach-Tores bei festlichen Anlässen und den sich dadurch ermöglichenden Ausblick aus dem Foyer hin zur Pferdeschwemme diese alte Sicht- und Sinnachse wieder zu beleben. In der Ikonographie des Portals verdichtet sich das historische Erbe des Baus. Zwischen Doppelhermen auf reliefierten Sockeln öffnet sich das marmorne Rundbogentor, überfangen von einem schwingenden Gebälk. Darüber erheben sich links und rechts auf reliefierten Postamenten sitzende allegorische Frauenfiguren, vermutlich Europa und Asien, mit Einhörnern, den Wappentieren des Fürsterzbischofs Graf Thun. In das Rundbogenfenster dazwischen ragt eine Vase mit Putti. Szenen aus Reiterschlachten und Darstellungen von Kriegstrophäen auf den Reliefplatten des Portals verweisen wohl auf die Kriegstüchtigkeit der Thunschen Pferde. Toni Schneider-Manzell ließ sich von der vorgegebenen Ikonographie inspirieren. Nahezu vollplastisch gestaltete er ein Pferd und eine kleine Europa auf einem großen Stier.

Mit der Einbeziehung der historischen Portale in die leicht modifizierte Fassade war nicht nur dem Denkmalschutz Genüge geleistet. Auch die angestrebte Festlichkeit stellte sich mühelos ein. Abschließend sei einmal mehr an Holzmeisters erste Intention für die Schaffung dieses Festspielbezirkes und die bewusste Außenraumgestaltung im Herzen des Stadtbildes erinnert: *„Das neue Haus kann nur in der Atmosphäre dieser herrlichen Stadt pulsieren. Das Erlebnis der Stadt auf dem Weg zum Festspiel und besonders das Verlassen des Hauses nach dem Spiel und der unmittelbare Eintritt in das nächtliche Bild von Salzburg, ist eben für das Erlebnis entscheidend."*[9]

Doris Huber

---

[9] Holzmeister 1957; ASF 17 – Juli 1957.

Kunst im
Großen
Festspielhaus

Den Salzburger Charakter wahren

Holzmeisters Material-, Farb- und Lichtkonzept

Kunst im Großen Festspielhaus

Der Salzburger Festspielgedanke war seit seinem ersten Aufkeimen im 19. Jahrhundert mit der umgebenden Stadtlandschaft und den außergewöhnlichen Merkmalen der Naturlandschaft dieser Region verbunden. In jedem Falle sollte beim Neuen Festspielhaus das besondere, regionale Flair, das touristische Aushängeschild der Stadt, betont werden und durch alle Neu- und Umbauten noch stärker hervortreten. Holzmeisters Auswahl der Materialien trug diesem Anliegen Rechnung. Dieser Anspruch prägte sein architektonisches Wirken in Salzburg und diente ihm als Matrix für die Genese der Farbprogrammatik sowie für die Gestaltung der diversen textilen, hölzernen und metallenen Oberflächen. Vor allem die Innenraum-Gestaltung konnte weitgehend frei von baulichen Rücksichtnahmen auf Altbestände in den Dienst der gesellschaftspolitisch-kulturellen Intentionen gestellt werden. Der Bau sollte nicht zuletzt durch möglichst umfassende Verwendung regionaler Materialien der nationalen Bedeutung des Projektes gerecht werden. Aktiv bezog Holzmeister das Licht- und Schattenspiel auf den unterschiedlichen verwendeten Baustoffen wie Stein, Holz, Glas, Stoff und Stuck in die Raumkonfiguration mit ein. Die Auswahl aller Werkstoffe und Farben für die Gestaltung der Publikumsräume oblag der „Planungsstelle

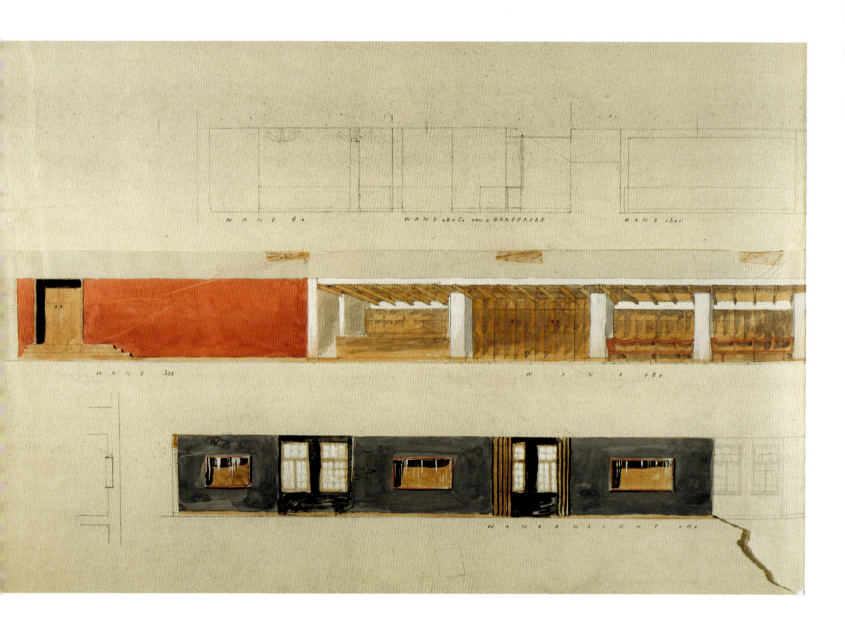

Salzburg für das Neue Festspielhaus" unter der Leitung Holzmeisters. Der Architekt entschied also über alle Oberflächen im Inneren des Baus, den Eisernen Vorhang, den Bühnenvorhang, die vielgestaltigen Beleuchtungskörper und das Mobiliar im Publikumsbereich des Hauses.

Einige der Details erläuterte Holzmeister seinen Studenten, denen er die Materialien vorlegte, auch vor laufender Kamera. Zum Roten Vorhang des Großen Saales erklärte er, dass dieser aus weißem Samt, rot eingefärbt, mit „tollen Mustern"[1] bedruckt sei, entscheidend für das Ganze in dem Haus, in dem das Holz die Farbe von Nussbaum haben werde. Die Farbe der Bestuhlung müsse einen Kontrapunkt zum Roten Vorhang setzen. Zu den korrespondierenden Farben und Materialien merkte er an, dass das eine aus dem anderen sich ergebe, wie auch bei den grünen oder roten Marmorfußböden oder dem alten Salzburger Naglfluh. Er resümierte: *„Immer ist es ja das Gesamtbild, das entscheidet, die gegenseitige Aufgabe der Farben, die ja bei diesem Haus eine besonders große Rolle spielen."*[2]

Die universelle Sprache natürlicher Baumaterialien sollte, modische Effekte aus-

---

[1] ORF Bericht 1960 (Aufnahme), Minute 10:12 – 10:39.
[2] Ebd.

schließend, allgemein Gültiges verkörpern. Eine verhaltene Festlichkeit, spürbar gleich beim Eintreten, strahlt beispielsweise die dreischiffige Eingangshalle mit ihren mächtigen, grauen Konglomerat-Pfeilern und dem edlen, roten Salzburger Marmor am Boden aus. Hölzerne Wandverkleidungen zwischen den sonst schlicht weiß gehaltenen Mauerteilen verleihen der Anlage Wärme. Grüner Gasteiner Marmor als Bodenbelag des angrenzenden Pausenraums steht dazu in ansprechendem farblichen Kontrast. 1960 präsentierten sich Gänge und Treppen in den oberen Geschossen mit grün-grau ausgelegten Teppichböden und Tapeten. Naturweiße Wandteppiche, wie sie ähnlich auch im Eingangsfoyer zwischen den fünf Portalen angebracht waren, hingen zwischen den Fenstern und strahlten bei aller Festlichkeit auch wärmend Heimeliges aus. Heute präsentieren sich die oberen Vorräume vorwiegend in Lachsrosa. Dadurch ist der Unterschied zum Festsaal jetzt weniger ausgeprägt. Im Zuschauerraum wirkt ein in einem langwierigen Entscheidungsprozess ausgefeiltes Farbkonzept. Eine violett gefärbte Stuhlbespannung korrespondiert mit den in gleicher Farbe lasierten Deckenabschnitten und akzentuierte zusammen mit dem blauen Bodenbelag den ursprünglichen roten Bühnenvorhang. Vergoldete Fugen glänzen zwischen diversen Wand- und Deckenabschnitten. Für das Neue Festspielhaus eigens erzeugte Goldgewebe umhüllen die Lautsprecheröffnungen. Den strahlenden Glanzpunkt des Großen

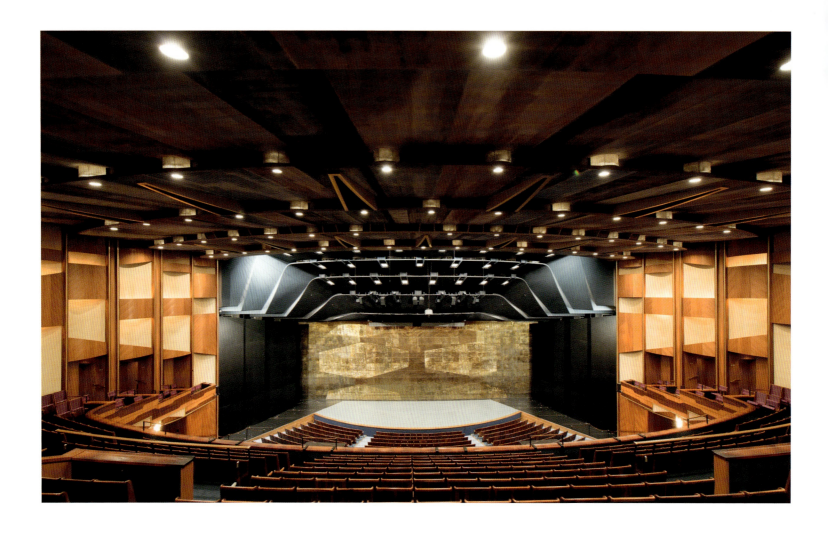

Der Blick zur Bühne im Großen Festsaal. Die Schwarzfärbung der Lamellen erfolgte in der Ära Gerard Mortier.

Saales bildet, wenn er denn zum Einsatz kommt, der Eiserne Vorhang.

Seine eindrückliche Wirkung entfaltet das komplexe Farbkonzept nicht zuletzt auf Grund eines subtil entwickelten Lichtprogrammes. Holzmeister betonte die Bedeutung der Lichtsituation und die Suggestionskraft der Lichtführung in Innenräumen mehrfach in den Bausitzungen und in seinen Publikationen zum Neuen Festspielhaus.[2] Entsprechend viel Aufmerksamkeit schenkte er der Auswahl der Beleuchtungskörper für diesen Bau. Der Weg der Besucher vom Tageslicht draußen bis in den Zuschauerraum hinein und die Beleuchtungseffekte wurden schon während der Planungsphase ab 1957 an den Modellen studiert. Eine suggestiv gestaltete Lichtführung organisiert die Wege der Besucherströme durch den Bau. Harmonisch dosierte Licht-Abstufungen führen die Zuschauer nach und nach an das Bühnengeschehen heran. Sehr unterschiedliche Beleuchtungsmodalitäten erzielen spezielle Lichtstimmungen und übernehmen in jedem Raum besondere Lichtaufgaben. Tiefstrahler stellen beispielsweise eine günstige Raumausleuchtung sicher, was vor allem im Eingangsbereich wichtig ist. In der Kombination mit den muschelförmigen Wandlampen in verschiedenen Größen empfängt den Besucher ein warmes, sattes Licht. Kostbare Kristallleuchten verleihen den oberen Etagen das angestrebte festliche Gepräge. An den charakteristisch profilierten Seitenwänden des Zuschauer-

---

[2] ASF 5 – undatiert, S. 12.

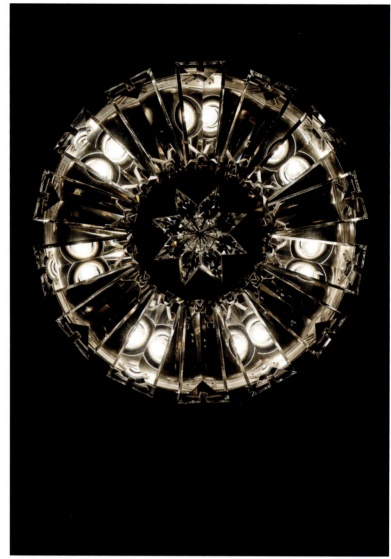
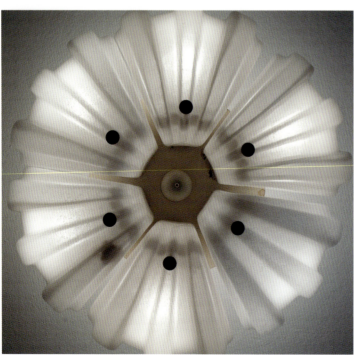

raumes und überall dort, wo es galt Raumteile, bzw. Wandprofile hervorzuheben, findet sich eine indirekte Beleuchtung. Im Logenfoyer wiederum werden die vom Büro Holzmeister entworfenen kristallenen Lüster wirkungsvoll durch das vergoldete tonnenförmige Decken-Kompartiment in Szene gesetzt. Holzmeister entwarf darüber hinaus die meisten der weiteren speziell für diesen Bau hergestellten Lampen selbst. Die muschelförmigen Wandlampen lieferte ausnahmsweise ein außerösterreichischer Betrieb. Die sogenannten Venini-Muscheln, ausgeführt in Murano bei Venedig, zieren in verschiedenen Varianten die Wände der Foyers. Die äußerst pointiert-dekorativen Lampen im oberen Pausenraum gestaltete wohl Rudolf Hoflehner, wie eine von ihm signierte Handskizze im Archiv der Salzburger Festspiele nahelegt. Ein Überzug mit Kompositionsgold, einer speziellen Messinglegierung, verhindert die Oxidation der Lampen. Hoflehners Lampen gemahnen in ihrer gestalterischen Form an die Ausstattungskunst der Wiener Werkstätte vom Anfang des 20. Jahrhunderts. Dort wurde schon einmal, damals im Dunst der untergehenden Donaumonarchie und ebenfalls durch nationale Erwägungen motiviert, eine künstlerische Reform aus speziell österreichischen Empfindungen heraus erprobt. Ein Bezug von Holzmeisters Bau-Ästhetik zu dieser Epoche österreichischer Kunst auf internationalem Niveau ist berechtigterweise schon beobachtet worden.[3]

Doris Huber

---

[3] Nicolai 2000, S. 133: Bernd Nicolai spricht im Zusammenhang mit Holzmeisters genereller Innenraumgestaltung von einer „Synthese aus regionalen und neoklassizistischen Elementen" und S. 134: „Trotz aller zeittypischen Merkmale wurzelte Holzmeister in seinem Verständnis von Repräsentationsarchitektur tief in der letzten Blüte des Kaiserreichs in den ersten beiden Jahrzehnten des 20. Jahrhunderts."

Die Innenausstattung

Holzmeisters Gespür für Details

Kunst im Großen Festspielhaus

„Ich habe nie architektonisches Wollen zu Programmen geformt, kann also auch hier keines verkünden; einem inneren Gesetz unbewußt folgend, habe ich gebaut und gezeichnet, und ich hoffe, daß ich dieser inneren Stimme immer treu geblieben bin."[1]

Mit dieser Verweigerung einer programmatischen Standortbestimmung beginnt das erste Buch zum Werk des Architekten aus dem Jahre 1937 und bietet uns damit auch gleich einen Schlüssel zu einem grundsätzlichen Verständnis der Innengestaltung des neuen Festspielhauses. Holzmeisters „innere Stimme" ließ ihn bis in kleinste Details ein stilistisch einheitliches und klares Erscheinungsbild ersinnen. Seine künstlerische Handschrift konnte sich bei jenen Räumen des neuen Festspielhauses, die nicht vom geforderten Erhalt historischer Bausubstanz oder einer Wiederherstellung des Altbestandes vorgeprägt wurden, uneingeschränkt entfalten. Die Innenräume sind nie gerade und nüchtern im Sinne der internationalen Moderne vom Beginn des 20. Jahrhunderts. Holzmeisters Bemühen zielte nicht auf eine rechtfertigende Theorie für sein Schaffen. Seine Schüler beschrieben ihn als einen ganz aus dem sinnlichen Erleben Schaffenden. Geleitet von Kategorien wie „emotionaler Präzision"[2] und „architektonischer Kommunikation",[3] entzog er sich den jeweiligen Moden und einer Einordnung in internationale Entwicklungen.

---

[1] Holzmeister 1937, S. 1.
[2] Achleitner 1982, S. 7.
[3] Ebd.

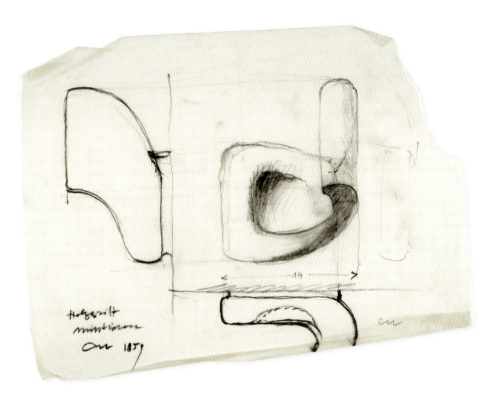

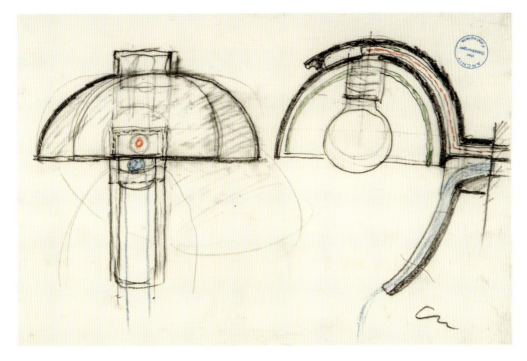

Seine Innenausstattung des neuen Festspielhauses präsentiert sich als Zusammenspiel aus regionalen Bezügen und immer wieder aufleuchtenden Ansätzen aus der Tradition österreichischer Innenraumkunst vom Anfang des 20. Jahrhunderts, die er als junger Architekt in Wien noch hautnah hatte erleben können. Eine regionale Komponente, der viel beschworene Salzburger Charakter, nachdrücklich von den Bauträgern gefordert, war in jedem Fall zu betonen und die Ausgestaltung dem Programmrahmen der Festspiele anzupassen. Dem Theaterenthusiasten Holzmeister lag vor allem daran, dass die Stimmungen der Besucher, hervorgerufen durch illusionistisch-geheimnisvolle Theaterereignisse, nicht in Widerspruch zu den visuellen Eindrücken in den Pausenräumen gerieten. Eine Art Bühnengeschehen auf einer anderen Ebene sollte sich in die Flanierräume und sogar bis auf die Hofstallgasse hinaus ausweiten lassen. Nichts durfte das große Salzburger Gesellschaftstheater stören. Holzmeisters architektonischer Balanceakt zwischen zeitlos-exklusiver Eleganz und Bodenständigkeit bedient sich einer in Österreich bereits lange etablierten Formensprache, die im Kontext eines latent neoklassizistischen Stranges österreichischer Architekturgeschichte steht. Sein Vertrauen in die Wirkmächtigkeit auch kleiner kunsthandwerklicher Details lässt sich ableiten aus der Erfahrung jener „Gesamtkunst-Vision", die von den Exponenten der Wiener Sezession und der Wiener Werkstätte propagiert worden waren.

Ausgehend von der britischen Arts-and-Crafts-Bewegung war als Reaktion auf den Historismus und auf die als seelenlos empfundenen Massenartikel der aufblühenden Industrie am Ende des 19. Jahrhunderts auch in Österreich ein neues Bewusstsein für den Wert von Handarbeit und für die natürliche Schönheit des Materials gewachsen. Eine Rückbesinnung auf die Qualitäten des Handwerks und die künstlerische Gestaltung eigentlich alltäglicher Gebrauchsgegenstände ließ ein Sendungsbewusstsein unter den österreichischen Künstlern aufkeimen, das sich zum Ziel machte, das ganze Leben in Kunst zu hüllen. Auch noch die unbedeutendsten Gegenstände verlangten unter dieser Maßgabe künstlerisch anspruchsvoll und handwerklich gediegen gestaltet zu werden. Die Künstler der Wiener Sezession und später der Wiener Werkstätte trugen die Vision eines Gesamtkunstwerkes in sich. Sie verfolgten das ehrgeizige Ziel, bei einem Bau vom großen Gesamtplan bis zum kleinsten Ausstattungsdetail hin aus einem einheitlichen Geist heraus zu gestalten. Der Entwurf von Türklinken, Aschenbechern, Lampen, ja sogar Steckdosen war in den Rang einer hohen und hehren künstlerischen Aufgabe selbst für einen renommierten Architekten aufgestiegen, Design war zu Kunst avanciert. Von diesem geistigen Klima blieb der junge Holzmeister in den 1920er Jahren in Wien nicht unbeeindruckt. Er integrierte viel Grundlegendes von dem damals hochgeschätzten Josef Hoffmann, der selbst jede Art von Kunst- oder Architekturtheorie verweigerte. Beiden waren die intensiven intellektuellen Auseinandersetzungen ihrer Zeit suspekt. Sie ließen ihre Architektur aus einem künstlerischen Emp-

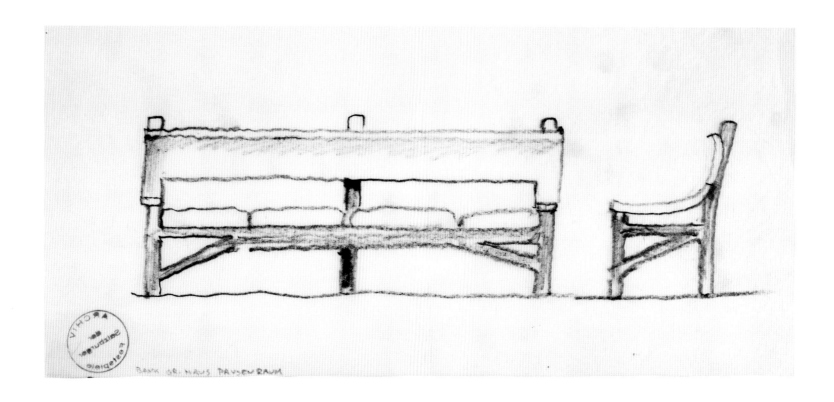

finden heraus neu entstehen, ohne jegliche kunstideologischen Ressentiments oder stilistische Restriktionen. So konnten sogar dort und da neoklassizistische Motive zu neuem Ansehen gelangen. Den Ausstattungsdetails im Festspielhaus sind deutlich Spuren dieser frühen Prägung eingeschrieben. Die bescheidene Zurückhaltung, mit der Holzmeister Hand anlegte, sollte nicht über die ungemeine Sorgfalt und den Detailreichtum der Objekte hinwegtäuschen, die er hier weit jenseits von reiner Funktionalität gediegen und variantenreich ausarbeitete.

Wer im Inneren des großen Festspielhauses eine Tür öffnet, hat zwangsläufig ein Werk Holzmeisters in der Hand. Sowohl für die holzgeschnitzten ausladenden Griffe der schweren Eichentüren als auch für die bronzenen der extra aufwändig braun eingefärbten Glastüren liegen Holzmeisters eigenhändige Entwurfsskizzen im Archiv der Salzburger Festspiele vor. Diese Griffe entwickelten zwar keine Trendsetter-Qualitäten wie beispielsweise jene von Walter Gropius 1925/26 für das Bauhaus in Dessau geschaffenen. Dennoch zeigen sie den umfassenden Gestaltungswillen des Architekten und fügen sich harmonisch in das Gesamtbild der baulichen Erscheinung ein.

Exemplarisch seien die komplex geführten Handläufe herausgegriffen, die im ganzen Gebäude wie ein verbindendes Band zwischen den Stockwerken fungieren. Sie sind haptisch einladend mit Leder (inzwischen teilweise durch Kunstleder ersetzt) bezogen und durch unterschiedlich geformte bronzene Verbindungsstücke zusammengefügt.

Ebenfalls aus Bronze sind die kleinen Lampen an den beiden stilisierten Pferdetränken im Eingangsfoyer gefertigt. Gleichzeitig zu ihrer Beleuchtungsfunktion sollten sie ursprünglich auch als Wasserspender fungieren und so das Foyer mit einem sanft plätschernden Rauschen erfüllen. Probleme mit der zuführenden Wasserleitung verhindern seit Langem dieses charmante, an die ursprüngliche Funktion des Baus als Pferdestallung erinnernde, akustische und optische Ausstattungsdetail. In ihrer Form scheinen sie einem Katalog der Wiener Werkstätte entsprungen.

Den allenthalben in den Publikumsräumen aufgestellten Sitzmöbeln, auf den ersten Blick einfache Bänke, liegt ebenfalls ein ausgefeiltes Gestaltungskonzept zu Grunde. Sie haben zwar durch jahrzehntelangen Gebrauch deutlich gelitten, werden aber trotzdem nach wie vor für würdig erachtet, das Festspielhaus zu zieren, sind sie doch ganz und gar Holzmeisters Werk. Anfangs noch mit einer schmalen Goldbemalung verbrämt, stehen sie für das grundlegende Programm des gesamten Baus, die Festlichkeit ohne Prunk, die die Aufmerksamkeit der Besucher auf das wesentliche Geschehen, nämlich jenes auf der Bühne hinlenken soll.

Dem Bau wäre eine erhöhte Aufmerksamkeit für all diese Details zu wünschen, damit dem Festspielhaus als Gesamtkunstwerk die ihm gebührende Würdigung erwachsen kann.

Doris Huber

Vorschlag zur Heranziehung von Künstlern

Aufstellung der künstlerischen Arbeiten beim Bau des neuen Festspielhauses in Salzburg.

An den Fassaden für 5 Hauptportale je 2 Bronzeknöpfe	Toni Schneider-Manzell.
für je 2 Notausgänge je 2 grössere Bronzeknöpfe	Leinfellner
für F.v.E.-Portal Bronzearbeit	Hoflehner
Fenstergitter Parterre Sigmunds-Pl.	
Eingangshalle:	Bertoni, Leinfellner
2 Kartuschen 1/1,5m Forellenmarmor	
Pausenhalle Parterre	Hoflehner, Leinfellner
Eisenfries 12 / 1m	Fischer
Fussboden, Marmorintarsien	
Pausenhalle 1.Stock	Bertoni, Leinfellner
10 Flachrelief in Sandstein	**Knesl, Ritter,** Schneider Manzell, Wotruba
4 Gobelins 2/3m	Fischer, Hoke, Hutter Weiler
Präsidentenzimmer, 1.Stock	Boeckl
1 Gobelin 4/3m	Baudisch, Woytek
Stuckdecke	
Foyer 1.Stock	Hutter, Ortner, Plattner Weiler
2 Logenvorräume, Wandmalerei an 3 Wänden	O. Kokoschka
Gobelin im Hauptfoyer	~~Unger, Woytek~~
~~Intarsienentwürfe u. Ausführung~~	

Rangstiegen	Baudisch, Lehmann, Leinfellner
32 keramische oder metallgetriebene Masken,	
Textilentwürfe für Hauptvorhang und sämtliche Textilien des Hauses	Wollner
Kunstgewerbliche Arbeiten	Woytek
	Unger
	Tiefenthaler

Kunst im Großen Festspielhaus

Der Kunstausschuss

Viele Politiker, wenige Künstler und: Holzmeister

Der zeitgemäßen, sogar zukunftsweisenden theatertechnischen Ausführung des neuen Festspielhauses stand der Wunsch der Bauherren nach einer ästhetischen Einheit des Hauses zur Seite. Die Verantwortlichen ließen sich von dem Grundgedanken leiten, die künstlerische Ausstattung keineswegs zum Selbstweck zu erheben, sondern in eine geistige Beziehung zur Festspielidee zu setzen.[1]

Die Umsetzung des Projektes oblag neben dem Bauausschuss auch einem beratenden Ausschuss für die künstlerische Ausschmückung, für die knapp 1,3 % des gesamten Baubudgets zur Verfügung stand. Holzmeisters Einfluss und Dominanz im gesamten Projekt zeigte sich auch hier, denn ihm fiel das Vorrecht zu, Künstler vorzuschlagen, die um Entwürfe gebeten werden sollten. Die Aufgabe des elfköpfigen Kunstausschusses bestand darin, die Anregungen Holzmeisters zu erörtern und nach Vorliegen der Entwürfe über die Vergabe der Aufträge zu bestimmen.

Neben Landeshauptmann Josef Klaus, der den Vorsitz führte, und Beamten der Bundesministerien sowie dem Magistrat Salzburg fungierten als kunstverständige Mitglieder der damalige Direktor des Kunsthistorischen Museums in Wien Vinzenz Oberhammer, der Maler Anton Steinhart aus Salzburg, die Referentin für die Kunstankäufe des Bundes Adele Kaindl und Clemens Holzmeister.[2] Die Anzahl der wirklich Sachverständigen aus dem Bereich der Kunst war also sehr bescheiden, weshalb aus deren Reihen der doch verständliche Wunsch kam, ein zusätzliches, rein künstlerisches Komitee zu schaffen. Die Ministerialräte hielten diesem Ansinnen entgegen, dass rein kunstbezogene Menschen kein Verständnis für Finanzen hätten. Sollte ein künstlerischer Beirat geschaffen werden, würden die anderen Stellen jegliche Verantwortung im Kostenbereich ablehnen.[3]

Bei der ersten Kunstausschusssitzung im August 1958 präsentierte Holzmeister seine grundsätzlichen Gedanken zum künstlerischen Schmuck. Die Werke sollten das Haus nicht dekorieren, sondern das Gesamtbild komplettieren und zudem ein „modernes Österreich" widerspiegeln. Das damalige österreichische Kunstschaffen sollte durch die Berufung vornehmlich österreichischer Künstler repräsentiert werden.[4] Wie ernst im Besonderen die Salzburger Künstler dieses Konzept nahmen, zeigt sich in ihrer Reaktion auf eine Notiz im Salzburger Volksblatt vom 12. Februar 1959, betreffend eine bevorstehende Sitzung des Kunstausschusses. Der Salzburger Landesverband der Berufsvereinigung der Bildenden Künstler Österreichs brachte in einem Brief an den Ausschuss vor, dass keine Salzburger mit Aufträgen bedacht würden und übermittelte gleichzeitig eine entsprechende Namensliste.[5] Diesen Vorwurf entkräftete Holzmeister, zumal mit Toni Schneider-Manzell, Jakob Adlhart, Slavi Soucek, Arno Lehmann, Poldi Wojtek und Karl Bachmayr bereits sechs Künstler aus Salzburg in der Auswahl zur Einreichung von Entwürfen standen.[6]

Im April 1959 erhielten über 20 Künstler schriftliche Einladungen zur Abgabe von zu honorierenden Vorentwürfen, an die Mehrzahl von ihnen wurden Aufträge vergeben.[7] Ausnahmen von dieser Vorgehensweise bestanden insofern, als der Ankauf des bereits fertigen Gobelins von Oskar Kokoschka schon beschlossen war oder einige Aufträge direkt, ohne Wettbewerb erfolgten, wie beispielsweise der Gobelin von Herbert Boeckl oder die Keramiken von Arno Lehmann und Heinz Leinfellner.

Die Auswahl des Themas blieb den meisten Künstlern selbst überlassen, es konnten auch mehrere Arbeiten abgegeben werden. Einige wenige, wie beispielsweise Wander Bertoni für seine Brunnenfiguren oder Heinz Leinfellner für den Flachreliefschmuck im oberen Pausensaal, erhielten allerdings die Vorgabe, ihre Thematik aus der Welt des Theaters zu wählen. Eine Erläuterung des Inhalts und der gewählten

---

[1] Festspielhaus 1960, S. 18.
[2] Festspielhaus 1960, S. 101 und Anhang S. 156.
[3] ASF 23 – 25.8.1958, S. 5.
[4] ASF 23 – 25.8.1958, S. 6.
[5] ASF 25 – 12.2.1959.
[6] ASF 29 – 7.4.1959.
[7] ASF 50 – 8.9.1959, Beilage 1.

Holzmeister wurde nicht müde, zunächst seine Ideen, Skizzen, Pläne, Modelle und dann das vollendete Große Festspielhaus Interessierten persönlich näherzubringen – hier einer Gruppe von Journalisten.

Technik war beizufügen. Der Maßstab des Entwurfs war jeweils festgelegt. Bemerkenswert ist die relativ kurze Zeitspanne von nur zwei bis drei Monaten, die zur Herstellung der Konzeption zur Verfügung stand. Darüber hinaus hatten die Künstler bereits in diesem Stadium das Einvernehmen mit Holzmeister zu pflegen, dem ein gewichtiges Wort bei der Entscheidung zukam. Die Entwürfe verblieben im Eigentum des Bundes, der sich das Recht vorbehielt, dieselben öffentlich auszustellen.[8] Die Idee Holzmeisters, diese Vorarbeiten zur Erhöhung des Renommees der Künstler – und sicher auch des Festspielhauses – bei der Biennale in Venedig auszustellen, fand keine Resonanz. Stattdessen wurde eine Ausstellung in Salzburg in Erwägung gezogen, die jedoch nicht zur Ausführung gekommen sein dürfte.[9]

Die ausgewählten Künstler erhielten bis Endes des Sommers 1959 ihre Verträge, mit denen sie sich verpflichteten, ihre Werke bis längstens Mai 1960 fertigzustellen, was tatsächlich allen gelang.

Karin Kovarbasic

---

[8] Der Passus findet sich in jedem Schreiben der BGV betreffs der Entwürfe und Aufträge vom April 1959, vgl. ASF 31 – 7.4.1959, ASF 28 – 6.4.1959, ASF 56 – 13.11.1959.

[9] ASF 26 – 13.2.1959.

Clemens Holzmeister, der Netzwerker

Kunst im Großen Festspielhaus

Kraft seiner weit über die österreichische Kunstszene hinaus anerkannten künstlerischen Autorität spielte Holzmeister eine entscheidende Rolle bei der Auswahl der Künstler. Auf seinen Vorschlag ergingen vom Kunstausschuss die Einladungen zu Entwurfsarbeiten an ausgewählte österreichische Künstler:

„Die Heranziehung von österreichischen Künstler [sic!] sollte durch ihr Werk zugleich eine Manifestation heutigen österreichischen Kunstschaffens darstellen; emporgehoben auf das Forum einer echt österreichischen Idee, der der Salzburger Festspiele. Zum Zwecke einer gewissenhaften Auswahl ergingen zunächst Aufforderungen zu honorierten Vorentwürfen aller Art an 33 Künstler. Über Vorschlag des planenden Architekten wurden hievon insgesamt 6 Maler, 6 Bildhauer und 7 Künstler der angewandten Kunst mit Aufträgen betraut."[1]

Holzmeister befand, inwieweit die Einreichungen der Künstler den gestellten Kriterien an den vorgesehenen Ausstellungsorten entsprachen. Größten Wert legte er neben der künstlerischen Form auf eine bis ins kleinste Detail gediegene Ausführung. Nur so gelang es ihm, auch rein funktionelle Gegenstände oder Räume künstlerisch aufzuwerten.

Holzmeisters sehr konkreten Vorstellungen, welche Künstler mit welchen Materialien einen künstlerischen Beitrag leisten könnten, beruhten sowohl auf Erfahrungen aus vorangegangenen Kooperationen mit Künstlern als auch auf einer bereits beim ersten Festspielhaus-Bau 1926 etablierten Vorgangsweise der Nutzung und Verbindung vieler Netzwerke von den künstlerischen Institutionen bis in den Bereich der Politik.

Als anerkannter Architekt und Lehrer an der Akademie der Bildenden Künste in Wien stand Holzmeister in enger Verbindung mit Schülern und Kollegen der führenden österreichischen künstlerischen Bildungsinstitutionen, die sich über die Mitgliedschaften bei Künstlervereinigungen fortsetzte. Zu herausragenden Persönlichkeiten aus Kultur und Politik pflegte er ebenfalls Kontakte. Es ist deshalb kein Zufall, dass eine ganze Reihe von Künstlern, deren Werke das Festspielhaus bereichern sollten wie beispielsweise Wander Bertoni, Rudolf Hoflehner oder Heinz Leinfellner aus der akademischen Künstlerschaft kamen oder wie Gudrun Baudisch-Wittke, Wolfgang Hutter oder Arno Lehmann Absolventen der Kunstgewerbeschule in Wien, Graz oder Linz waren und damit dem Kunsthandwerk nahe standen.[2] Am Festspielhaus tätig oder geladen waren weiters die Kunstgewerbeschule-Absolventen Jakob Adlhart, Maria Biljan-Bilger, Richard Kurt Fischer, Rudolf Hoflehner, Oskar Kokoschka, Heinz Leinfellner, Leo Wollner, Fritz Wotbruba, Lore Bujatti.

Einige Persönlichkeiten wie die Keramikkünstlerinnen Baudisch-Wittke und Hilda Schmid-Jesser sowie den Maler und Bildhauer Richard Kurt Fischer, der auch als „Hauskünstler" des Architekten galt, kannte Holzmeister bereits aus früheren gemeinsamen Projekten. Die meisten dieser Künstler waren Mitglieder in großen Künstlervereinigungen wie der Wiener Secession, dem Hagenbund, dem Linzer Maerz, oder sie standen als Absolventen der „Angewandten" mit der Wiener Werkstätte oder dem Werkbund in Ver-

---

[1] ASF 5 – undatiert, S. 11; zu den Künstlerlisten sind folgende Quellen erhalten: ASF 9 – undatiert: folgende Künstlernamen werden angeführt: Schneider-Manzell, Leinfellner, Hoflehner, Bertoni, Fischer, Knesl, Ritter, Wotruba, Hoke, Hutter, Weiler, Böckl, Baudisch, Wojtek, Ortner, Platter, Kokoschka, Unger (ausgestrichen), Lehmann, Wollner, sowie handschriftlich ergänzt: Unger, Tiefenthaler; eine weitere Künstlerliste siehe ASF 8 – undatiert; dazu auch ASF 5 – undatiert, S. 10 – 15: Pkt. IV. Die architektonische Formgebung Aussen und Innen und die Mitarbeit der Künstler, S. 11.

[2] Die Ausbildung an der Kunstakademie durchliefen auch Gustav Hessing, Giselbert Hoke, Alfred Hrdlicka, Wolfgang Hutter, Karl Prantl, Carl Unger, Max Weiler, Fritz Wotruba, Rudolf Kedl, Hans Knesl, Alexander Silveri, Fritz Riedl. Als Lehrende an Kunstakademien waren u. a. Boeckl, Hessing, Hoflehner, Leinfellner, Weiler, Wollner, Wotruba tätig; an Kunstgewerbeschulen bzw. an Akademien für Angewandte Kunst Bertoni, Biljan-Bilger, Hrdlicka, Hutter, Schmid-Jesser, Unger, Bujatti, Knesl, Ohnsorg.

Clemens Holzmeister informell mit dem Ehepaar Schneider-Manzell und auf festlichem Parkett mit dem deutschen Wirtschaftsminister Ludwig Erhard und Oskar Kokoschka.

bindung.[3] Holzmeisters Augenmerk galt aber auch einer Künstlerszene, die 1946 als Art-Club in Rom entstand und sich 1947 in Wien als österreichische Sektion einer europaweiten Künstlervereinigung etablierte. Als Verein bestand der Art-Club zwar bis Juli 1960, war aber effektiv nur bis Ende 1954 als Künstlerplattform aktiv. Laut Statut bezweckte der Art-Club die Förderung einer modernen und unabhängigen Kunst sowie die Verbrüderung freier und unabhängiger Künstler in einer internationalen Sphäre. Programmatisch stand das künstlerisch Verbindende vor dem Trennenden.[4] Für die österreichische Künstlerschaft war diese Anknüpfungsmöglichkeit an die künstlerische Avantgarde der Nachkriegszeit und an die internationale Kunstszene nach langen Jahren der Isolation sehr wichtig. Mehrere Künstlerkollegen aus Holzmeisters Netzwerk bekleideten in diesem elitären Klub führende Funktionen. Unter anderem waren Carl Unger, Leinfellner, Bertoni, Hoflehner und Hutter als Vizepräsidenten, Kassiere, Beiräte oder als Komitee-Mitglieder tätig. Da die Statuten die Mitgliederanzahl begrenzten, bedurfte es zur Aufnahme, im Unterschied zu den anderen Künstlervereinigungen, der Nominierung durch die Vereinsorgane. Somit kam eine Mitgliedschaft in diesem kleinen, elitären Künstlerkreis einer künstlerischen Nobilitierung gleich.[5]

Holzmeister wusste offensichtlich um die Bedeutung dieser Netzwerke in künstlerischen und wirtschaftlichen Belangen auch auf einer informellen Beziehungsebene. Das Salzburger Festspielhaus verdankt seine heute unumstrittene Akzeptanz nicht zuletzt Holzmeisters Fähigkeit zum pragmatischen Umgang mit diesen Strukturen.

Rudolf Plaichinger

---

[3] Mitglieder der Wiener Secession: Bertoni, Boeckl, Hessing, Hoke, Hrdlicka, Wotruba, Toman; Mitglieder Hagenbund: Boeckl, Kokoschka, Soucek; Mitglieder Linzer Maerz: Baudisch, Hoflehner, Ortner, Ritter, Soucek; Mitglieder Wiener Werkstätte/Werkbund: Baudisch, Wollner, Wotruba, Silveri.

[4] Gütersloh 1981, S. 7–18: Der nachmalige Präsident des Art Clubs, Albert Paris Gütersloh, erläuterte Zweck und Ziel der Vereinigung programmatisch: In Abkehr „von der Alleinherrschaft eines einzigen Geschmackes" wird jedem Künstler – gleich welcher Kunstströmung vom Naturalismus bis zum Surrealismus – das Recht auf einen „eigenen, durchaus eigentümlichen Weg" zugestanden, sofern er durch Überwindung der jeweiligen Richtung „Platz für Neues" schafft. Mit einem Briefzitat Voltaires an einen Freund bekräftigte Gütersloh den Neuaufbruch der österreichischen Künstlerschaft nach einer erst kürzlich zu Ende gegangenen Periode „abgewirtschafteter Kunstpolitik": „Ich missbillige auf das äußerste was Du gesagt hast, aber ich werde bis in den Tod hinein Dein Recht verteidigen, es zu sagen."

[5] Statut, in: Breicha, 1981, S. 7–18: Als Gründungsmitglieder des Art-Clubs werden angeführt: Gustav Kurt Beck (Mitbegründer des Internationalen Art Clubs in Rom und der österr. Art-Club Sektion), Wander Bertoni, Maria Biljan-Bilger, Ernst Fuchs, Albert Paris Gütersloh (Präsident), Wolfgang Hutter, Heinz Leinfellner, Kurt Moldovan, Arnulf Neuwirth, Rudolf Pointner, Ursula Schuh-Dietrich, Carl Unger, Susanne Wenger.

Eingangshalle

Festliches Entrée

Großzügig dimensionierte Eingangsportale gewähren Einlass in eine mit 45 m Länge und 17 m Tiefe stattliche Eingangshalle mit rotem Adneter Marmor-Fußboden und weißen Wänden. Eckige, genutete Pfeiler in Nagelfluhverkleidung gliedern den Raum. Holzmeister übernahm sie als Reminiszenz an die historischen Stallungen, wie sie in der benachbarten Pausenhalle noch erhalten blieben. Offenbar reizte den Salzburger Künstler Arno Lehmann die Architektur zur weiteren Gestaltung, denn er reichte unaufgefordert 1958 einen Entwurf für eine baukeramische Verkleidung der Pfeiler mit Mosaiken ein.[1] Das formal und technisch ausdrucksstarke Muster hätte sowohl eine architekturkeramische Zier der Eingangshalle als auch ein bedeutendes baukeramisches Werk von Lehmann werden können.[2] Der Raumwirkung wäre durch diese Säulenverkleidung eine zeitgemäße strukturiert-farbige Note verliehen worden. Das architektonische Konzept, die Pfeilergestaltung vom alten Marstall zu übernehmen, wäre jedoch verlorengegangen. Möglicherweise lag hierin ein Grund, dieses Konzept nicht weiterzuverfolgen. Eine der zahlreichen Ideen, die verworfen, aber sogleich durch neue ersetzt wurden.

Thomas Pensler

---

[1] Kaindl-Hönig 1983, S. 105–106.
[2] Wiesner 2006, S. 117.

Neben Skizzen, Entwürfen und Plänen gibt es auch einige Zeichnungen, in denen Holzmeister Ansichten von einzelnen Räumen gab. Offenbar hatte der Architekt Freude daran, sorgfältig komponierte Bilder im Medium der Zeichnung anzufertigen. Hier gestaltete er zwei Pfeiler mit karyatidenartigen Frauengestalten – die so nicht ausgeführt wurden. Die Idee, Wasser im Foyer plätschern zu lassen, faszinierte Holzmeister. Im Übergangsbereich zwischen den Raumteilen, rechts von der Treppe, fängt ein Becken Wasser auf, das aus einer Maske unterhalb der Schräge strömt.

Theater und Musik

Ein allegorischer Empfang durch Wander Bertoni

Kunst im Großen Festspielhaus

Der Vorschlag zur künstlerischen Ausstattung der Eingangshalle sah zwei Brunnen vor.[1] Die Brunnenidee nahm den lokalhistorischen Bezug der Pferdetränken wie auch des unterirdischen Almkanals auf. Die beiden Bassins sollten mit Flachreliefs zum Thema Dionysos und Apoll im bergseitigen Bereich seitlich der Haupttreppen stehen. An die Künstler Wander Bertoni und Heinz Leinfellner erging die Einladung zu honorierten Vorentwürfen. Bertoni reichte zusätzlich einen Entwurf einer frei stehenden Skulptur, das Theater darstellend, ein, für die sich die Jury entschied. Zu dem Auftrag für zwei frei stehende Figuren äußerte der Künstler sich rückblickend: „Der Inhalt war von Anfang klar für mich: Eine allegorische Darstellung von Musik und Theater."[2] Abweichend von der ursprünglichen Idee der Flachreliefs sollten nun zwei Brunnenfigu-

Die überlebensgroßen Skulpturen sind in ihren Proportionen auf die Eingangshalle und die Pfeiler abgestimmt. Der Kontrast zwischen dem glatten Marmor und dem rauen Nagelfluh, zwischen dem stelenartigen Aufragen und den waagerechten Fugen trägt wesentlich zu ihrer Wirkung bei.

---

[1] ASF 10 – undatiert: Vorschlag vom Institut für Theaterwissenschaft, Wien (Prof. Heinz Kindermann).
[2] Bertoni 1995, S. 103.

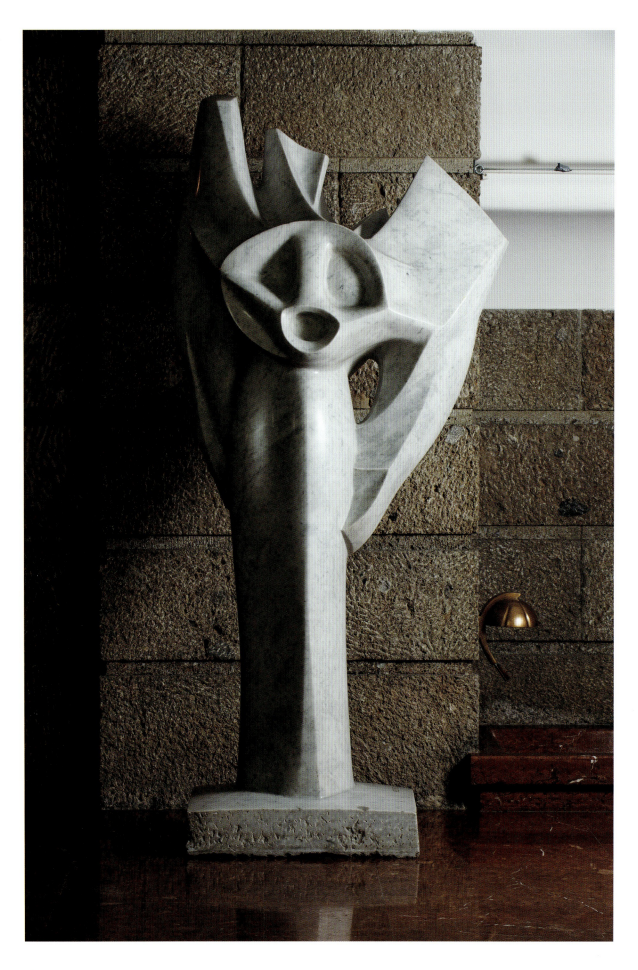

ren in der Mitte der Brunnenbecken aufgestellt werden.³ Bertoni richtete an den Bauausschuss den Wunsch, die Skulpturen außerhalb des Brunnens aufzustellen, um ihnen eine völlig selbstständige Wirkung zu geben.⁴ Der Ausschuss stimmte zu; die längsrechteckigen Brunnenwannen wurden dann auf Wunsch Holzmeisters als einfache Steinmetzarbeiten ausgeführt. Der Nobilitierung einer künstlerischen Gestaltung beraubt, behielten sie immerhin die sinnlichen Reize der Licht- und Wassereffekte, die für sich allein genommen aber nicht überzeugten. Pressestimmen bezeichneten die Brunnen despektierlich als „Planschbecken" oder „Hundetränken".⁵ Heute fehlt wegen maroder Wasserleitungen das konstante Brunnenwassergeräusch.

Die Skulpturen schuf Bertoni als ca. 220 cm hohe Figuren aus weißem Carrara-Marmor auf 15 cm hohen quadratischen Sockeln. Er setzte die beiden Figuren in enge Beziehung zueinander, die Theater-Figur dynamisch-bewegt, die Musik-Figur ruhig-vergeistigt. Somit ist auch eine Assoziation zum ursprünglich vorgegebenen Thema denkbar – Dionysos als ekstatische, überschwängliche Figur und Apoll als vergeistigte, harmonische. Das „Theater" als stilisierte menschliche Figur mit in der oberen Hälfte keilartig ausschwingenden, erhobenen Armteilen trägt eine Art Maske mit höhlenartig geformten Vertiefungen vor der Brust. Die auf gekurvte und eckige Elemente reduzierte Gestalt drückt „Theater" in abstrakt-reduzierten Formen aus. Die „Musik" wirkt im Vergleich dazu im oberen Bereich kompakter und geschlossener. Auf einem stelenartigen Unterkörper, nur durch eine Diagonalfalte strukturiert, erhebt sich im oberen Drittel der Oberkörper mit schalenartiger Öffnung nach links, vielleicht eine Lyra darstellend. Schulter, Arme und Kopf sind in stilisierten, fließenden Formen ausgeführt.

Thomas Pensler

---

³ Wiesner 2006, S. 46–47.
⁴ ASF 37 – 16.7.1959 und ASF 38 – 23.07.1959.
⁵ ASF Presse-Ordner Volksbote vom 27.08.1960 (Benedikt Posch) sowie ASF Presse-Ordner. Der Opernfreund, Wien, September 1960 (ohne Autorenangabe).

Wandteppiche

Textile Kunstwerke von Gretl und Leo Wollner

Kunst im Großen Festspielhaus

Bei der Eröffnung des Hauses schmückten große helle Wandteppiche die Nischen in der Eingangshalle zwischen den Portalen. Die gewebten Kunstwerke hingen über massiven, ledernen Sitzbänken ohne Lehne und waren von einem Rahmen aus schmalen, hellen Leisten umgeben. Die geknüpften Teppiche sind in einem gleichmäßigen Rapport gestaltet. In hellem Beige reihen sich Querrechtecke aneinander und bilden eine reliefartige Oberfläche.

Den Entwurf für die aus Schafwolle gefertigte Webkunst lieferten Leo und Gretl Wollner, die Salzburger Firma Gehmacher führte ihn aus.[1] Ursprünglich waren Gobelins mit Figurenmotiven geplant, jedoch wurde diese Idee im Laufe der weiteren Planung verworfen.[2]

Ein historisches Foto offenbart die ursprüngliche Intention, bei der Gestaltung der Teppiche einen Bezug zu den Pfeilern aus Nagelfluh herzustellen. Dem ganzheitlichen Konzept Holzmeisters von

---

[1] Wiesner 2006, S. 46. Für die Entwürfe wurde neben der Firma Wollner auch die Künstlerin Maria Bilja-Bilger beauftragt, dazu ASF 23 – 25.8.1958.
[2] ASF 23 – 25.8.1958.

Auch die Wirkung der Wandteppiche wurde in Zeichnungen sorgfältig erprobt. Ihre Maße sind genau auf die Höhe der Portale und die Proportionen der Wandabschnitte abgestimmt.

Harmonie in Form, Farbe und Material folgend, korrespondieren die naturbeige Farbigkeit der Schafswolle und die belebte Oberfläche der Knüpfung mit dem Farbton und der Rauheit der Steinpfeiler. Ebenso entsprechen die Nutungen der Pfeiler und die sich ergebenden Bänder den erhöhten Rasterfeldern der Wandbehänge. Die Wirkung dieser rauen und weichen Strukturen wird verstärkt durch die Nähe der glatten und glänzenden Fläche des Bodens aus großen roten Adneter Marmorplatten, aber auch den weiß glänzenden Skulpturen von Wander Bertoni. Die unterschiedlichen Oberflächenreize der einzelnen Kunstwerke, wie Holzmeister sie in seinem Gesamtkunstwerk plante, trugen seinerzeit zur Vielfalt des Zusammenspiels glatter und rauer Materialien bei.

Die großen Wandteppiche, die Holzmeister selbst als „flauschiges Gewebe"[3] bezeichnete, blieben nicht ohne Kritik. In der Presse wurden die Kunstwerke als Frottierhandtücher bezeichnet[4] oder blieben schlichtweg unbeachtet und so kam es, dass die Teppiche im Zuge der Veränderungen unter Gerard Mortier ins Depot gebracht wurden.

An ihrer Stelle befinden sich heute monumentale Kreuze von Robert Longo. Der Gesamteindruck der Eingangshalle, wie er sich heute dem Besucher bietet, entspricht also nicht mehr dem von Holzmeister geplanten. Dieser zielte auf eine zurückhaltende Farbgebung und die Betonung der auf die Länge des Raumes hin orientierten Horizontale ab. Heute bestimmt eine dominante pulsierende und leuchtende Farbigkeit die Wände. Longos Kreuze füllen die Nischen mit einer starken Akzentuierung und Zentrierung aus.

Annika Jeuter
Ingonda Hannesschläger

---

[3] Wiesner 2006, S. 46.
[4] ASF Presseordner: Benedikt Posch, in: Volksbote, 27.8.1960.

Pausenhalle im Erdgeschoss

Flanieren im ehemaligen Marstall

Kunst im Großen Festspielhaus

Die Eingangshalle öffnet sich rechts, also nordwestlich, zur dreischiffigen, fünfjochigen Pausenhalle. Es gelang, die alten Formen des Marstalls zu bewahren. Sie entspricht im Grundriss genau dem Erweiterungsbau Erzbischof Guidobalds Graf von Thun und Hohenstein von 1662. Außerdem sind die genuteten Vierkantpfeiler und die Gewölbe zu drei Fünfteln noch erhalten geblieben; der Rest wurde originalgetreu wiederaufgebaut.[1] In ihrer historischen Adaptierung ist die Pausenhalle mit den rustizierten, genuteten Pfeilern, die schlichte Kreuzgratgewölbe tragen, ein gelungener und funktionaler Raum. Für den Boden wurde dunkelgrüner Gasteiner Marmor verwendet, der Mosaiken umschließt.

Thomas Pensler

Die panoramaartige Ansicht der Pausenhalle hebt besonders die Wirkung des Fußbodens hervor. Unklar bleibt, ob die Gebilde über den Sesseln der linken Wand Malereien andeuten sollen.

[1] Fuhrmann 1985, S. 56–57.

	NEUES FESTSPIELHAUS SALZBURG	
PAUSEN HALLE, -4.00 ANSICHTEN	IX	0.50
PLAN NR.	530 B M	
ERSATZ F.	530 A	
MASZSTAB	1 : 50	
GEZ. DAT.	5. XI. 58 KC	
GEPR. DAT.		

ARCHITEKT
PROF. DR. C. HOLZMEISTER
WIEN I., SCHILLERPLATZ 3, TEL. B 22 5
SALZBURG, RESIDENZPL. 1, TEL. 58

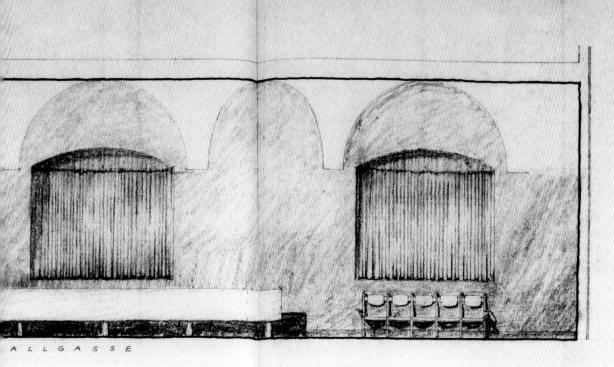

ALLGASSE

TOR

ANSICHT GEGEN EINGANGSHALLE

Steinmosaike

Pferde, Hufeisen und ein Einhorn, verlegt von Richard Kurt Fischer

Kunst im Großen Festspielhaus

An die ehemalige Funktion der heutigen Pausenhalle erinnert eine Reihe von Steinmosaiken mit Pferdekopf- und Hufeisenmotiven, die in den Fußboden in Längsrichtung eingelassen sind. Es handelt sich um fünf große, mittig platzierte Quadrate mit je 2,5 m Kantenlänge und an den Seiten links und rechts um je fünf kleine Quadrate mit je 0,5 m Kantenlänge. Der Innsbrucker Künstler Richard Kurt Fischer erhielt diesen Auftrag direkt, ohne Wettbewerbsausschreibung. Die Pferdeköpfe sind zum Fischer-von-Erlach-Portal hin ausgerichtet. Die handwerklich und künstlerisch gediegenen Steinmosaike, die aus dem dunkelgrünen Marmorboden herausleuchten, ergeben zusammen mit den ruhigen historischen Formen einen harmonisch-stimmigen Eindruck.[1]

Die fünf Pferdeköpfe in der Mittelachse, alle mit Halsansatz und deutlich verschiedenartiger Mähne, sind in ausdrucksstarken Formen und Farben dargestellt und unterschiedlich gestaltet. Als Untergrund wählte Fischer hellgraue Steine. Rahmen aus sehr variantenreichen, vorwiegend grauen Mosaiksteinen umschließen die einzelnen Mosaike. Durch abwechselnd hell- und dunkelgraue Töne wirkt der Rahmen schachbrettmusterartig.

Abweichend davon stellt das zentrale Mosaik ein Einhorn dar, umrahmt von der lateinischen Inschrift: AULAE PRINCIPUM ARCHIEBISCOPORUM MDCVII (deutsch: Fürsterzbischöfliche Aulen 1607). Die Jahreszahl bezieht sich auf den Erstbau unter Fürsterzbischof Wolf Dietrich von Raitenau, das Wappentier auf die Familie von Thun, welcher der Bauherr des Erweiterungsbaus des Marstalls entstammte.[2] Beispielhaft sei dieses Einhorn-Mosaik in der Raummitte kurz beschrieben. Die Kopfhaltung des Einhorns ist mit den anderen Pferdeköpfen vergleichbar, seine Halspartie deutet ein dicker Mosaikstrich als Halslinie an, sechs unterschiedlich dicke Strähnen hängen als Mähne zum

---

[1] Köller 1961, S. 20.
[2] Wiesner 2006, S. 50.

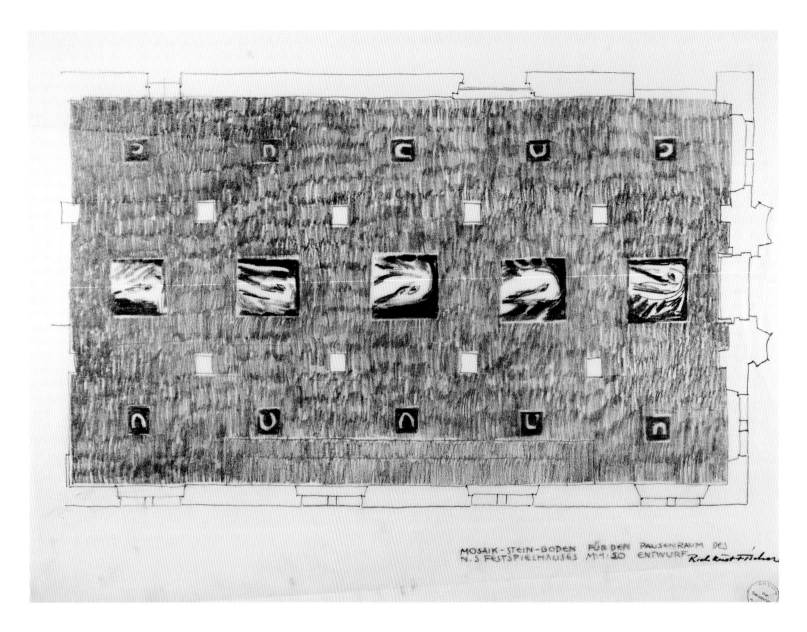

Entwürfe wie dieser dienten dazu, einen Gesamteindruck von der Verteilung der Bildfelder und der Größenverhältnisse zu vermitteln. Auf Detailgenauigkeit kam es dabei nicht an.

angewinkelten Kopf hin herab. An der Stirn geht die Mähne in eine Reihe gestutzter, abstehender Kopfhaarbüschel über. Markant sticht mittig aus der Stirn das schlanke, spitze Horn rechtwinklig hervor.

Seitlich platziert, unterscheiden sich die zehn Hufeisenmosaike formal und farblich untereinander weniger als die Pferdeköpfe, sind aber innerhalb der Quadrate unterschiedlich verlegt. Vergleichsweise große, vorwiegend weiße Steine bilden den Untergrund. Markant heben sich davon die dunklen Hufeisen ab, die teils dicker, teils dünner mit verschiedenen Farben und Formen der Steine gestaltet sind. Holzmeister äußerte sich in seinem Brief an Fischer nach Abschluss der Mosaikarbeiten, jedoch noch bevor der Marmorboden verlegt war, sehr positiv: *„Zunächst muss ich Sie noch einmal zu Ihrem großen Werk der Salzburger Mosaiken aufrichtigen Herzens beglückwünschen. Erst nachdem Sie nun ihr Werk wochenlang gestreichelt und in persönlicher Hingabe auf den Glanz gebracht haben, ist dieses bedeutende Werk als solches sichtbar. Es wird erst richtig glänzen, wenn es aus dem dunkelgrünen Fußboden herausleuchtet."*[3]

Thomas Pensler

---

[3] Brief vom 18.05.1960, zit. n. Hauser, in: Fischer 1993, S. 11 (ohne Angabe zur Brief-Quelle).

Orpheus II

Der Verzweifelte von Alfred Hrdlicka

Kunst im Großen Festspielhaus

1963 erwarb die Landesregierung die Skulptur „Orpheus II", ursprünglich für das Kleine Festspielhaus, das heutige Haus für Mozart.[1] Erst seit 2012 steht Hrdlickas Werk an seinem heutigen Platz in der Nordwestecke der Pausenhalle des Großen Festspielhauses, nahe dem Fischer-von-Erlach-Portal.[2]

Die Skulptur „Orpheus II" aus den Jahren 1962/63 hat einen „älteren Bruder", „Orpheus I". An ihm arbeitete Alfred Hrdlicka schon 1960, damals noch unter dem Titel „Golgatha". Nach mehrfachen Überarbeitungen, besonders im Arm- und Kopfbereich, stellte Hrdlicka sie 1963 als „Orpheus I" aus. Heute steht sie im Aachener Suermondt-Ludwig-Museum. Der Künstler äußerte sich zum Titelwechsel von Golgatha zu Orpheus folgendermaßen:

„*Orpheus ist für mich einer, der sich seiner Haut wehren muss. Die erste Fassung, die in Aachen steht – sie ist um Klassen besser als die zweite im Salzburger Festspielhaus –, ist ein Zwitter Christus-Orpheus; Mythen- und Religionsforscher weisen auf gewisse Gemeinsamkeiten der Bilder hin, und ursprünglich wurde diese Figur unter dem Titel Golgatha ausgestellt. Aber das Sich-Zur-Wehr-Setzen und die sich während der Arbeit immer mehr einstellende Zerrissenheit (Orpheus wird zerfleischt, zerrissen) haben nach mehrfacher Überarbeitung zur Titeländerung geführt. Hier ist der Arbeitsvorgang zum Inhalt geworden.*"[3]

Hrdlicka geriet die Figur im dynamischen Prozess der Überarbeitung immer verletzter, sodass ihm schließlich der Titel „Orpheus" für die schmerzverzerrte Figur stimmiger schien. Zu Beginn des Mythos ist Orpheus, der begnadete Sänger und Lyra-Spieler, glücklicher Gemahl der Eurydike. Später, nach dem selbstverschuldet misslungenen Versuch, Eurydike aus der Unterwelt zurückzuholen, sagt sich Orpheus aus Trauer über den Verlust von der Liebe zu Frauen los. Schließlich wird er von rasenden Mänaden, Anhängerinnen des Dionysos, zerrissen.[4] Diesen Schmerz und die Verzweiflung will Hrdlicka mit dem überarbeiteten „Orpheus II" ausdrücken. Die aktuelle Aufstellung der Skulptur Hrdlickas erlaubt einen Vergleich mit den Bertoni-Figuren in der benachbarten Eingangshalle. Nur wenige Jahre später entstanden und ebenfalls aus Marmor, wirkt die grob-wuchtig aus dem Stein gehauene, expressive Figur Hrdlickas doch ganz fern und radikal anders gegenüber den feinen, geschliffenen, würdevollen und statuarischen Skulpturen Bertonis.

Thomas Pensler

---

[1] Salzburger Volkszeitung, 24.8.1963.
[2] Mündliche Auskunft von Mag. Franziska-Maria Lettowsky, Leiterin des Archivs der Salzburger Festspiele.
[3] Hrdlicka 1973, S. 25.
[4] Hunger 1988, S. 372–373.

Huldigung an Anton von Webern

Zwölftontechnik aus Stahl von Rudolf Hoflehner

Kunst im Großen Festspielhaus

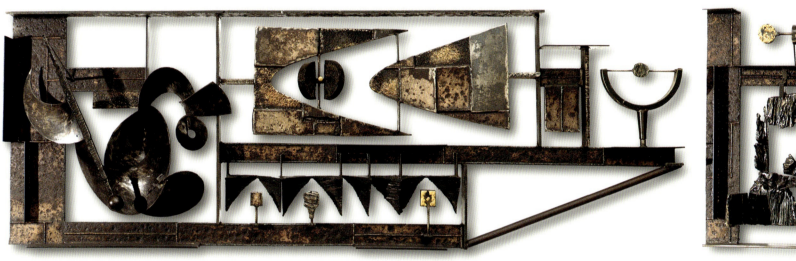

Als etwas ungeordnete antike Waffensammlung[1] bespöttelte ein Rezensent im „Opernfreund" 1960 das Stahlrelief „Huldigung an Anton von Webern" von Rudolf Hoflehner, welches an der mönchsbergseitigen Wand des unteren Pausensaals hängt. Dabei ist das metallene Kunstwerk sehr wohl geordnet und überlegt komponiert: Zwischen den beiden steinernen Türstöcken spannt es sich in beeindruckend weitem Querformat über die gesamte Breite des Mauerstücks. Die künstlerische Bespielung dieses Wandabschnittes wurde ursprünglich beschlossen, um Lüftungsschlitze der Klimaanlage zu verdecken.[2] Nach einer Planänderung – hinter dem Werk befindet sich heute keine Öffnung – fiel diese Notwendigkeit weg, man hielt jedoch daran fest, die Wand mit einem metallenen Werk zu schmücken. Auf Wunsch Holzmeisters erhielt Hoflehner Mitte 1959 den Auftrag, ein stählernes Relief mit dem Thema „Musik" zu gestalten.[3] Ein halbes Jahr später war es fertig und abholbereit.[4]

Der Künstler, selbst ein glühender Verehrer moderner Musik, plante ein Fries, welches seinen eigenen Aussagen zufolge „in freier Komposition einen kontrapunktischen Ablauf musikalischen Geschehens symbolisieren und auch ein optisches Bild elektronischer Partitur"[5] darstellen sollte. Für die Ausführung entschied Hoflehner, ein vielfach durchbrochenes Ensemble aus verschiedensten Stahlelementen zu konstruieren: Grobkörnige und glattgeschliffene Flächen und Körper treffen sich auf einem Raster aus Balken und Linien, lösen einander ab, antworten aufeinander. Vergleicht man die Formensprache des Künstlers mit der in den frühen 1950er Jahren von Karlheinz Stockhausen entwickelten elektronischen Partitur, so sieht man tatsächlich ein gemeinsames Grundschema in der Komposition. Es ist jedoch nicht belegt, dass Hoflehner, der stets ein Ohr am Puls der Zeit hatte, was Entwicklungen in der E-Musik anging, diese Partituren tatsächlich kannte.

---

[1] ASF Presse-Ordner: Wien II, Forum der Kritik Salzburg, in: Der Opernfreund, Wien, 19.9.1960.
[2] Geplant waren Metallschilde, ASF 23 – 25.8.1958, S. 4.
[3] ASF 26 – 13.12.1959, S. 1.
[4] ASF 61 – 27.2.1960.
[5] ASF 27 – 16.3.1959.

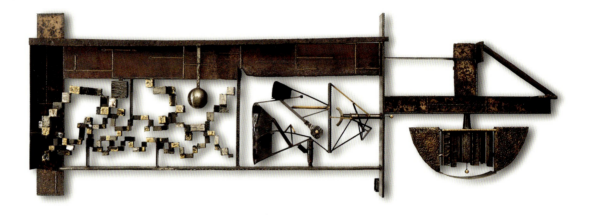

Den Titel „Huldigung an Webern" wählte Hoflehner aufgrund der Inspiration, die er seinen Angaben nach aus der in Zwölftontechnik komponierten Musik Anton von Weberns bezog, dessen Ansichten er als „ursprünglich, archaisch, rein und einfach"[6] bezeichnete. Um einen der so empfundenen Musik angemessenen Ausdruck zu finden, bediente sich der Bildhauer verschiedener Metallbearbeitungstechniken,[7] die „das Material elementar erleben lassen" sollen.[8] Die Einzelteile kombinierte er zu einem raffiniert konstruierten Gesamtbild. Man kann von diesem musikalischen Vorbild ausgehend auch versuchen, die Formen Hoflehners als graphische Repräsentation von gespielten Instrumenten zu deuten, wobei zum Beispiel das Raster des ersten Abschnitts für die bespielten Ventile eines Hornes, die Bogenformen des dritten Abschnitts für die Armbewegungen der Streicher stehen könnten. Durch die Unterteilung in vier etwa gleich lange Abschnitte entsteht, verstärkt durch die linearen Elemente, der Eindruck einer aufgeblätterten Partitur. Die Pfeiler in der Pausenhalle bewirken beim Vorbeigehen einen Effekt wie ein langsames Umblättern der Seiten. Die Gesamtansicht des Kunstwerks ist nur aus einem schrägen Blickwinkel möglich. Am Anfang und am Ende wird die Formenfolge von dicken, vertikalen „Balken" begrenzt, jeweils begleitet von einer goldfarbenen, glattpolierten Kugel und einem Block mit aufgewühlter Oberfläche. Zwischen diesen spielt sich in vier Abschnitten, die durch breite, vertikale Streifen wie von Taktstrichen geteilt sind, das eigentliche Geschehen ab.

Die Richtung dieses Leseversuchs ist von links nach rechts gewählt, somit dem Betreten des Saals von der Eingangshalle her entsprechend. Das Relief entlangschreitend und gleichermaßen das „Musikstück" in seiner Ausführung erlebend, trifft der Betrachter auf die von Hoflehner im ersten Abschnitt eingeführten zwei Themen: oben die zerschnittene Fläche, deren Teile sich in- und auseinander verschieben, unten das Raster aus kompakten, kleinen Körpern, aus Quadern und Kegeln, hier noch relativ geordnet. Letzteres Motiv wiederholt sich nach einer äußerst schlichten Überleitung, die mehr Luft als Metall ist, zu Beginn des zweiten Abschnitts, diesmal allerdings in freierer, mäandernder Form wie leise Klavierklänge. Der Raum wird erobert, nach rechts und links, nach vorne und hinten. Direkt auf dieses Aufbrechen der geordneten Struktur folgt eine Wiederholung dieses Motivs, nun jedoch in Flächen und Stäben umgesetzt. In der Anbindung dieser filigranen Gebilde an den nächsten Abschnitt durch eine ankerartige Form wird zugleich der dominierende Faktor des dritten Teils angekündigt – die Fläche. Hoflehner greift das Motiv vom An-

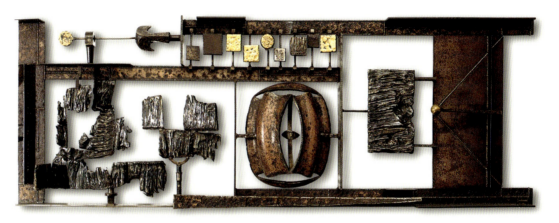

fang auf und verknüpft es zunächst mit der klaren Eroberung des Raumes, die er im zweiten Abschnitt eingeführt hat, bevor er das Teilen und Driften der Flächen voneinander weg oder aufeinander zu wieder in geordnetere Bahnen lenkt. Hier zieht sich das Motiv auch, zumindest im oberen Bereich, ohne Überleitung bis zum letzten Teilstück durch, wo es in einer kleinen Variante des Anfangsrasters über einem letzten lauten, großen Block- und Flächenensemble ausläuft. Jenes bindet den Inhalt des Dazwischen an seine fast spiegelgleichen Begrenzungen, indem es in Blöcken mit wild aufgeworfener Oberfläche einerseits die Rechteckfelder gleicher Struktur am Klammermotiv aufnimmt, andererseits einen Rückgriff auf das Motiv des Rasters wagt, welches zu mäandern beginnt. Das darauf folgende, ebenfalls wiederholte Motiv der sich sprengenden Fläche bindet vor allem farblich an den Gesamtrahmen an.

Rudolf Hoflehners „Huldigung an Webern" ist nicht nur Dekoration. Das metallene Werk ist bespielbar; zwei hakenförmige Eisenstäbe, mit welchen man den Gittern, Blöcken und Schalen Töne entlocken kann, liegen im Reliefraster versteckt. Die heutige Nutzungssituation dürfte allerdings ein wenig abschrecken. Seit einigen Jahren befindet sich eine Buffetbar vor dem Kunstwerk, das ursprünglich jedoch völlig frei zugänglich an der Wand auf „Spieler" wartete. Die derzeitige Situation ändert nichts daran, dass der Künstler es hier geschafft hat, nicht nur die Musik in einer Art graphischer Partitur auszubreiten, sondern es prinzipiell jedem ermöglicht, die so quasi niedergeschriebenen Töne selbst zum Klingen zu bringen. Was könnte besser in dieses Haus passen als ein solches Kunstwerk, das optische Aufwertung, Partitur und Instrument in einem ist?

Gudrun Ball

[6] ASF 61 – 27.2.1960.
[7] „[…] autogene[r] Schnitt, Schleifen, aufgeschmolzene[r] Bronze=fluss und Brünieren […]", ASF 27 – 16.3.1959; Autogener Schnitt: Stahl wird lokal hoch erhitzt und durch Zufuhr von Sauerstoff oxidiert, wodurch das entstehende Eisenoxid mit seinem niedrigeren Schmelzpunkt weggeblasen werden kann. Es kann zu Ablagerungen der Schneidschlacke an den Schneidkanten kommen, wodurch Unregelmäßigkeiten entstehen können, vgl. Autogenes Brennschneiden (Website). – Brünieren: bräunen, Metallgegenstände mit einem braunen Überzug (Eisenoxyduloxyd) versehen, der den Glanz nimmt und gegen Rost schützt, vgl. Brünieren (Website).
[8] ASF 27 – 16.3.1959.

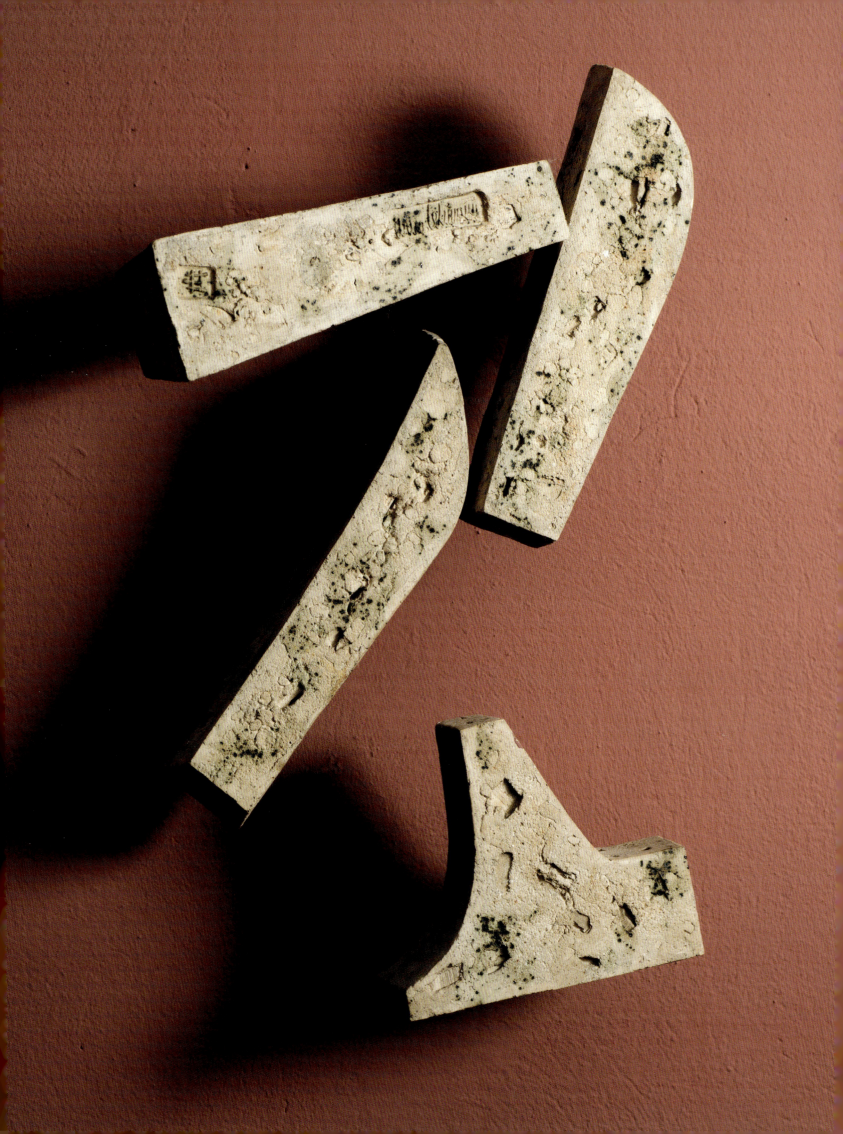

Rangstiegenhäuser

Die Kunst des Aufgangs

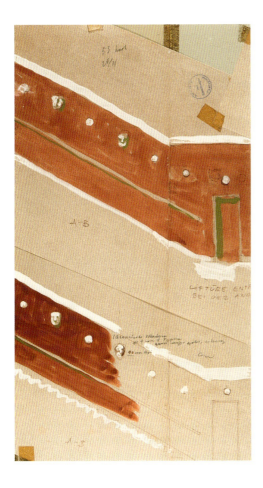

Ausschnitte aus einer kolorierten Skizze für das Rangstiegenhaus auf der Neutorseite. Obwohl bereits Wandschmuck vorgesehen war, ging es in erster Linie um die Farbwahl und die Rhythmisierung des vergleichsweise schmalen Stiegenhauses durch Lampen.

Oberhalb des heutigen Ranges sah die Planung Holzmeisters ursprünglich einen weiteren Stehrang vor. An den beiden Längsseiten des Hauses wurden deshalb je zwei Aufgänge errichtet. Zwei sollten auf den Stehrang und die anderen beiden bis zum 1. Rang führen. Die Idee eines Stehrangs wurde zwar verworfen, akustische Gründe könnten eine Rolle gespielt haben, die beiden doppelten, ineinander versetzten Stiegenhäuser blieben jedoch, wie ursprünglich angedacht, erhalten. Den Treppentürmen fallen verschiedene Aufgaben zu. Sie ermöglichen den Aufgang in die Geschosse aus verschiedenen Bereichen des Parterres, dienen im Notfall als Fluchtweg und gewährleisten den bequemen Zugang zum ehemaligen Raucherfoyer, der heutigen Fördererlounge. Holzmeister durchdachte die Nutzung, Wirkung und Funktion der Räume genau. So taucht der Besucher beim Betreten der Treppenaufgänge in nahezu geschlossene Räume ein, welche durch die gedämpfte Beleuchtung sowie durch die unterschiedliche Farbgebung in Rot, Blau und Grün eine beruhigende Stimmung erzeugen und den Gast im Spektakel der Festspiele kurz zur Ruhe kommen lassen.

Die Ausgänge der „Stiegenräume" bieten dem Besucher die Möglichkeit des fast unbemerkten Auftauchens und Verschwindens in den Foyers. Wie auf einer Bühne kann er sein Auf- und Abgehen vor Publikum inszenieren. Holzmeister trug dafür Sorge, dass den Gast selbst hier Kunstwerke begleiten.

Jakob Reitinger

Wandkeramiken

Große Kunst im kleinen Format von Gudrun Baudisch-Wittke

Kunst im Großen Festspielhaus

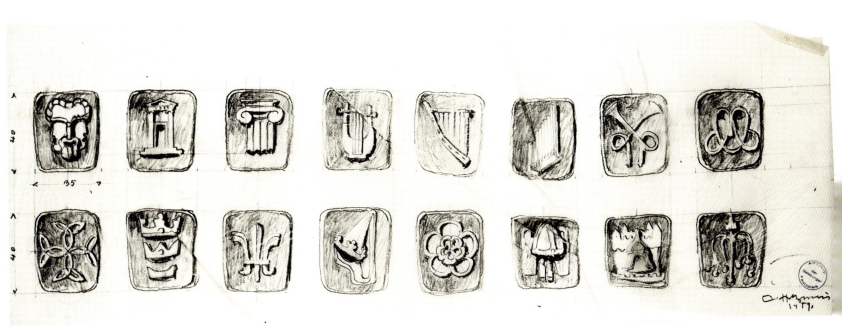

Zurückhaltende Keramikkunst begleitet die Besucher des Festspielhauses auf dem Weg über die stadtseitigen Stiegen und das Rangfoyer. Auf Empfehlung Holzmeisters hin wurde aus einer Reihe von Entwürfen verschiedener Künstler die Idee zu 16 Keramiken der österreichischen Künstlerin Gudrun Baudisch-Wittke gewählt. Eine lange Freundschaft und viele gemeinsame Arbeiten verbanden den Architekten mit ihr und so verwundert es nicht, dass sich die Wandapplikationen harmonisch in den Bau des Festspielhauses einfügen. Sechs Keramiken hängen auf der Innenseite des Aufgangs. Die teils quadratischen, teils hochrechteckigen Platten variieren in ihrer Gestaltung und Motivik. Neben Darstellungen mit Bezug zu Salzburg gibt es abstrakte Formen. Im versetzt verlaufenden zweiten Rangstiegenhaus hängen vier weitere Werke, die sich in ihrem Aufbau ähneln. Alle an einer quadratischen bis rechteckigen Grundform orientierten Verzierungen laufen spiralartig zusammen oder stehen als einzelne, unterschiedlich gefärbte Flächen nebeneinander. Die vier Reliefs des Foyers hingegen konzipierte Baudisch-Wittke paarweise. Zwei Keramiken zeigen übereinander und hintereinander gestellte Musikinstrumente. Zu erkennen sind eine Harfe, Posaunen, ein Saiteninstrument sowie eine stilisierte Geige und eine Lyra. Diese wurden in brauntonigen Naturfarben glasiert. Die Darstellungen zur Musik ergänzen zwei Wandappliken, die sich an Kostümentwürfen und Bühnenbildern[1] der Salzburger Festspiele orientieren. Für die Figur des Papageno aus der „Zauberflöte" diente ein Stich von Ignaz Alberti von 1790 als Vorbild. In das typische Federkostüm gehüllt und mit einem übergroßen Vogelkäfig auf dem Rücken steht der Vogelfänger in einer angedeuteten Landschaft mit einem kleinen Pavillon im Hintergrund. Baudisch-Wittke übernahm die elegante Figur nahezu unverändert aus dem Stich und gab der Szene den Charakter einer Federzeichnung, die sich von dem reliefierten Rahmen abhebt. Einem Bühnenbild von Oskar Strnad zu Richard Strauß' „Ariadne auf Naxos" folgte Baudisch-Wittke in der korrespondierenden Keramik, deren rocailleartiger Aufbau die

---

[1] Wiesner 2006, S. 70.

Bildmitte beherrscht. Die skizzierte Szene zeigt einen Bühnenaufbau, angedeutet durch herunterhängende Seile und Schnüre, der sich über der Attrappe eines gekenterten Schiffsbugs erhebt. In seitlichen Öffnungen stehen Figuren wie auf einem von seitlichen Treppen flankierten Podest, in dessen Mitte Ariadne auf einer Insel ruhen soll.[2] Beide Bilder sind in Engobetechnik[3] auf den Ton gemalt und werden von demselben breiten, vertikal gerillten Rand eingefasst. So umgeben feine Linien, über die sich tropfenförmig weiße Glasur gelegt hat, das Mittelbild. Die ungleichmäßige Verteilung der Glasur verleiht der Oberfläche eine schimmernde und lebendige Wirkung.

Ein markantes Merkmal der Werke ist die unterschiedliche Behandlung der Oberfläche. Hier zeigt sich Baudisch-Wittkes besonderes Können, dem Material verschiedene optische Reize zu entlocken. Während bei einigen Platten der sehr ursprüngliche, schlichte Charme des Materials dominiert, erreicht die Künstlerin bei anderen durch die variierenden Glasuren nahezu metallische Effekte. Zurückhaltendes, feines Dekor veredelte sie besonders durch die dezent eingesetzten Vergoldungen. Die vielfältigen Oberflächen erzeugen durch unterschiedliche Lichtreflexionen stimmungsvolle Bilder.

Aus der Korrespondenz Holzmeisters mit Baudisch-Wittke geht hervor, dass der Architekt offensichtlich Einfluss genommen hat.[4] Nach der Auftragsvergabe bat er die Künstlerin um ein erneutes Gespräch, um über die möglichen Motive ihrer Keramiken zu sprechen. In seinem Brief schrieb Holzmeister, dass ihm zwar „das Keramische und das Farbliche" an ihrem Entwurf gefalle, er brachte jedoch auch unterschwellige Kritik an und wertete ihre erste Umsetzung der gestellten Aufgabe *„nur als ein Muster Deines Könnens, nicht aber als eine Dekoration die von Bestand*

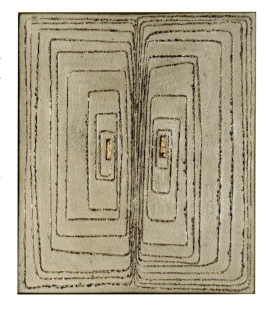

wäre und die in den immerhin gehobenen Räumen und Aufgängen für die Direktion wichtig genug wären".[5]

In den rechten unteren Ecken mehrerer Keramiken fällt eine feine Einritzung auf, einer Signatur gleich, die als „CH", „CU" oder „CW" gelesen werden kann. Auf anderen Keramiken findet sich unten rechts die Signatur von Baudisch-Wittke, „GBW". Inwieweit sich dadurch auf den Einfluss Holzmeisters Rückschlüsse ziehen lassen, bleibt offen. Sind diese Motive von Holzmeister, „CH", geformt und von Baudisch-Wittke ausgeführt? Der oben zitierte Brief Holzmeisters legt diese Überlegung nahe. Allerdings stellt sich die Frage, warum Baudisch-Wittke die Signatur eines anderen auf ein von ihr gefertigtes Kunstwerk setzte. War es aus eigenem Bestreben heraus, um dem alten Freund und großen Erschaffer des Hauses Ehre zu erweisen, oder tat sie es auf ausdrücklichen Wunsch? Diese zweite Signatur ähnelt jedenfalls stark den schnellen Signaturen auf einigen Zeichnungen, die sich im Archiv des Festspielhauses erhalten haben.

Annika Jeuter

---

[2] Wiesner 2006, S. 71.

[3] Engobe ist ein Überbegriff für eine dünnflüssige Tonmineralmasse, die zur Einfärbung keramischer Produkte dient, vgl. Dürre 2007.

[4] Bereits im April 1959 wurde Baudisch-Wittke neben Maria Bilger und Kurt Ohnsorg zur Anfertigung von Entwürfen für die 16 Wandkeramiken eingeladen (ASF 202 – April 1959). Bei einer Besprechung im Atelier Holzmeister mit Vertretern der BGV (Dr. Vogel) und des Ministeriums (Dr. Zimmel und Arch. Ing. Reysach) wurde die Innengestaltung besprochen sowie die Auftragsvergabe an Baudisch-Wittke beschlossen, wobei sie 4 Muster vorlegen sollte (ASF 53 – 21.10.1959). In der Folge übersandte sie einen Kostenvoranschlag an die Bundesgebäudeverwaltung, welcher „4 Keramische Wandbilder, darstellend Bühnenbilder aus Faust, Don Giovanni, Eurydike und Zauberflöte" betraf (ASF 55 – 2.11.1959). Der Auftrag für Gestaltung der Keramiken erging wenige Tage später (ASF 56 – 13.11.1959). Skizzen zu ihren Entwürfen wurden nicht gefunden.

[5] ASF 58 – 12.1.1960.

Bildmitte beherrscht. Die skizzierte Szene zeigt einen Bühnenaufbau, angedeutet durch herunterhängende Seile und Schnüre, der sich über der Attrappe eines gekenterten Schiffsbugs erhebt. In seitlichen Öffnungen stehen Figuren wie auf einem von seitlichen Treppen flankierten Podest, in dessen Mitte Ariadne auf einer Insel ruhen soll.[2] Beide Bilder sind in Engobetechnik[3] auf den Ton gemalt und werden von demselben breiten, vertikal gerillten Rand eingefasst. So umgeben feine Linien, über die sich tropfenförmig weiße Glasur gelegt hat, das Mittelbild. Die ungleichmäßige Verteilung der Glasur verleiht der Oberfläche eine schimmernde und lebendige Wirkung.

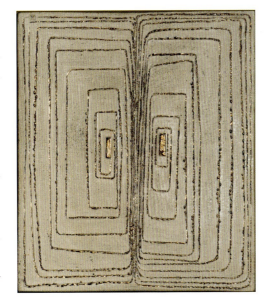

Ein markantes Merkmal der Werke ist die unterschiedliche Behandlung der Oberfläche. Hier zeigt sich Baudisch-Wittkes besonderes Können, dem Material verschiedene optische Reize zu entlocken. Während bei einigen Platten der sehr ursprüngliche, schlichte Charme des Materials dominiert, erreicht die Künstlerin bei anderen durch die variierenden Glasuren nahezu metallische Effekte. Zurückhaltendes, feines Dekor veredelte sie besonders durch die dezent eingesetzten Vergoldungen. Die vielfältigen Oberflächen erzeugen durch unterschiedliche Lichtreflexionen stimmungsvolle Bilder.

Aus der Korrespondenz Holzmeisters mit Baudisch-Wittke geht hervor, dass der Architekt offensichtlich Einfluss genommen hat.[4] Nach der Auftragsvergabe bat er die Künstlerin um ein erneutes Gespräch, um über die möglichen Motive ihrer Keramiken zu sprechen. In seinem Brief schrieb Holzmeister, dass ihm zwar „das Keramische und das Farbliche" an ihrem Entwurf gefalle, er brachte jedoch auch unterschwellige Kritik an und wertete ihre erste Umsetzung der gestellten Aufgabe *„nur als ein Muster Deines Könnens, nicht aber als eine Dekoration die von Bestand wäre und die in den immerhin gehobenen Räumen und Aufgängen für die Direktion wichtig genug wären"*.[5]

In den rechten unteren Ecken mehrerer Keramiken fällt eine feine Einritzung auf, einer Signatur gleich, die als „CH", „CU" oder „CW" gelesen werden kann. Auf anderen Keramiken findet sich unten rechts die Signatur von Baudisch-Wittke, „GBW". Inwieweit sich dadurch auf den Einfluss Holzmeisters Rückschlüsse ziehen lassen, bleibt offen. Sind diese Motive von Holzmeister, „CH", geformt und von Baudisch-Wittke ausgeführt? Der oben zitierte Brief Holzmeisters legt diese Überlegung nahe. Allerdings stellt sich die Frage, warum Baudisch-Wittke die Signatur eines anderen auf ein von ihr gefertigtes Kunstwerk setzte. War es aus eigenem Bestreben heraus, um dem alten Freund und großen Erschaffer des Hauses Ehre zu erweisen, oder tat sie es auf ausdrücklichen Wunsch? Diese zweite Signatur ähnelt jedenfalls stark den schnellen Signaturen auf einigen Zeichnungen, die sich im Archiv des Festspielhauses erhalten haben.

Annika Jeuter

---

[2] Wiesner 2006, S. 71.

[3] Engobe ist ein Überbegriff für eine dünnflüssige Tonmineralmasse, die zur Einfärbung keramischer Produkte dient, vgl. Dürre 2007.

[4] Bereits im April 1959 wurde Baudisch-Wittke neben Maria Bilger und Kurt Ohnsorg zur Anfertigung von Entwürfen für die 16 Wandkeramiken eingeladen (ASF 202 – April 1959). Bei einer Besprechung im Atelier Holzmeister mit Vertretern der BGV (Dr. Vogel) und des Ministeriums (Dr. Zimmel und Arch. Ing. Reysach) wurde die Innengestaltung besprochen sowie die Auftragsvergabe an Baudisch-Wittke beschlossen, wobei sie 4 Muster vorlegen sollte (ASF 53 – 21.10.1959). In der Folge übersandte sie einen Kostenvoranschlag an die Bundesgebäudeverwaltung, welcher „4 Keramische Wandbilder, darstellend Bühnenbilder aus Faust, Don Giovanni, Eurydike und Zauberflöte" betraf (ASF 55 – 2.11.1959). Der Auftrag für Gestaltung der Keramiken erging wenige Tage später (ASF 56 – 13.11.1959). Skizzen zu ihren Entwürfen wurden nicht gefunden.

[5] ASF 58 – 12.1.1960.

Fuge von Bach

In Ton transponierte Klänge von Arno Lehmann

Kunst im Großen Festspielhaus

„Fuge von Bach" – dieser Keramikserie von Arno Lehmann kann der Besucher im neutorseitigen Rangstiegenhaus die Stufen hinauf folgen. Sie besteht aus insgesamt 16 Kompositionen aus unglasiertem weißen Ton,[1] gleichmäßig auf die beiden gegenläufigen Stiegen verteilt, die in den Grundfarben Rot und Blau gehalten sind. Den Auftrag zu dieser Serie erhielt der Künstler 1959[2] und führte ihn unverzüglich aus – bedeutete er für ihn doch die Erfüllung des tief gehegten Wunsches, sich an der Ausstattung des Großen Festspielhauses zu beteiligen.

Erste Entwürfe entstanden bereits 1958, also nicht direkt für die neue Festspielstätte. Als Inspiration dienten Lehmann Johann Sebastian Bachs „Toccata und Fuge in d-Moll" – auf Bitten einer Arztfamilie der besonderen Akustik wegen in einem Treppenhaus der Salzburger Festung abgespielt. Lehmann, der einige Räume der Festung bewohnte, war selbst ein großer Bach-Verehrer und begann, beflügelt vom Hörerlebnis, mit Kohle und brauner Kreide eine Reihe von Entwürfen zu Papier zu bringen, wobei er als ein „Seismograph" für die Musik fungierte.[3] Eins zu eins setzte Lehmann diese schnellen Skizzen nicht um; die Zeichnungen sind vom Empfinden her noch viel näher am unmittelbaren Hörerlebnis.[4] Aber bestimmte Motive sind zu erkennen, die auch bei den ausgeführten Keramiken auftauchen, etwa der für die Fuge typische Versatz. Teils scheinen die fertigen Keramiken auch direkt von Bachs Partitur inspiriert, also eher in Nacharbeit mit dem Notenblatt vor Augen. Abgesehen von der Musik Bachs ließ Lehmann sich auch von den für ihn und seine Kunst so wichtigen chinesischen Schriftzeichen anregen und vermittelte zusätzlich noch das „Steigen, Fallen, Lagern",[5] sein Prinzip der drei Grundkräfte, die allem innewohnen.[6]

Die Entwürfe mit den energisch ausgeführten Strichen und Schattierungen übersetzte Lehmann in Plastiken. Im Vorbeigehen wirken sie unscheinbar, doch offenbaren sie ihre Qualität bei genauerer Betrachtung. Sie präsentieren sich sehr klar und scharfkantig, mit einer Oberfläche, die auf den ersten Blick glatt, aber nicht poliert wirkt, auf den zweiten Blick jedoch von unzähligen Furchen übersät ist. Die durch ein Spezialbrennverfahren[7] entstandenen Vertiefungen und Verfärbungen erwecken den Eindruck, als wären die Keramiken nicht aus einer weichen Masse geformt, sondern aus hellem Stein herausgeschnitten. Die überaus akkuraten Formen und die vom Zufall beeinflusste Oberfläche bilden einen spannenden Kontrast. Für die Erprobung seines Konzeptes ließ sich Lehmann Farbmuster aus dem Festspielhaus zukommen und errichtete in seinem Atelier ein Modell eines Stiegenhausabschnitts im Maßstab 1:1.[8] Ergebnis dieser Arbeit sind die 16 Kleinplastiken, die mit einem großen Formen-

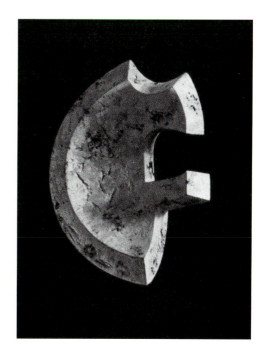

---

[1] Kaindl-Hönig 1983, S. 120.
[2] ASF 52 – 17.9.1959, S. 1–2.
[3] Kaindl-Hönig 1983, S. 110.
[4] Kaindl-Hönig 1983, S. 113, Abb. 273–278, S. 158.
[5] Kaindl-Hönig 1983, S. 106.
[6] Kaindl-Hönig 1983, S. 120.
[7] ASF 54 – 28.10.1959.
[8] Ebd.

repertoire aufwarten: sanft gerundet, gebogen, kantig, konvex und konkav, auf Dreieck und Kreis aufbauend, Kugeln, Zylinder, Scheiben und Schalen. An dünnen Stegen befestigt schweben die einzelnen Teile quasi vor der Wand. Einst mit Bedacht an den Wänden des Stiegenhauses arrangiert, zeigen sich einige der Kompositionen heute allerdings in beklagenswertem Zustand, da einige Elemente in ihren Positionen verändert wurden oder teilweise ganz abhandengekommen sind. Die Plastiken sind jeweils an der inneren Wandseite angebracht, meist zwei an einem Wandabschnitt, dazwischen jedoch auch hin und wieder nur eine vereinzelte. Man erfährt sie in ihrer Gesamtheit nur im Vorbeigehen, muss um Ecken schauen und sich bewegen, um den nächsten Teil der Reihe zu finden und die für die Fuge typischen Motivwiederholungen[9] zu entdecken.

Beginnt man die Betrachtung von unten aufsteigend im Rot gehaltenen Stiegenlauf, muss man gleich zu Beginn Beschädigungen registrieren. Einzelne Elemente sind verdreht, andere fehlen. Erst beim zweiten Objekt lässt sich trotz eines feh-

Der Zustand heute und einst im Vergleich. Verluste und falsche Montagen nach Abnahme lassen nur noch ein Echo von Lehmanns „Fuge" erleben.

---

[9] Fuge ist ein „selbständiger Typus kontrapunktischer Satztechnik, eine geschlossene Form, der als Gestaltungsprinzip die imitatorische Durchführung eines zentralen musikalischen Gedankens (Soggetto, Subjekt, Thema) zugrundeliegt". Die beiden Erscheinungsformen des Themas werden als Dux (Führer, das Thema) und Comes (Gefährte, die Beantwortung des Themas) bezeichnet, vgl. Platen 2016 (Website).

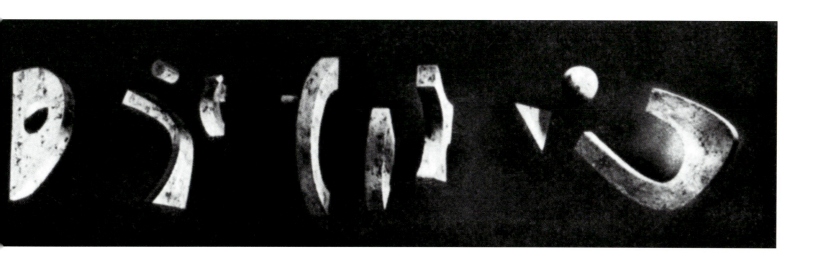

lenden Stückes das Fugenmotiv mit Dux und Comes festmachen, welches sich auch im späteren Verlauf wiederholt. Im Weitergehen trifft man auf eine aus der Wand brechende Note, durch einen Spannungsbogen heute mit nichts mehr verbunden, gefolgt von einer Form wie einem Stein gewordenen Dreiklang. Nach einem zweiten, einzeln gehängten und weicher geformten Fugenmotiv kragt ein Bogen eigentümlich aus der Wand, darüber ein schwebender Punkt, vielleicht Teile einer Fermate,[10] die einander suchen, um ihren Zweck wieder zu erfüllen? Den Abschluss der Reihe auf rotem Grund bildet ganz oben eine Schale, aus welcher Lehmann rechts einiges herausgeschnitten hat, sodass nur zwei kantige Ecken übrig geblieben sind.

Auch im blauen Stiegenlauf entwickelt sich Lehmanns „Fuge von Bach" von unten nach oben, da er die Keramiken tendenziell für diese Blickrichtung komponierte. Bei dem ersten Objekt lässt sich gedanklich sinnvoll eine zweite Kugel auf dem leeren Steg ergänzen, womit man hier wahlweise einen umgekippten Spannungsbogen oder vielleicht auch ein verschmelzendes Fugenmotiv sehen kann. Einige Stufen weiter schwingen gebogene Formen aus der Wand heraus oder in sie hinein, wobei sie sich wie ineinandergreifende Themen ergänzen. Isoliert hängt ein spannungsreiches Gebilde: Jeden Moment könnte der Zylinder vom Bogen herabrollen, jeden Moment könnte man zur Auflösung des Stückes gelangen. Doch ganz so weit ist es noch nicht. An der nächsten Wand wird das Thema quasi „abgefangen", ganz sinnbildlich durch zwei Kompositionen mit schalenartigen Vertiefungen. Eine weitere einzeln gehängte Keramik greift sowohl dieses Motiv des Auffangens als auch die ineinander verschränkte Verdoppelung der Fuge aus dem roten Teil wieder auf. Direkt darauf begegnet man zwei Bogenformen mit Auskragungen, die doch sehr an die Notenbögen bei Bach erinnern. Zuletzt noch zwei Schalen, die wie Schallwellen von einer letzten Note ausklingen, die aber gleichzeitig alle Stränge wieder einfangen.

Die „Fuge von Bach" muss als letztes großes Werk eines Künstlers gesehen werden, der gegen Ende seines Lebens unter finanziellen und gesundheitlichen Problemen litt und für den der Festspielauftrag sicher auch ein Rettungsanker war.[11] Obgleich viele Besucher die Plastiken wohl nur im Vorbeigehen flüchtig wahrnehmen, kann man eine großartige Leistung Arno Lehmanns nicht bestreiten: Er hat es geschafft, Musik im Klingen einzufangen und diesen akustischen Momentaufnahmen einen Körper zu geben. Seine Arbeit bestand darin, dem Gehörten nachzufühlen und ihm ein Aussehen zu verleihen. Die des Betrachters ist es, wie beim Hören eines Konzertes, sich nicht nur an den einzelnen Motiven zu erfreuen, sondern sie im Kopf zu einem Ganzen zusammenzufügen. Durch die Hängung in großzügigen Abständen ist das nicht ganz leicht, wagt man jedoch den Versuch, kann man selbst diesen Variationen folgen und so erst in den wirklichen Genuss des ganzes Kunstwerkes kommen.

Gudrun Ball

---

[10] Fermate (Pause) bezeichnet „eine gemessene Zeitspanne ohne klangliche Füllung am Anfang, im Verlauf und am Ende eines Musikstückes", Finscher 2016 (Website).
[11] Kaindl-Hönig 1983, S. 120–122.

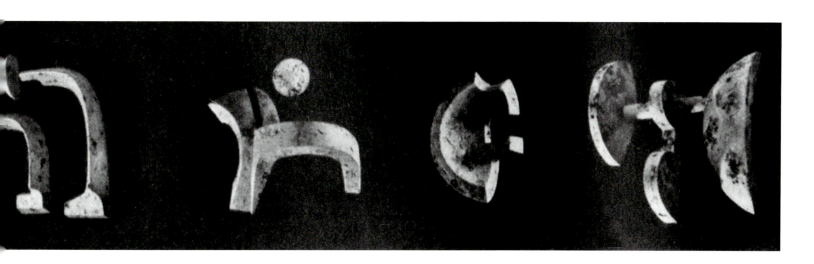

Haupt- und Logenfoyer

Flanieren zwischen Kunstwerken

Kunst im Großen Festspielhaus

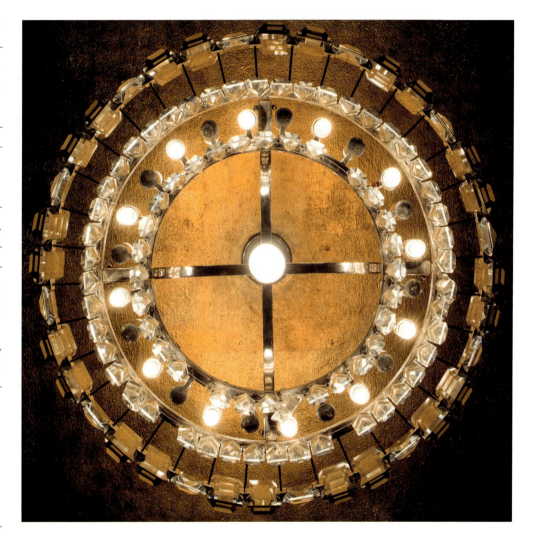

Die großzügige, einladende Weite und die facettenreiche Verwendung des Materials Stein prägen als dominierende Elemente die Empfangshalle. Mosaike am Boden und an den Wänden, großvolumige Skulpturen und Säulen sind steinerne Referenzen an eine glanzvolle Zeit in Salzburg. Programmatisch und repräsentativ wird damit gleich am Eingang des neuen Festspielhauses die hohe Salzburger Kultur der Vergangenheit heraufbeschworen. Ein völlig anderes Raum- und Ausstattungskonzept erwartet dagegen den Besucher des Haupt- und Logenfoyers im ersten Obergeschoss direkt über der Eingangshalle. Die ruhige, fast intime Atmosphäre des Raumes hilft dem Gast, Hektik, Betriebsamkeit und Lärm hinter sich zu lassen und sich auf das Konzert- oder Opernerlebnis einzustimmen. Diese feierliche Ruhe und elegant-anregende Gelassenheit vermitteln vor allem die organischen, weichen Materialien Holz und Textil. Fein aufeinander abgestimmte Pastelltöne der Wände, der Holzpaneele und des Teppichbodens lassen das Foyer mit der Fensterreihe zur Hofstallgasse förmlich schweben. Im „Piano Nobile" eröffnet sich ein großartiger Blick auf die Silhouette der Stadt und hinunter auf den erweiterten Vorplatz, der wie auf einer Vorbühne das alljährliche Schauspiel der Festspiel-Auffahrt darbietet. Am Abend entsteht durch das vom Blattgold der Deckentonne gespiegelte Licht der Kristallluster und der Wandleuchten aus Muranoglas ein festliches Gepräge. Die Fenster werden optisch durch die Verspiegelung der Laibungen vergrößert. An den Wänden hängen großformatige, nach Entwürfen bedeutender österreichischer Maler gewebte Gobelins. Sie sind heute schon etwas vergilbt, trotzdem ist die ursprünglich üppige Farbigkeit der Bilder aus tausenden bunten Fäden noch deutlich erkennbar. Hier trifft sich die bildnerische Kunst mit einer bis ins Detail perfekten kunsthandwerklichen Ausführung, die von der Teppichwebe bis zum lederüberzogenen Handlauf des Treppengeländers und von der Golddecke bis zu den intarsierten Nussholzpaneelen reicht.

Rudolf Plaichinger

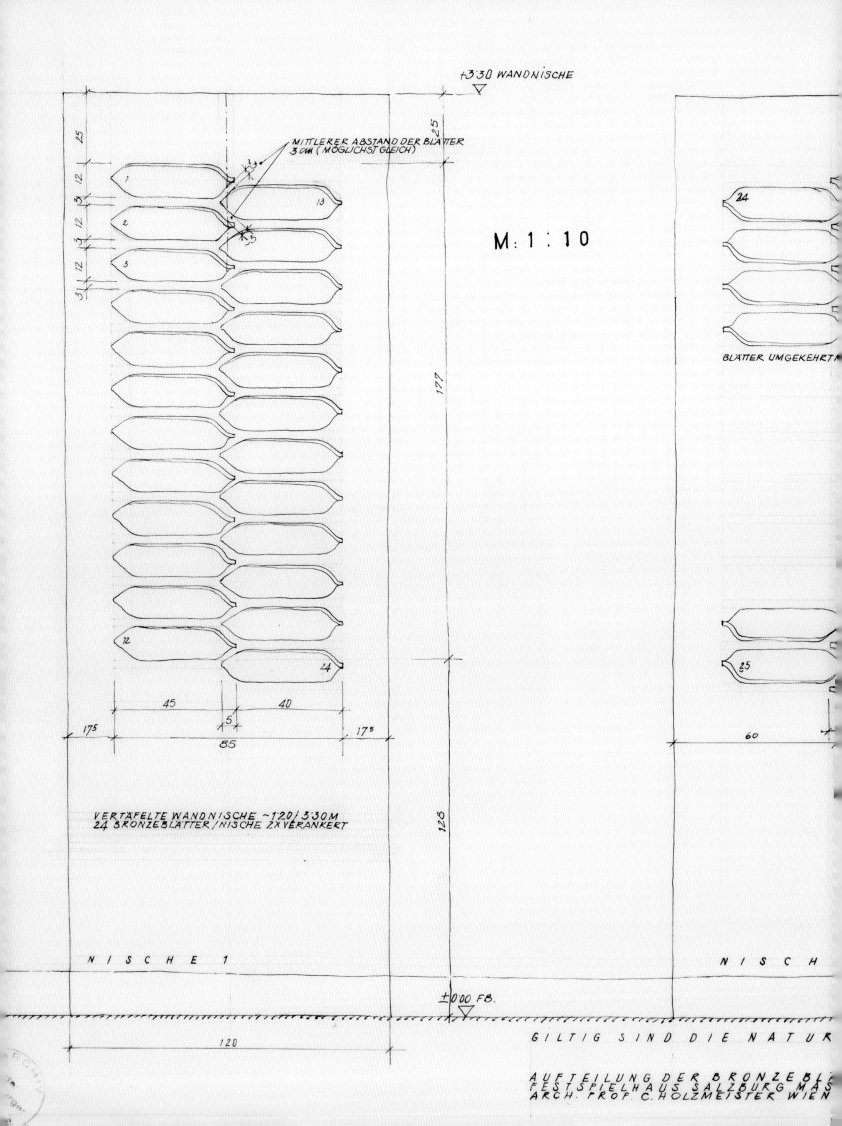

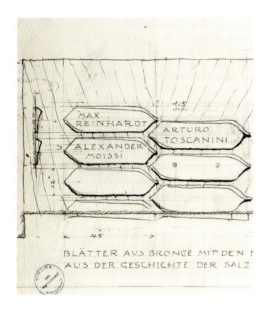

Die Bronzeblätter waren dazu gedacht, die Namen bedeutender, für die Salzburger Festspiele wichtiger Persönlichkeiten aufzunehmen. Dabei dachte man nicht nur an die Gegenwart. Drei Blätter im Entwurf tragen die Namen: Max Reinhardt, Arturo Toscanini und Alexander Moissi. Zur Ausführung gelangte die Idee nicht. Die Blätter blieben unbeschrieben.

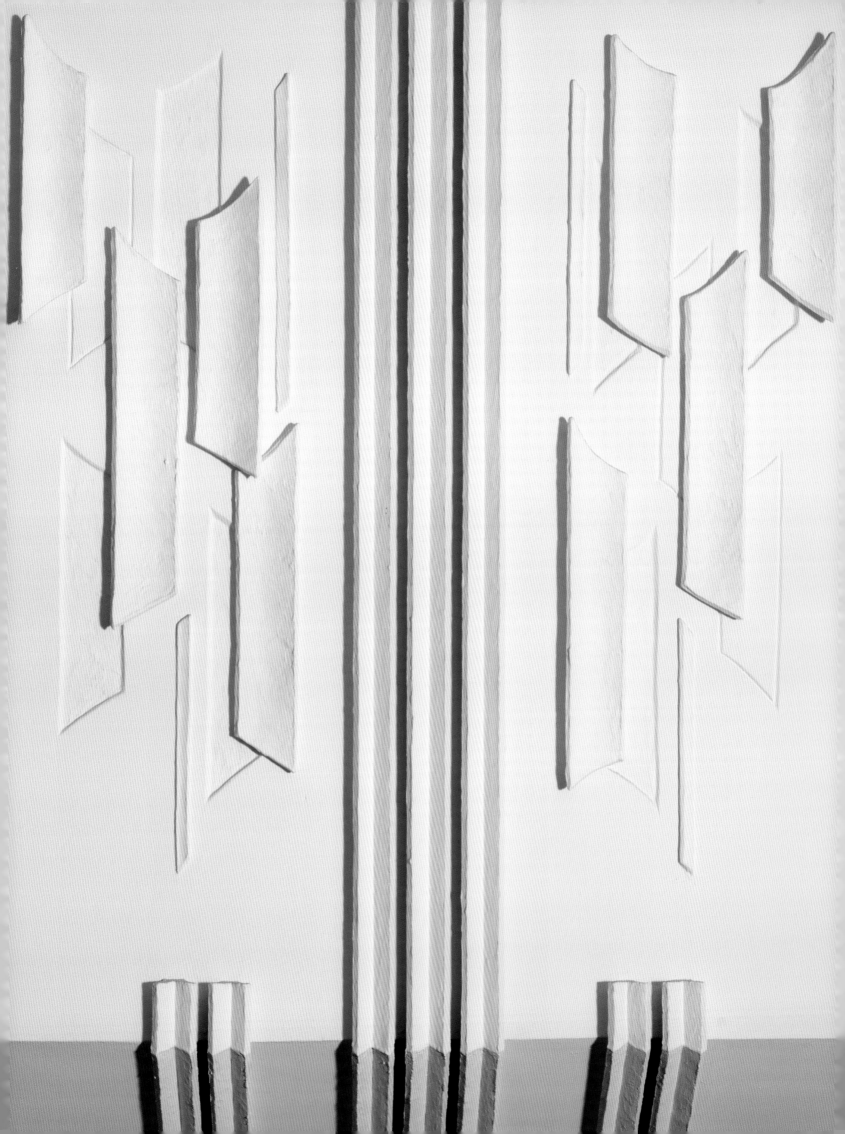

Stuckreliefs

Zurückhaltende Dynamik von Hilda Schmid-Jesser

Es ist bemerkenswert, wie die Künstlerin die Illusion von Tiefe und Bewegtheit im Relief erschuf. Der Material- und Farbwechsel von Holz zu Stuck verhilft dem Stiegenlauf zu mehr Weite und Leichtigkeit.

Nicht weniger wohl überlegt als die Auswahl der Kunstwerke erfolgte deren Inszenierung in den verschiedenen Räumen des neuen Festspielhauses. Einige Werke sind so ausgerichtet, dass sie den Betrachter beim Betreten des Hauses empfangen wie zum Beispiel die Skulpturen von Wander Bertoni im Eingangsfoyer. Andere erschließen sich beim Durchschreiten beziehungsweise Verweilen wie die Steinreliefs von Leinfellner, wieder andere entfalten ihre Wirkung beim Verlassen des Hauses oder der Geschosse. Hierzu gehören die Stuckreliefs von Hilda Schmid-Jesser.

Die hochrechteckigen, weiß auf weiß gestalteten, 1,30 x 2,20 m großen Gipsplatten sind mittig an der Wand oberhalb der Logenstiegen verortet[1] und fallen beim Hinaufschreiten über die Stiegen kaum auf. Für diese schwierige Situation musste

---

[1] ASF 48 – 31.8.1959.

die Künstlerin ebenso eine Lösung finden wie für die Berücksichtigung der Sicherheitsmaßnahmen. Unterhalb des Stuckdekors waren den Plänen zufolge Notleuchten vorgesehen. Die beiden Leuchten mit ihrer Betonung der Mittelachse integrierte Hilda Schmid-Jesser bewusst als direkten Abschluss unterhalb der Stuckplastik. Vor allem aber stellte sie sich auf die räumliche Situation ein und verstand es, die Reliefs so zu gestalten, dass sie ihre volle Wirkung erst entfalten, wenn man sich ihnen nähert, um die Stiege hinabzuschreiten.

Die vom Rangfoyer aus gesehen über der rechten Treppe, auf der Neutorseite, befindliche Plastik bildet im Gegensatz zu ihrem Pendant an der anderen Treppe zusätzlich eine weitere Schräge, parallel zur Neigung der Stiege aus. Drei V-förmige, aufgesetzte Leisten betonen hier durchgängig die Mittelachse, die in der Schräge von je zwei weiteren gleichen Leisten beidseitig flankiert wird, welche nach einem kurzen Knick zur Senkrechte enden. Mit diesem Motiv beschäftigte die Künstlerin sich schon in früheren keramischen Arbeiten, in ihren Schalen und Vasen. Es rührt von der Idee her, die Kante einer Ecke nach innen zu stülpen.

Auf dem neutorseitigen Relief formte Schmid-Jesser zu beiden Seiten der Mittelachse ähnlich gestaltete Gebilde, die sich aber in ihrer Anordnung unterscheiden. Wie bei einem Mobile, an Fäden aufgehängt, finden sich an Keramikschalen erinnernde Formen, welche in abwechselnden Ebenen und Höhen kreisförmig, dem Anschein nach schwebend gruppiert sind. Auf der gegenüberliegenden Logenstiege kehrte Schmid-Jesser die Betonung nun um. Je zwei V-Leisten begrenzen die gesamte Platte an den Rändern, während vier sehr kurze V-Leisten die Mittelachse an der unteren Kante nur leicht akzentuieren. Oberhalb ant-

worten wieder dieselben Formen in ähnlicher Anordnung. Diesmal aber applizierte die Künstlerin die konisch zulaufenden, gebogenen Elemente in verschieden großen Abstufungen zentral auf zwei Ebenen übereinander. Diese Lösung erzeugt den Anschein von Tiefe und von der Anordnung der Formen um ein imaginäres Zentrum im Bild. Blickt man beim Hinabschreiten der Treppe hinauf zu den Reliefs, entsteht der Eindruck von dynamischer Bewegtheit, als ob ein Mobile eben angefangen hätte sich zu drehen.

Die Künstlerin selbst ist heute weniger bekannt als die von ihr ausgeführten prominenten Gestaltungsaufträge, wie die Logenbrüstungen für die Wiener Staatsoper 1954/55, der Stuckdekor im Zuschauer- und Pausenraum im Wiener Burgtheater oder die Pausenräume im Theater an der Wien (1962).[2] Der Auftrag für die Ausgestaltung der beiden Hauptstiegen in Salzburg mit je einem Stuckrelief erging am 16. Juli 1959.[3] So wie viele bei der Ausstattung des Neuen Festspielhauses beteiligten Künstler, entstammte auch Schmid-Jesser dem Dunstkreis des Architekten und war ähnlichen Traditionen, Netzwerken und Kollegen verbunden.[4]

In der Ausführung der Stuckarbeiten konnte sich Hilda Schmid-Jesser auf ihre persönliche Formensprache konzentrieren. Zieht man ihre Arbeiten aus der Staatsoper oder dem Burgtheater zum Vergleich heran, so hat Schmid-Jesser dort fast handwerklich gearbeitet und ein dekorativer, symbolhafter und für Jedermann leicht erkennbarer Charakter stand im Vordergrund. Nicht so in Salzburg, hier steht die künstlerische Komposition, geprägt von der Künstlerpersönlichkeit, im Zentrum.

Jakob Reitinger

---

[2] Wiesner 2006, S. 81–82.
[3] ASF 39 – 27.7.1959 mit Bezug auf die Nachschickung des Briefes vom 16.7. zur Auftragsvergabe. Zu bemerken ist, dass Holzmeister bereits mehrmals mit Schmid-Jesser gearbeitet hatte und ihm offensichtlich an der Vergabe eines Auftrags an sie gelegen war.
[4] Skrypzak 2003, S. 71.

Goldene Decke

Das Juwel im Logenfoyer von Franz und Ursula Mair

Kunst im Großen Festspielhaus

Als eine besondere Attraktion des Großen Festspielhauses erwies sich schon bald nach Eröffnung des Baus das tonnenförmige, vergoldete Decken-Kompartiment im Haupt- und Logenfoyer. Den Auftrag für die Tonne konnte sich der Salzburger Kirchenmaler und Vergolder Franz Mair mit seiner Firma sichern, weil sein Anbot ein klein wenig unter dem der etwa zehn Mitbewerber lag. Mair waren kurz zuvor schon die Vergoldungen im großen Saal an der Decke und an der Unterkante der Balkonbrüstung zur vollen Zufriedenheit Clemens Holzmeisters gelungen. Als Mair zusammen mit seiner damals 17-jährigen Tochter Ursula im Februar 1960 diese handwerklich hoch anspruchsvollen Arbeiten ausführte, fehlten dem Rohbau noch die Fenster. Unter größter Anstrengung und trotz kalter Zugluft war die Arbeit zu bewerkstelligen. Eine Überziehung der durch den Architekten auferlegten Frist von nur 28 Tagen für die komplette Ausführung war für Vater und Tochter Mair undenkbar, hätte sie doch eine hohe Pönale nach sich gezogen. Nur durch ein tägliches Arbeitspensum von etwa 18 Stunden an sieben Tagen in der Woche konnten die beiden den Auftrag trotz der besonderen technischen Herausforderungen in 26 Tagen fertigstellen. Wie Ursula Mair sich erinnert,[1] war Holzmeister selbst dauerhaft auf der Baustelle präsent, meist in Begleitung von 30 bis 50 Personen, um lebhaft den Fortgang der Bauarbeiten zu erläutern. Seine freundlichen, aufmunternden Worte bei jeder Begegnung mit den Vergoldern ließen diese die Mühsal leichter ertragen. Alle Beteiligten empfanden die Möglichkeit, an diesem prestigeträchtigen Projekt mitarbeiten zu dürfen, als besondere Auszeichnung und zogen daraus einen Gutteil ihrer Motivation, auch widrigen Umständen zu trotzen. Dem ersten Blick verborgene technische Finessen der Deckenkonstruktion erschließen sich erst durch die Kenntnis des Entstehungsprozesses. Die zuerst in Gipsputz ausgeführte Tonne wies an der Fensterseite zwischen Decke und Wölbung einen Lüftungsschlitz auf. Um eine optische Symmetrie zu erzielen, bekam dieser Übergang an der gegenüberliegenden Seite einen dezenten, schwarzen Anstrich. Der dadurch entstandene kleine Absatz zwischen Hohlkehle und Decke bildet ein reizvolles gestalterisches Element und lässt die Golddecke leicht schweben. Den Untergrund bestrich man vor dem Auftragen der zarten Goldblättchen zwei Mal mit Dispersionsmilch und drei Mal wurde er „geschellackt". Ihren besonderen Glanz, der bis heute erhalten blieb und bislang auch keinen Restaurierungsbedarf zeigt, verdankt die Decke diesem speziellen Verfahren und der Sorgfalt der Ausführenden. Als Kleber fand nicht die sonst übliche Vergoldermilch Verwendung, sondern das weniger zähe Mixtion. Es musste nach dem Auftragen etwa sechs Stunden trocknen, bevor die Goldblättchen aufgetragen werden konnten. Äußerst heikel gestaltete sich der Transport der Blättchen in der herrschenden Zugluft. Es forderte das ganze Geschick der Akteure, sie von dem Buch, in dem Vergolder sie aufbewahren, erst auf ein gepolstertes Brettchen, dann auf einen fächerförmigen Pinsel und von dort an die Decke zu befördern. Durch eine Beschädigung der einzelnen hauchdünnen Teilchen auf diesem Wege wäre eine irreparable Störung des Gesamteindrucks des Werkes entstanden. Zentimeter um Zentimeter schritt die Arbeit so voran. Ein extra hergestelltes, fahrbares Gerüst mit Kugellagern, das auch Ursula Mair allein bewegen konnte, machte die ständig nötigen Platzwechsel möglich. Mit dem Einbau der Fenster nach etwa der Hälfte der Arbeitsperiode konnte das Arbeitstempo erheblich gesteigert werden. Das Aufbringen von 4000 Blättchen pro Tag wurde nun möglich. Im Sinne einer Kostenminimierung war bei allem Zeit- und Leistungsdruck zusätzlich noch darauf zu achten, dass der Übertritt an den Kanten der Einzelblätter so gering wie möglich ausfiel. Die Präzision ihrer Arbeitsweise hielt die Materialkosten außerordentlich gering.

Nach wie vor erfreut die meisterliche Bewältigung ihrer Aufgabe durch Franz und Ursula Mair viele Besucher des Großen Festspielhauses. Mit seiner Idee zur Gestaltung der Decke gelang es Holzmeister, aus der Not eines durch den beschränkten Bauplatz notgedrungen extrem schmal gehaltenen Foyers die Tugend eines goldbekrönten Wandelganges zu erschaffen.

Doris Huber

---

[1] Das Gespräch mit Ursula Mair führte die Autorin am 11. März 2015 in Salzburg.

Amor und Psyche

Sinnliches Fadenspiel nach Oskar Kokoschka

Kunst im Großen Festspielhaus

Seit Eröffnung des Großen Festspielhauses ziert ein nach der Vorlage von Oskar Kokoschkas Gemälde „Amor und Psyche" von der Wiener Gobelinmanufaktur gewebter Bildteppich[1] die Mittelwand des Hauptfoyers. Nur an einigen Stellen lässt der heute schon sehr verblasste Gobelin die einstige Farbenvielfalt noch erkennen. Die Vorgeschichte zu diesem Bildteppich begann bereits 1950, als Anton Graf Seilern bei Kokoschka ein Deckengemälde für sein Londoner Stadtpalais bestellte. Dieser Auftrag bot Kokoschka die Möglichkeit, das durch den Zweiten Weltkrieg und den Kalten Krieg verursachte leidvolle Schicksal dieser Zeit künstlerisch zu interpretieren, es ins Bewusstsein zu rücken und gleichzeitig auch seine Position als Künstler im Verhältnis zur damaligen Gegenwartskunst darzulegen. Der Künstler, der sich als Europäer der Antike verpflichtet fühlte, thematisierte in dem monumental angelegten Triptychon die Folgen der Hybris eines unangemessenen und aus seiner Sicht vor allem in der Kunst nicht dem europäischen Selbstverständnis entsprechenden Fortschritts. Sein Sinnbild für diese Fehlentwicklung fand er titelgebend für das ganze Werk in der Figur des Prometheus.[2] Die ursprünglich als Einzelbild konzipierte Mitteltafel „Apokalypse" erhielt als rechten Seitenteil die Tafel „Prometheus". Links sollte „Amor und Psyche" als Bildsujet dazu kommen, wurde aber aus Gründen der inhaltlichen Schlüssigkeit durch „Hades und Persephone" ersetzt.[3] Die Bildidee „Amor und Psyche" behielt Kokoschka jedoch bei und verarbeitete sie 1955 zu einem eigenständigen Gemälde.[4]

Als literarische Vorlage für „Amor und Psyche" diente eine Episode aus dem gleichnamigen Märchen des Apuleius, die in der Rahmenerzählung „Der goldene Esel" enthalten ist und im 2. Jh. n. Chr. entstand. Einzelne Szenen dieser Geschichte erfreuten sich in der Bildenden Kunst seit der Renaissance bis zur Moderne als Inspirationsquellen großer Beliebtheit. Kokoschka wählte als Bildthema jene verhängnisvolle Szene, in der Psyche im Schein ihrer Öllampe erstmals ihren schlafenden Gatten, der sie nur nachts aufsuchte und sich nicht zu erkennen gab, erblickt. Überrascht und entzückt von der anmutigen Schönheit ihres göttlichen Gatten Amor entfällt ihr das Messer, mit dem sie ihn, das vermeintliche Ungeheuer, eben noch töten wollte. Ein verschütteter Tropfen heißen Öls aus ihrer Lampe verletzt Amor, der aus seinem Schlaf erwacht, Psyche verstößt und entflieht. Die Szene spielt im Schlafgemach, das sich zwischen den Säulen und Draperien zur nächtlichen Landschaft und zum Sternenhimmel öffnet. Abweichend zur literarischen Vorlage nahm Kokoschka die missgünstigen Schwestern, die Psyche gegen ihren Ehemann aufgehetzt hatten, hinein ins Bild und versteckte sie als Verursacherinnen des Unheils hinter einer Säule. Das Märchen setzt mit den Prüfungen fort, die Psyche durchzustehen hatte, um ihren Gatten wiederzugewinnen und den Segen der Götter zur Heirat zu erlangen. Mit dem Entwurf der Bordüre[5] als Rahmung für das in den Gobelin übersetzte Gemälde steigerte Kokoschka die Wirkung der kulissenartig-antikischen Architektur der Szene zu einer Bühne. Zusammen mit den Motiven dieses Rahmens und vor allem durch die tragische und komische Maske wird die Bestimmung des Bildteppichs für ein Schauspiel- oder Opernhaus, wie es das neue Große Festspielhaus in Salzburg ist, offensichtlich.[6] Der Abstimmung auf die Dimensionen der verfügbaren Wandfläche fiel allerdings die obere Bordüre durch die Reduktion auf ein schmales Mäanderband zum Opfer. Der Rahmenteil besteht aus einem

---

[1] Mit Bordüre 280 × 305 cm, spiegelverkehrte Flachwebe durch die Wiener Gobelin-Manufaktur.
[2] Spielmann 2003, S. 380 u. 381.
[3] Spielmann 2003, S. 382.
[4] Amor und Psyche, Tempera auf Leinwand, 238 × 233 cm, fertiggestellt 1955 als eigenständiges Gemälde in Villeneuve am Genfer See, derzeit im Besitz des Bank Austria Kunstforums, Wien, Inv. Nr.: 1090300.
[5] Eine stark vergilbte Fotografie davon befindet sich bei Franz Eder (Galerie Welz), Salzburg. Die von Herrn Eder freundlicherweise zur Verfügung gestellte vergrößerte Fotokopie zeigt gut lesbar Kokoschkas handschriftliche Vermerke „frame for tapestry, Amor and Psyche, OK, 55, Villeneuve".
[6] Demus 1961.

dreiteiligen Bildfeld. Tierische Fruchtbarkeitssymbole und Amoretten, die Pfeile auf eine Venusstatue schießen, fügen sich in den Themenkreis von „Amor und Psyche". Die seitlichen Bordürenteile gliederte Kokoschka in je vier unterschiedlich hohe Bildfelder, die Bezüge zum antiken Theater herstellen: Zwei Theatermasken verkörpern als Komödie und Tragödie das griechische Drama, Schwäne stehen mythologisch in Beziehung zu Jupiter und Venus. Die beiden unteren Felder ergänzen die Hauptszene. Rechts sitzt Venus, in deren Gewalt Psyche geriet, links holt die Verstoßene im Auftrag der Schönheitsgöttin aus der Unterwelt die Dose mit der Schönheitssalbe der Proserpina.

Das ursprüngliche Bildmotiv der oberen Randbordüre verarbeitete Kokoschka zum eigenständigen Gemälde „Männliche Chimäre und Sonne, weibliche Chimäre und Mond" weiter.[7] Es hängt heute zusammen mit dem gleichgroßen, spiegelbildlich gewebten Bildteppich[8] im neutorseitigen Teil des Hauptfoyers. Dargestellt sind zwei einander zugewandte Chimären, die ein ionisches Kapitell voneinander trennt. Diese feuerspeienden Mischwesen der griechischen Mythologie mit Löwenkopf, Ziegenkörper und Drachenschwanz verkörpern den Bereich des Dunklen, Triebhaften.[9] Links blickt ein weibliches, vollmondig-kahles Haupt auf einem Löwenkörper vor einem sphärisch wirkenden Hintergrund auf den Betrachter. Es scheint auf die gestisch auffallenden Gebärden der rechten fischartigen, geflügelten Gestalt zu hören. Das Gesicht dieses sonnenumstrahlten, gekrönten und die unzählig vielen feinen und farbigen Pinselstriche im Gemälde Kokoschkas durch ein exaktes Nebeneinandersetzen feinster Farbpigmente zum Ausdruck gebracht werden. Allein die Erstellung des Kartons durch den akademischen Maler Hans Jörg Vogel, der auch die Kartons für die Bordüre und den Bildteppich „Männliche Chimäre und Sonne, weibliche Chimäre und Mond" herstellte, erforderte wegen der aufwändigen Übertragung der Bildvorlage auf den Raster der

Hauptes trägt die Züge Kokoschkas selbst. Damit schließt sich der Kreis zum linken Flügel des Prometheus-Triptychons, wo Kokoschka als gekrönter Hades auftritt. Aufgrund seiner aufwändigen Herstellung gilt der Gobelin „Amor und Psyche"[10] als Paradebeispiel der österreichischen Textilkunst. Die hohe Qualität der künstlerischen und technischen Umsetzung der Bildvorlage Kokoschkas durch die Wiener Gobelin-Manufaktur[11] erkannte und würdigte man bereits damals als einen Höhepunkt der modernen Webkunst und zeichnete sie auf der Brüsseler Weltausstellung 1958 mit dem Grand Prix aus. So wie das Gemälde sollte auch der Wandteppich in seiner Farbenvielfalt prangen. Zur bildgetreuen Wiedergabe[12] mussten das Expressive der Farben, die plastische Wirkung des sehr pastosen Farbauftrags

Webvorlage zwei Jahre. Die Seiden- und Wollfäden wurden mit fünf Kettfäden auf einen Zentimeter Breite sehr engmaschig gewebt. Gerade diese Qualitäten waren dem durch die Wiener Gewerbeschule geprägten und kunsthandwerklich versierten Oskar Kokoschka ein großes Anliegen.[13] Am 17. Dezember 1958 schrieb er an den Landeshauptmann und freute sich seinen Gobelin *„in einem besonders dafür von Professor Holzmeister komponierten Raum im Neuen Festspielhaus würdig untergebracht [zu] wissen. Spätere Zeiten werden zu würdigen wissen, daß man in Salzburg solch ein Prunkstück ermöglichte, wie es vielleicht nur in den großen Zeiten Österreichs in den brabantischen Landen geschaffen werden konnte."*[14]

Rudolf Plaichinger

---

[7] Oskar Kokoschka, Männliche Chimäre und Sonne, weibliche Chimäre und Mond, 1955, 129 x 294 cm, Tempera und Pastellkreide auf Packpapier.
[8] Gewebter Bildteppich nach Oskar Kokoschka, Männliche Chimäre und Sonne, weibliche Chimäre und Mond, Sign. WGM (= Wiener Gobelinmanufaktur?) 1956/57, 130 x 300 cm.
[9] Becker 1992, S. 52.
[10] Das Gemälde wurde 1956/57 zwei Mal als Bildteppich ausgeführt.
[11] Gallian 1996, S. 85–87.
[12] Durch die Flachwebtechnik erscheint der Bildteppich spiegelverkehrt zum Gemälde.
[13] ASF Presseordner Gerhard Schön, Kunst am Festspielbau. Österreichische Malerei und Plastik von heute in Salzburg, in: Rheinische Post, Düsseldorf, 15.8.1960: „Dazu muss man freilich wissen, daß Kokoschka an fünfzehn alte Damen der Wiener Gobelinmanufaktur, die das Pastellgemälde zu übertragen hatten, das unerhörte und in aller Welt wohl nur durch sie zu erfüllende Ansinnen gestellt hat, allein in der Nicht-Farbe Weiß ganze fünfzehn Nuancen aufzuspüren. Ein Lucat, der sich viel darauf zugute hält, das Farbspektrum in den Manufakturen von Aubusson auf die Zahl der Planeten zurückgeführt zu haben, dürfte ob solch eines Ansinnens die Hände über dem Kopf zusammenschlagen, Kokoschka pariert, er fühle und wisse sich verpflichtet, in einer Kunstepoche reduzierter Formen und Farben, wann und wo immer es anginge, farbsinnliche Differenziertheit und die damit verbundene handwerksmeisterliche Kompliziertheit zu verteidigen."
[14] ASF 221 – 17.12.1958.

Sphärenklänge

Der Kosmos des Künstlers Herbert Boeckl

Kunst im Großen Festspielhaus

Es ist ein unruhiger und beunruhigender Kosmos, den Herbert Boeckl nach seinen Entwürfen weben ließ: links drei künstlich anmutende Wesen, miteinander verbunden, doch instabil, als würden sie um den roten Kreis rotieren, der eine sonderbare Kreatur markiert. Die Minen maskenhaft und ernst, fast bestürzt. Nichts scheint sicher. Könnte die mittlere Figur nicht auch eine Büste auf einem Sockel sein? Und ist der Liegende eine Art „manichino", wie er in Gemälden Giorgio de Chiricos vorkommt? Ein Ritter? Ein Weltraumfahrer, wie ein Kritiker 1960 vermutete?[1] Wird er von dem Tier daran gehindert sich zu erheben? Nur auf den ersten Blick wirkt die rechte Seite zugänglicher, da zumindest die Motive einfacher zu benennen sind: der Doppeladler, der in seinen Fängen rechts ein Szepter und links die Büste eines Habsburgers hält. Hinter ihm erhebt sich eine Säule, deren Kapitell wie ein Käfig wirkt. Hockte dort der Adler, über dem die Zeiger einer Uhr an die Zeit erinnern, ohne sie anzuzeigen? Ein großer Kreis, Sinnbild für die Welt und das Universum,[2] federt die Zäsur zwischen den zwei Motivbereichen des Gobelins ab. Ihn begleiten viele kleinere Kreise wie Gestirne einen Planeten. Der Gobelin dürfte seinen Titel dieser Konstellation der Kreise verdanken: Sphärenklänge. Auf den antiken Philosophen Pythagoras geht die Vorstellung zurück, dass die Bewegung der Himmelsgestirne eine überirdische, für menschliche Ohren nicht hörbare Sphärenmusik erzeugt. Allerdings gibt es keine Belege dafür, dass der Titel auf Boeckl selbst zurückgeht, und angesichts der unruhigen und beunruhigenden Gesamtwirkung der Komposition ist dies auch eher zweifelhaft.

Ungeachtet internationaler Erfolge war Boeckl unzufrieden und fühlte sich nicht gewürdigt, noch dazu fragte der Metten-Verlag, in dem 1947 die erste Monographie über den Künstler erschienen war und zu wenig Leser gefunden hatte, ob Boeckl die Restauflage kaufen wolle.[3] Boeckl plante, mit einem Teil des Salzburger Honorars die unverkauften 6700 Exemplare zu erwerben. Sind es die Zerrissenheit und Frustration des Künstlers in dieser Zeit, die sich dem verstörenden Salzburger Werk einschrieben? Fast wirkt der Gobelin wie ein Gegenbild zu dem monumentalen Teppich „Die Welt und der Mensch", den Boeckl für die Wiener Stadthalle 1956–58 anfertigte. Nicht ganz viermal so lang wie der Salzburger Teppich, erhält er durch wiederkehrende Elemente wie Lebensrad und Aktfiguren einen Rhythmus, der weitaus harmonischer wirkt. Die Motive beider Teppiche entspringen der ureigenen Gedanken- und Traumwelt des Künstlers, die sich geradezu hermetisch der Interpretation verschließt. Zum Wiener Gobelin legte Boeckl eine ausführliche Beschreibung vor, die ihrerseits allerdings auch der Interpretation bedarf, da der Künstler eher assoziativ Motive und Ideen benannte, als eine abgeschlossene Interpretation zu bieten. Ohne die Ausführungen Boeckls bestünde auch bei dem Wiener Teppich kaum eine Chance, die Bedeutung der Figuren aufzuschlüsseln. Nicht anders als andere Künstler des 20. Jahrhunderts verarbeitete Boeckl seine komplexe Welt- und Kunstanschauung in Assoziationen und einer eigenen Symbolik, die nicht in einer langen Tradition steht und allgemein verständlich wäre. Da die Motive des Salzburger Teppichs im Werk Boeckls sonst nicht vorkommen, gibt es keine Anhaltspunkte für ihre Deutung. Es ist nur ein intuitives Erfassen möglich, das um Themen wie Mensch, Kosmos und Weltenlauf kreist.

Fritz Riedl, der als Weber beider Teppiche im ständigen Dialog mit dem Künstler stand, sah in den „Sphärenklängen" eine Zweitverwertung von Entwürfen, die Boeckl für den Wiener Teppich angefertigt, aber verworfen hatte. Dieser unterschwelligen Abwertung des Salzburger Gobelins ist entgegenzuhalten, dass es für Künstler, insbesondere im 20. Jahrhundert, zur künstlerischen Praxis gehörte, Motive

---

[1] Matten 1960.
[2] Husslein-Arco 2009, S. 286.
[3] Zit. nach Husslein-Arco 2009, S. 421: 8.7.1959: Boeckl an seinen Assistenten Claus Pack: „Also bleibt meine Malerei in der oesterr. Provinz verschollen."

immer wieder aufzugreifen und an inhaltlichen wie formalen künstlerischen Aufgabenstellungen weiterzuarbeiten.

Jedes Werk Boeckls entstand in einem dynamischen Prozess, der keinesfalls mit Abschluss der Entwurfsphase endete. Bis zur Fertigstellung des Werkes überarbeitete oder verwarf Boeckl sogar bereits Gemaltes, wie in der Seckauer Engelskapelle, wo er Teile des Freskos wieder abschlug. Um sich diese Flexibilität zu erhalten, übergab Boeckl den Auftrag für die Webarbeit nicht der Wiener Gobelin-Manufaktur,[4] die Entwürfe für Teppiche in Rastervorlagen übersetzte, nach denen die Weber arbeiteten. Die beiden Arbeitsgänge Entwurf und Ausführung waren dort also deutlich voneinander getrennt. Stattdessen entschied Boeckl sich für den freischaffenden Textilkünstler Fritz Riedl, der mit seinen Kollegen die Entwürfe direkt umsetzte, sodass der Künstler in die laufenden Webarbeiten eingreifen konnte. Die Ateliergemeinschaft von Riedl und Josef Schulz arbeitete nach der Collage, die Boeckl aus Seiden- und Transparentpapieren anfertigte. Ob Boeckl beim Weben des Salzburger Teppichs genauso oft Änderungen verlangte, wie – sehr zum Leidwesen der Weber – beim Wiener, ist nicht bekannt.

Boeckl hatte den Auftrag zu dem Gobelin, der ursprünglich im Präsidentenzimmer hing, auf eine Anregung Holzmeisters hin erhalten, die der Kunstausschuss bereits im Februar 1959[5] diskutierte. Im Sommer wartete Boeckl allerdings immer noch auf den Vertrag, dessen Abschluss für ihn wohl auch finanziell wichtig war.[6] Im Herbst arbeitete er an den bereits weit gediehenen Entwürfen, verweigerte aber deren öffentliche Besichtigung. Lediglich Holzmeister gewährte er den Blick auf das Werk, so dass dieser den guten Fortgang der Arbeit bestätigen konnte.[7] Das Verhältnis von Boeckl und Holzmeister war nicht frei von wechselseitigen Vorbehalten. Holzmeister bezeichnete Boeckl und Wotruba „als zwei begabte Büffel, die links und rechts ausschlagen, keiner, auch der Begabteste nicht, ist vor ihnen sicher, wie soll sich da ein einhelliges Zusammenwirken ergeben, das wir für Österreich heute mehr denn je nötig hätten."[8] Diese Einschätzung lag um 1960 allerdings bereits 15 Jahre zurück. Umgekehrt sparte Boeckl nicht mit Kritik an Holzmeister. 1955 sah er junge Künstler durch die nicht zuletzt von Holzmeister verantwortete Kunstpolitik geradezu bedroht.[9] Gleichwohl ist es nur verständlich, dass Holzmeister ein Werk Boeckls für das Festspielhaus wünschte, war Boeckl doch der Repräsentant, der „große alte Mann" der zeitgenössischen österreichischen Kunst, der gerade wieder internationale Erfolge feierte. 1958 hatte Boeckl auf der Brüsseler Weltausstellung den Großen Preis für den Wiener Teppich entgegengenommen. Noch dazu feierte Boeckl damit just in jenem Medium einen Erfolg, das für repräsentative Räume traditionell prädestiniert war: Gobelin. Für das Präsidentenzimmer schien ein Teppich von Boeckl daher wohl eine ideale Wahl. Nicht so für den Präsidenten Bernhard Paumgartner, der 1960 einen sehr langen, nachgerade verzweifelten Brief an Holzmeister schrieb und erklärte, warum er „mit dem Teppich im Rücken" nicht arbeiten könne. Die Farbigkeit sei zu laut, der Inhalt unverständlich. Paumgartner hielt die *„tief beunruhigende Wirkung"* nicht aus, die *„Unruhe einer Weltraumfahrt, die mir an sich, wie alle Hybris des Technischen tief unsympathisch ist, gehört nun einmal nicht in meinen Arbeitsraum. Für die oft erregten Sitzungen brauchen wir Beruhigung, Güte und mildes Verstehen."* Er berief sich zudem auf sein Recht auf künstlerische Selbstbestimmung, die es ihm unmöglich mache, in einem Raum zu arbeiten, den er nicht selbst eingerichtet habe. Paumgartner hoffte, einen „durchaus würdigen und mehr frequentierten Raum im Festspielhaus dafür ausfindig zu machen".[10] Der Brief zeigt, wie stark die Wirkung war, die der Teppich zu seiner Entstehungszeit auszuüben vermochte. Zugleich dokumentiert er den Respekt Paumgartners vor Holzmeister. Immerhin ließ er den Teppich nicht einfach abhängen, sondern ersuchte den Architekten um Genehmigung, er akzeptierte, dass „Sphärenklänge" Teil eines Gesamtkonzepts war, dass Holzmeisters Rolle weit über die des Architekten hinausging.

Andrea Gottdang

---

[4] Smola 2004.

[5] ASF 26 – 13.2.1959, S. 5.

[6] Zit. nach Husslein-Arco 2009, S. 421: 8.7.1959: Boeckl an seinen Assistenten Pack: „Habe an Holzmeister geschrieben und ihn um den Gobelinauftrag ersucht. Hoffentlich kommt er rechtzeitig, sonst weiß ich nichts." Im selben Brief das Anbot vom Verlag, alle Restexemplare seines Buchs um 2.500 Schilling zu erwerben. „Ich werde, wenn das Gobelin Geld kommt, diese 2500 S auslegen."

[7] ASF 53 – 21.10.1959, S. 2: „Der Entwurf für den Gobelin von Herrn Prof. Boeckl ist schon sehr weit gediehen, er wünscht aber nicht, dass in diesem Stadium das Werk bereits einer öffentlichen Besichtigung zugeführt wird. Prof. C.H. hat den Entwurf bereits besichtigt, bestätigt diese Angaben und stellt ein Ansuchen, Herrn Prof. Boeckl eine weitere Akontozahlung […] zuwenden zu wollen."

[8] Zit. n. Husslein-Arco 2009, S. 273, Brief vom 26.6.1949.

[9] Zit. n. Husslein-Arco 2009, S. 277: 23.5.1955: Boeckl an seinen Assistenten Pack: „Von Wien fühle ich so viel […] falsche Kunstpolitik. Holzmeister und Oberhammer […] werden mit dem oberintelligenten Benesch noch alles kaputt schlagen und die Jungen fertig machen. Es lebe der Salzburger Kitsch, zum Untergang […]".

[10] Zit. n. Wiesner 2006, S. 97.

Ranglogensalons

Monumentale Wandmalerei in kleinem Raum

Kunst im
Großen
Festspielhaus

Gerade einmal 32 m² messen die Ranglogensalons, die in der Planungs- und Bauphase auch immer wieder als Logenvorräume bezeichnet wurden. Den drei Ranglogen der linken und rechten Seite des Zuschauerraumes vorgelagert, sollten sie ursprünglich vor allem in- und ausländischen Gästen der Regierung vorbehalten sein, doch fand dieser Plan keine Umsetzung.[1]

Eine schlichte Holzwand, wie die Tür in dunklem Nussfurnier gehalten, trennt Loge und Salon. Die baldachinartige Holzdecke soll die Proportionen des Raumes harmonischer gestalten und ermöglicht eine indirekte Beleuchtung des Raumes und der Wandmalereien. Zwei kristalline Wandleuchter aus der Werkstatt Lobmeyr verleihen dem Raum ein stimmungsvolles Licht. Das Lichtkonzept war für die Wirkung der Wandmalerei umso wichtiger, als die Räume keine Fenster haben. Lederbezogene Holzbänke laden hier wie im gesamten Haus zum Verweilen ein.

Der ursprüngliche Gedanke war, die Logensalons mittels gemalter Deckenbilder sowie Intarsien beziehungsweise Landschaftsmalereien an den Wänden von Giselbert Hoke und Max Weiler ausstatten zu lassen. Dieser Plan wurde schließlich zugunsten einer dreiseitigen Wanddekoration aufgegeben.[2] Landeshauptmann Klaus legte Wert auf eine künstlerische Ausstattung, die unabhängig von Moden auch einem späteren Zeitgeschmack noch entsprechen sollte. Am 13. Februar 1959 beschloss der Bauausschuss eine Farb- und Bilddekoration für die seitlichen Ranglogensalons.[3] Zwei Monate später, im April 1959, wurden Wolfgang Hutter, Karl Plattner, Max Weiler und Slavi Soucek beauftragt, ihre Ideen zu einer Wandbemalung der Ranglogenvorräume im 2. Stock des Neuen Salzburger Festspielhauses einzureichen. Die Wahl der Thematik stand den Künstlern ausdrücklich frei. Jedem Entwurf, mindestens einer davon im Maßstab 1:5 ausgeführt, musste eine kurze Beschreibung unter Angabe der gewählten Technik beiliegen.[4] Es galt eine Wandfläche von je 60 m² künstlerisch zu gestalten.

Hutters Konzept „Von der Nacht zum Tag" für den stadtseitigen Logensalon und Plattners „Salzburg, seine Erbauer und seine Musik" für den neutorseitigen Salon konnten in der Kunstausschusssitzung im Juli 1959 überzeugen.[5]

Petra Brugger-Rückenbach

[1] ASF 26 – 13.2.1959.
[2] ASF 23 – 25.8.1958.
[3] ASF 26 – 13.2.1959.
[4] ASF 28 – 6.4.1959. Die Entwürfe zu diesen Wandmalereien sollten in den Besitz der Bundesgebäudeverwaltung I Wien übergehen. Auch im Besitz der Mutter von Hutter, Milena von Dedovich, befanden sich Entwürfe. Der Verbleib der Entwurfszeichnungen ist leider nicht bekannt. Weder im Nachlass von Milena von Dedovich noch im Besitz von Wolfgang Hutter befinden sich Entwurfszeichnungen zu den Wandmalereien des Salzburger Festspielhauses. Persönliches Telefonat mit Frau Edith Hutter, Gattin des Künstlers, am 29.10.2014.
[5] ASF 49 – 1.9.1959; ASF 47 – 25.8.1959.

Salzburg, seine Erbauer und seine Musik

Karl Plattners Hommage mit kleinen Widersprüchen

Kunst im Großen Festspielhaus

Eine Huldigung an die Stadt Salzburg und ihre Geschichte – dieser Gedanke kommt dem Besucher des neutorseitigen Logensalons bei Betrachtung der Wandmalereien wohl gleich in den Sinn. Karl Plattner bannte seine Sicht auf die Stadt in einer speziellen Wachs-Tempera Mischtechnik auf Homogenholzplatten. Der Südtiroler Maler, der sich die Aufmerksamkeit Holzmeisters durch sein 1955 geschaffenes Fresko im Südtiroler Landtag in Bozen erworben hatte, blieb in seinem gesamten Œuvre immer figürlich. Die Erkennbarkeit des Themas war ihm stets wichtig,[1] was den Wünschen des Landeshauptmanns entgegen kam. Im August 1959 erhielt Plattner den konkreten Auftrag.[2]

Monumental wirkende Bischöfe beherrschen die Wand gegenüber dem Eingang und symbolisieren bei Plattner wiederholt „die in der Kirche institutionalisierte Religion".[3] Ihre fast übermächtige Präsenz offenbart die enorme Bedeutung der Fürsterzbischöfe für die Stadt; über lange Zeit bestimmten sie das Geschehen in Salzburg. Aufgerollte Planskizzen, die sie demonstrativ vor sich in ihren Händen halten, vergegenwärtigen ihre Rolle als Bauherren und Gestalter der Stadt. Der Künstler weist in die Vergangenheit, indem er ihre Hände und Füße zum Teil skelettartig ausbildete. In ihrem tektonischen Aufbau und mit ihren scharfen Umrissen wirken die Figuren wie erstarrt und aus Stein gemeißelt. Plattners Huldigung an Salzburg ist nicht frei von – gewollten – Brüchen. In den oberen Bildecken aufgezogene Draperien betonen den Theatercharakter des Hauses. Durch die schräg verlaufende Bodenplatte im Vordergrund wird der bühnenartige Anschein des Bildes, durch den das Bild Raumtiefe gewinnt, verstärkt. Das Gemälde strahlt in seinem nahezu architektonischen Aufbau Ruhe und Klarheit aus, hebt aber nicht die Distanz gebietende Wirkung auf.

Der Eindruck der Unnahbarkeit beherrscht auch die Längswand des Raumes, auf welcher Plattner die Stadt selbst wiedergab. Es ist keine Vedute, die den Anspruch auf wirklichkeitsgetreue Abbildung erhebt, sondern es sind nur einige, für Salzburg charakteristische Bauten, wie der Dom samt seinen Bögen, die Residenz oder der Rathausturm, zu erkennen. Bildbeherrschend ist der Residenzplatz mit seinem Brunnen. Er spiegelt in seiner immensen Dimension die besondere städtebauliche Vorliebe der Fürsterzbischöfe wider, rund um ihre Repräsentationsbauten große Freiflächen zu schaffen. In Kontrast dazu steht das mittelalterliche Häusermeer, das sich in der rechten Bildhälfte durch Stadtmauer und Fluss begrenzt zusammendrängt. Im Gegensatz zum bun-

---

[1] Plattner 1954.
[2] ASF 47 – 25.8.1959.
[3] Hapkemayer 1996, S. 14.

ten Bild der Bischöfe wählt der Künstler hier ein kühl gehaltenes Farbkonzept, in Grau-Blau und zartem Rosa.

Die vier Posaunenengel am rechten oberen Bildrand sind die einzigen Figuren im menschenleeren Stadtgefüge. Wollen sie mit ihren Instrumenten die Bewohner der Stadt aufschrecken oder künden sie ihnen oder gar der Kirche ein zukünftiges, womöglich apokalyptisches Schicksal? Der Maler lässt uns darüber im Unklaren, weist aber durch ihre beige-braune Farbigkeit indirekt auf das im selben Grundton gehaltene Gemälde an der Eingangswand hin, welches die Musik zum Thema hat.

Links der Eingangstür erkennt man Mozarts Geburtshaus, in das man rechts einen Einblick erhält. Ein Raum mit aufgeklapptem Stutzflügel und einigen am Boden verstreuten Notenblättern greift das Thema der Musik wieder auf. Aus einem kleinen Wandbild hinter dem Instrument, halb verborgen von duftigen Vorhängen, scheint eine Gestalt, möglicherweise Mozart selbst, einen Blick in das Musikzimmer zu werfen. Über den beiden Bauten erhebt sich, fast schwebend, die Festung Hohensalzburg als würdiger Abschluss der Erzählung des Malers über die Stadt Salzburg. Das kirchliche und weltliche Salzburg verbinden sich miteinander ebenso wie die himmlische und irdische Musik.

Die einzelnen Bildkompositionen sind in sich geschlossen, ausgewogen und bilden eine stilistische Einheit.

Es ist kennzeichnend für die Malweise Plattners, dass er nicht nur die Bildfläche, sondern auch die Figuren und Gegenstände in gewissem Maße geometrisch stili-

sierte und diese oft wie in ein Koordinatensystem einspannte. Den Figuren gab er die gleichen klaren Formen wie den Gebäuden, sie folgen demselben strengen, schematischen Aufbau. Trotz ihrer blockhaften Statur ist den Körpern, die sich aus der Fläche heraus entwickeln, Eleganz nicht abzusprechen; sie wirken beinahe edel. Plattner arbeitete sehr verhalten mit Licht und Schatten und grenzte jede Farbfläche streng von der benachbarten ab. Nicht selten strahlen Plattners Bilder eine kühle Ästhetik aus. Es entstehen geheimnisvolle, fantastische, dem Alltag enthobene, zeitlose Momente. Plattner hat zwar Picasso und andere Künstler studiert, aber, laut eigener Aussage, sich nie an ein bestimmtes Vorbild gehalten.[4] Er entwickelte einen ganz eigenen Malstil, dem er sein Leben lang treu blieb. Das mittelalterliche und das barocke Salzburg präsentierte Plattner in einer für die Mitte des 20. Jahrhunderts zeitgemäßen Bildsprache.

Karin Kovarbasic

Dom und Residenzplatz nehmen in Plattners Ansicht Salzburgs fast die Hälfte des Stadtraums ein. Die Gesichter der Engel lassen keinen Zweifel daran, dass sie eher lautstarke Signale als harmonisch sanfte Töne erklingen lassen.

---

[1] Plattner 1954.
[2] ASF 47 – 25.8.1959.
[3] Hapkemayer 1996, S. 14.
[4] ASF Presse-Ordner: o.V.: Südtiroler Karl Plattner. Nur symbolische Bischöfe, Quelle unbekannt.

Von der Nacht zum Tag

Wolfgang Hutters blühende Farbenpracht

Kunst im Großen Festspielhaus

„Der Maler ist ein Egoist, er malt für sich selbst und möchte, dass ein anderer daran Gefallen findet, das Ganze also ist eher ein Spiel zwischen Maler und Publikum, welches selten echt aufgeht, meistens gehen beide mit Irrtümern auseinander." [1] (Wolfgang Hutter)

Es ist eine berauschende Farbenpracht, die den Besucher beim Betreten des stadtseitigen Logensalons, der in seiner ursprünglichen Funktion offiziellen Personen vorbehalten sein sollte, empfängt. Wolfgang Hutter, in den sechziger Jahren des 20. Jahrhunderts ein bereits international anerkannter Künstler der „Wiener Schule des Phantastischen Realismus"[2] und Schüler von Albert Paris Gütersloh, verwandelte den Logensalon in eine phantasievolle Gartenlandschaft. Bis heute gilt die „Wiener Schule des Phantastischen Realismus" als eine Variante der modernen Malerei der Nachkriegszeit und ist als eine bewusste Alternative zur Abstraktion zu verstehen.[3]

Die Hauptvertreter der Phantastischen Realisten, Wolfgang Hutter, Rudolf Hausner, Ernst Fuchs, Anton Lehmden und Arik Brauer, fanden in den Ausstellungen des Wiener Art-Clubs eine Bühne für die Präsentation ihrer Malerei. Jeder von ihnen schöpfte aus anderen Inspirationsquellen. War es für Ernst Fuchs die Bibel, so widmete sich Anton Lehmden der Landschaft in manieristischer Übersteigerung. Hutters Traumlandschaften hingegen gleichen gepflegten Gärten mit strukturierter Ordnung und kulissenhafter Wirkung. In allen seinen Bildern wird eine geheimnisvolle, künstliche Szenerie präsentiert.

Holzmeister konnte Hutter, dem 1954 der Preis der UNESCO bei der Biennale in Venedig[4] verliehen worden war, für die künstlerische Ausstattung des Festspielhauses in Salzburg gewinnen. Die Komposition „Von der Nacht zum Tag" galt mit einer Gesamtfläche von 60 m² zum Entstehungszeitpunkt als die monumentalste Arbeit des Phantastischen Realismus.[5] Hutter führte die großflächige Wandmalerei direkt vor Ort in Ölfarbe aus. Mit der Auftragsannahme bedingte sich der Maler eine ausgetrocknete Putzfläche per 1. Jänner 1960 aus und verpflichtete sich zur Fertigstellung bis Ende April 1960. Als Malgrund dienten zwei Platten mit Gipsputz, die von der Stukkatur-Firma Mögle aus Wien im August 1959 geliefert wurden.[6] Absolute Haltbarkeit und Wischfestigkeit der Wandmalerei waren ebenfalls Grundlagen für das Zustandekommen des Auftrages. Darauf ist mit Sicherheit auch der sehr gute Erhaltungszustand zurückzuführen.[7]

Hutter folgte bei der Themenwahl seiner ersten, spontanen Idee: Nacht und Tag,[8] deren Ablauf er schildern wollte: *„Es ist die Geschichte eines Tages, eigentlich nur in Pflanzen und Steinen gedacht. Es heißt ‚Von der Nacht zum Tag'. Es besteht*

[1] Hutter wird 80 (Film) ORF.
[2] Die Bezeichnung „Schule" ist nicht im Zusammenhang mit einem gemeinsamen Unterricht oder Lehrenden zu verstehen, sondern bezeichnet gleichzeitiges Auftreten gemeinsamer Stilmerkmale bei einer Reihe von Künstlern. Vgl. Guggenberger 2006, S. 14.
[3] Smola 2008, S. 25.
[4] Muschik 1974, S. 68.
[5] Phantasten 1990, S. 55.
[6] ASF 45 – 30.7.1959.
[7] ASF 41 – 27.7.1959.
[8] Telefonat der Autorin mit Prof. Wolfgang Hutter am 2.9.2014.

aus einem Mond, einer Sonne und einem fürchterlich bunten, strahlenden ‚Tagstück', wo lauter Schmetterlinge in Rot und Gelb und Bäume in Rot und Gelb und Blüten in Rot und Gelb eine Apotheose eines sonnendurchtränkten Tages abspielen."[9]

Der Zyklus beginnt an der dem Rangfoyer zugewandten Schmalseite. Am sinnfälligsten erschließt sich sein Verlauf dem Gast, der aus der Loge kommt. Unzählige kleine gelbe Mondsicheln hängen im Geäst, als ob sie auf den Beginn der nächsten Nacht warten würden. Eine aufgespießte Mondsichel dominiert die daran anschließende Längswand und überstrahlt, von Sternen begleitet, eine Phantasielandschaft. Das Dunkel der Nacht lässt die zum Teil schichtförmig gefärbten Steinformationen noch besser hervortreten und blauviolett geschweifte Wolken züngeln Richtung Tag.

---

[9] Wolfgang Hutter 1967 (Film) ORF.

Der Mond, von kristallinen Formen umgeben und von dunklen Federwolken begleitet, überlässt dem sonnendurchtränkten Tag seinen Platz.
Mit bestechender Farbintensität stellt Wolfgang Hutter den Tag in den Mittelpunkt der Wandmalerei. Manche der phantasievollen Gebilde erinnern an Pflanzen und Tiere, die man eher auf dem Meeresgrund vermuten würde. Die irreale Wirkung verdankt das Monumentalgemälde nicht nur der kontrastreichen Farbigkeit, sondern auch dem Fehlen von Schatten.

Erst beim Verlassen des Logensalons rücken die Mondsicheln linker Hand in das Blickfeld des Besuchers. Es scheint, als ob sie im Geäst bis zum Anbruch des nächsten Tages warten würden.

Auf einer violett gehaltenen Steinformation, in unmittelbaren Nähe zum Mondsichelbaum, hat Wolfgang Hutter seine Signatur angebracht.

Mit bestechender Farbintensität rückte der Künstler den Tag in den Mittelpunkt. Ihn bestimmen rote, orange und gelbe Baumblumen, die in einen hellblau leuchtenden Himmel ragen. Die fedrige Sonne wirkt selbst wie eine gestelzte Blume mit roten und gelben Blütenblättern und bildet das Pendant zu dem in zweitonigem Gelb gehaltenen Mond. Inmitten der Szenerie schwebt bergseitig ein Schmetterlingsschwarm über Blumenfrüchten und aus Bändern gestalteten, Anemonen gleichenden Blumen. Ein Wind scheint die phantasievolle Vegetation und die aus Blättern bestehenden Schmetterlinge in Bewegung zu halten. In dieser Pflanzenwelt platzierte der Maler Architekturelemente, bunte Mauerreste, Podeste, Steine und sternförmig gruppierte Stäbe. Bis zum sehr tief liegenden Horizont reicht eine im Kontrast mit der farbenfrohen Vegetation besonders karge Hintergrundlandschaft und lässt eine dreidimensionale, unwirkliche Szenerie entstehen. Die Technik unterstützt den Eindruck des Irrealen. Wie aus Plastik und Papiermaché, aus Marmorschliff und Krepp-Papier, aus Bändern und Perlen komponiert wirkt die plakative Malerei.

Tag und Nacht, Sonne und Mond kehren als Motive im Repertoire des Künstlers immer wieder. Farben und Formen zeugen von der außerordentlichen Phantasie Hutters, der sich nur selten für menschenleere Darstellungen entschied. Für Salzburg wählte er ausschließlich phantasievoll gestaltete Pflanzen und Formen. Seine Bildwelten erinnern an flüchtige Tagträume. Sollten Besucher und Gäste des Festspielhauses, ganz dem Anbringungsort entsprechend, als Akteure vor einer bühnenartig gemalten Kulisse die Szenerie beleben und die Funktion von Schauspielern übernehmen?

Petra Brugger Rückenbach

Fördererlounge

Das besondere Foyer

Kunst im Großen Festspielhaus

Einen exklusiven Bereich bietet ausgewählten Besuchern die heute als „Fördererlounge" bezeichnete ehemalige Pausenhalle im ersten Stock neben dem großen Saal auf der Neutorseite. Einst als Nichtraucher-Foyer genutzt, ist der Raum heute als Empfangssaal Förderern, Sponsoren sowie deren Gästen vorbehalten und dient außerdem für Pressekonferenzen und geschlossene Veranstaltungen im Rahmen der Salzburger Festspiele.

Der große, helle, dreischiffige Saal ist rechts durch schlanke facettierte und links durch massive querrechteckige Pfeiler gegliedert. Es fällt sogleich die Wahl der verwendeten Materialien aus der Region auf: Untersberger Marmor, Holz an Decke und Böden. Seit jeher wurden diese Baustoffe in Salzburg großzügig verbaut und stellen somit einen engen historischen Bezug zur Stadt und zu deren Architektur her. Das gesamte Foyer ist gänzlich mit einem raffiniert zurückhaltend gegliederten Parkett ausgelegt, sonst aber in seinem dreigeteilten Aufbau unterschiedlich betont und ausgestattet.

Unaufdringlich überspannt eine mit Trambalken versehene Fichtenholzdecke den mittigen und den rechten Raumteil. Eine anfänglich geplante Deckenbemalung durch Poldi Wojtek kam nicht zur Ausführung.[1] Hingegen überfängt den linken

Das Buffet: auch hier wurde jedes Detail sorgfältig gestaltet.

Links und auf der folgenden Seite: Hoflehners Lampendesign besticht noch heute durch seine Modernität.

---

[1] Festspielhaus 1960, S. 8.

Bereich, in dem sich das Buffet befindet, eine in hellem Blau bemalte Gipsdecke, die dem schmalen, schlauchartigen Teil zu einer wesentlich größeren Wirkung verhilft.

Während der Ära Mortier finanzierten 1995 die amerikanischen Kunstmäzene Donald und Jeanne Kahn Umbau und Umgestaltung der Pausenhalle zur Fördererlounge. Die neuen Möbel lassen die einstige Raumwirkung heute kaum noch erkennen. Mobile, fahrbare Paravents schaffen einzelne „Logen" für Hauptsponsoren. Große farbige Sitzsofas, Stühle und Holztischchen ersetzten die originale Möblierung, wie sie sonst im ganzen Haus zu finden ist. Im Vergleich fügten sich allerdings die alten Bänke und Beistelltische viel homogener in die Architektur ein. An den Längsseiten der massiven querrechteckigen Pfeiler, vor den Fenstern in Richtung Hofstallgasse und vor dem Fenster an der Stirnseite Richtung Pferdeschwemme luden seinerzeit Sitzgelegenheiten zum Verweilen ein. Nimmt man eine Fotografie von 1960, aus der Zeit der Eröffnung des Hauses, zur Hand, wird das anfängliche Verwendungskonzept der Pausenhalle deutlich. Die sparsame Ausstattung ließ um die in der Mitte befindliche Pfeilerreihe einen Wandelgang frei, der zum Lustwandeln Gelegenheit bot. An den Längsseiten der Pfeiler angebrachte schmale Podeste aus Marmor zum Abstellen der Gläser lockten die Gäste von den Durchgängen weg, so dass Flaneure sich ungehindert im Raum bewegen konnten. Der Blick auf das Ausstattungskonzept Holzmeisters erklärt auch die sinnfällige Entscheidung, die acht Reliefs von Heinz Leinfellner oben an den Schmalseiten der massiven, fast raumteilenden Pfeiler zu platzieren. Wirklich sichtbar werden die maskenhaften Steinreliefs für den Betrachter erst beim Durchschreiten des Raumes.

Jakob Reitinger

Masken, Tiere und Porträts

Reliefs von Heinz Leinfellner

Kunst im Großen Festspielhaus

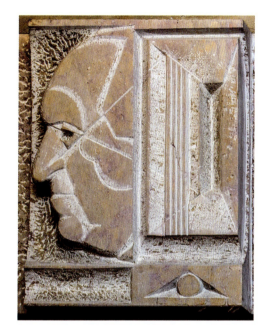

Reliefporträts von Holzmeister und Paumgartner.

Ursprünglich sollten die Längsseiten des Nichtraucher-Foyers mit Flachreliefs geschmückt werden, um den festlichen Charakter des Raumes zu betonen. Neun Künstler folgten der Einladung, Entwürfe zu übersenden.[1] Einige Themenvorschläge, vorgelegt von Professoren des Instituts für Theaterwissenschaften in Wien, lagen als Anregung bei, die Szenen aus dem antiken und dem religiösen Theater wie auch den weltlichen Possen beinhalteten. Klassische Bildmotive sollten neben derben und zum Teil tierischen Masken erscheinen. Die drei Eventualvorschläge nennen zuerst die Hauptgestalten des „Salzburger Großen Welttheaters", wie König, Weisheit, Schönheit, Reicher, Bauer, Bettler, Tod, zweitens die je vier männlichen und vier weiblichen Darsteller-Grundtypen Held, Liebhaber, Narr, Intrigant sowie Heldin, Kammerkätzchen, Kupplerin, Kurtisane. Zuletzt stehen die Hauptgestalten aus dem „Jedermann" zur Auswahl, ergänzend Tiermasken und Motive aus der Theaterwelt.[2]

Der Entscheid der Jury vom 9. Juli 1959 fiel auf Karl Prantl und Hans Knesl, die sich den Auftrag teilen sollten.[3] Anlässlich der Begutachtung der Entwürfe durch den für den Neubau des Festspielhauses zuständigen Bundesminister für Handel und Wiederaufbau Fritz Bock wurden, unter der Zustimmung des Unterrichtsministers Heinrich Drimmel, nicht nur die beiden Künstler um eine weitere Bearbeitung ihrer Konzepte gebeten, sondern auch Heinz Leinfellner zu einem Entwurf veranlasst.[4] Als die Idee der Reliefgestaltung auf Betreiben der Auftraggeber verändert und stark minimiert wurde, zogen sich in Folge Prantl und Knesl zurück und Leinfellner fiel die Aufgabe zu, acht Entwürfe und ein Gipsmodell für die Schmalseiten anzufertigen.[5] Die Masken, wie die Verkleidung der Pfeiler aus gelb-rosigem Untersberger Marmor, tragen deutlich die Handschrift des Künstlers. Die unterschiedliche Bearbeitung der Oberflächenstruktur, grob, fein, poliert und unpoliert, entlockt dem Stein eine facettenreiche, plastische Wirkung, obwohl Leinfellner die Steinreliefs sehr flächig gestaltete.

Die durch Form und Bearbeitung erzielte Harmonie wird durch die Anbringung an den Schmalseiten der Pfeiler noch gesteigert. Stilisierte Menschen- und Tiergesichter verweisen wie Wappenschilde oder Trophäen – mahnend, wachend, erinnernd,

---

[1] ASF 50 – 8.9.1959, Beilage 1: A); ASF 31 – 7.4.1959.
[2] ASF 10 – undatiert.
[3] ASF 52 – 17.9.1959.
[4] ASF 53 – 21.10.1959; ASF 52 – 17.9.1959.
[5] Ebd.

bezeugend – auf die Salzburger Festspiele und ihr neues Haus.

Der Januskopf steht für das Neue – also ein mit dem Anspruch der Festspiele eng verbundenes Thema. Ein lächelndes und ein ernstes Gesicht repräsentieren Komödie und Tragödie. Der mit Lorbeer bekränzte Kopf verkörpert Ruhm und Ehre der Kunst. Widder- und Löwenkopf könnten an die einst am fürsterzbischöflichen Hof stattfindenden Tierhatzen erinnern.[6]

Der Löwe als Inbegriff von Mut sowie königlicher Würde und der Widder als Sinnbild für Mut und Durchsetzungsvermögen können durchaus auch auf die Rolle der Festspiele und den Umgang mit der Kunst in dieser neuen Spielstätte gedeutet werden. Versinnbildlicht werden Streben und Anspruch, Kunst in diesen neuen Hallen zu bewahren, zu fördern, zu entdecken, zu schaffen und dies stets mit Mut und Beharrlichkeit.

Eine Sonderstellung nehmen jene beiden Reliefplatten ein, die zwei bedeutende Persönlichkeiten im Zusammenhang mit dem Neubau des Hauses porträtieren: Clemens Holzmeister und Bernhard Paumgartner. Leinfellner arbeitete bei beiden Profilköpfen die physiognomischen Wesenszüge fein aus dem Marmor heraus. Die Köpfe sind ihren „Attributen" vorgestellt und gehen in diese über: bei Holzmeister abgetreppte Profilleisten für die Architektur und bei Paumgartner eine Lyra für die Musik und die Künste. Bedeutungsvoll ist ein Dreieck mit eingestelltem Kreis unterhalb beider Köpfe, welches wie ein allsehendes, göttliches Auge für das Wachen beider über ihr Werk und die Festspiele steht. Ebenso aber beobachten jene allsehenden Augen auch das Tun derer, die in dem neuen Tempel der Kunst und Kultur Verantwortung innehaben.

Jakob Reitinger

---

[6] Wiesner 2006, S. 68.

Von links nach rechts: Die Elemente Luft, Wasser und Feuer. Der Entwurf zur „Erde" wurde nicht verwirklicht.

stärksten abstrahierend setzte Fischer seine Idee des bedrohten Idomeneo um. Lediglich zwei kleine Fische am Rand scheinen deutlich auf das Element Wasser hinzuweisen, ebenso wie die blau-grüne Farbgebung.

Ganz anders präsentiert sich Hokes Minotaurus, der aus drei von ihm eingereichten Entwürfen ausgewählt wurde und den „Kampf zwischen Gutem und Bösem" thematisiert. Der Künstler charakterisiert die Handlung folgend: „Ein überragender Mensch, dem zwei Gestalten – die der Macht und die der Verführung – den Mantel der Liebe nehmen wollen."[10] Das Thema des Kampfes greift auch das Motiv des Raubvogels auf, der in der linken oberen Ecke einen kleinen weißen Vogel schlägt.

Die imposanten Tapisserien bestechen nicht nur durch ihre künstlerische Komposition und brillante Farbigkeit, sondern auch durch die hohe kunsthandwerkliche Ausführung. Kleinste Farbnuancen, Pinselduktus und Farbvaleurs setzte die Ateliergemeinschaft Schulz-Riedl in dem Gewebe um.

Leider befinden sich die Teppiche bereits seit Langem im Depot der Salzburger Festspiele. Allerdings erweist sich die Magazinierung auch als Glücksfall für den Erhaltungszustand, denn die Gobelins haben über die Jahrzehnte nichts von ihrer intensiven Farbigkeit und Strahlkraft eingebüßt. Bleibt zu hoffen, sie einmal wieder in der „Kunstkammer" des Großen Festspielhauses zu sehen!

Jakob Reitinger

---

[10] ASF 11 – undatiert.

Kunst im Großen Festspielhaus

Opern, Elemente, Monster

Gobelins von Richard Kurt Fischer und Giselbert Hoke

Für die ehemalige Pausenhalle im ersten Obergeschoss – heute Fördererlounge – plante Holzmeister zusätzlich zu den Steinreliefs von Leinfellner Gobelins oder Mosaike, entsprach jedoch dem Wunsch des Ministers Fritz Bock nach Wandteppichen.[1] Die Künstler Maria Bilger, Kurt Fischer, Giselbert Hoke, Wolfgang Hutter, Martin Polasek, Gustav Hessing, Emil Thomann und Max Weiler[2] wurden eingeladen, Vorentwürfe für vier Gobelins einzureichen,[3] die einen thematischen Bezug zum Theater aufweisen sollten. Aus den Entwürfen der acht Künstler wählte man jene von Fischer[4] und Hoke.[5] Die Jury entschied, drei Gobelins nach Entwürfen von Fischer für die Wand zur Hofstallgasse hin und einen weiteren nach dem Entwurf von Hoke für die Wand rechter Hand des Eingangs der Fördererlounge anfertigen zu lassen.[6] Die Webarbeiten führte das Wiener Atelier Schulz-Riedl, mit dem auch Herbert Boeckl zusammenarbeitete, unter Aufsicht der Künstler detailgetreu aus.[7] Fischer erläuterte sein Grundkonzept in einem Schreiben 1959:

„Die Theaterwelt ist mit den vier Elementen in Verbindung gebracht und damit auf die Grundordnung unserer wirklichen Lebenswelt bezogen. Aus einzelnen Salzburger Festspielstücken – es wurden barocke gewählt, wie es dem Charakter der Stadt entspricht – tritt je ein erhabenes Motiv zu dem ihm zugehörigen Element hinzu. Das rundum laufende Band, das jedes der Hauptmotive fasst, will eine Zeichensprache der Theaterwelt sein. Ihre Symbole beschwören die dem jeweiligen Element zugeordneten Vorstellungen der Bühnentradition. Die Zusammensetzung dieser Zeichensprache will auf die weltweite Bedeutung dieser Salzburger Festspiele hinweisen, indem sie ihre Symbole aus der Vorstellungswelt der griechischen, indischen, chinesischen, afrikanischen, altmexikanischen Kultspiele schöpft."[8]

Die Hauptmotive von insgesamt drei Teppichen ordnete Fischer einzelnen Opern von Mozart zu und erklärte den Bezug folgendermaßen:

*„1. Element Luft: ZAUBERFLÖTE; die frohe und freie Vogelwelt wird durch den Klang der Papageno-Pfeife in den Käfig gelockt.
2. Element Feuer: DON GIOVANNIS Ende: das offene Höllentor.
3. Element Wasser: Das IDOMENEO bedrohende Meeresungeheuer.
1-3 bilden mit dem Hauptmotiv des Feuers in der Mitte eine Einheit, auf der nächsten Wand in verhaltener Formensprache ergänzt durch das:
4. Element Erde: ORPHEUS wandert den Höllenhund betörend durch die Unterwelt."*[9]

Offenbar entsprach in Fischers Interpretation keine Mozart-Oper dem Element Erde, weshalb er auf den begnadeten Musiker Orpheus zurückgreifen wollte. Das Konzept weist an dieser Stelle einen Bruch auf, vielleicht ein Grund dafür, dass nur die ersten drei Themen weiter verfolgt wurden. Die sehr abstrahierenden Kompositionen öffnen der Assoziation Spielräume. Man muss sich nur ein wenig einsehen, um beim ersten Teppich im Bildzentrum einen Käfig zu erkennen, in den sich mehrere Vögel hineinlocken lassen. Der große Anteil von hellen Flächen verleiht der Darstellung eine Leichtigkeit, die dem Element Luft entspricht. Im zentralen Motiv des Höllentors kehrt Fischer die Farbverteilung um. Aus der hellen Mitte lösen sich orange und gelbe Flammenzungen und leiten zum Rot des inneren Randes über. Drei Torbögen öffnen am unteren Rand den Weg zum Inferno. Am

---

[1] ASF 26 – 13.2.1959.
[2] Die Entwürfe von Max Weiler gehören zu den wenigen noch auffindbaren und befinden sich heute in Privatbesitz.
[3] ASF 30 – 7.4.1959, S. 1.
[4] ASF 44 – 29.7.1959.
[5] ASF 50 – 8.9.1959, Beilage 2; ASF 42 – 28.7.1959, S. 1.
[6] ASF 36 – 7.7.1959, S. 1.
[7] ASF 43 – 28.7.1959; ASF 50 – 8.9.1959, Beilage 2.
[8] Wiesner 2006, S. 100.
[9] Ebd.

Von links nach rechts: Die Elemente Luft, Wasser und Feuer. Der Entwurf zur „Erde" wurde nicht verwirklicht.

stärksten abstrahierend setzte Fischer seine Idee des bedrohten Idomeneo um. Lediglich zwei kleine Fische am Rand scheinen deutlich auf das Element Wasser hinzuweisen, ebenso wie die blau-grüne Farbgebung.

Ganz anders präsentiert sich Hokes Minotaurus, der aus drei von ihm eingereichten Entwürfen ausgewählt wurde und den „Kampf zwischen Gutem und Bösem" thematisiert. Der Künstler charakterisiert die Handlung folgend: „Ein überragender Mensch, dem zwei Gestalten – die der Macht und die der Verführung – den Mantel der Liebe nehmen wollen."[10] Das Thema des Kampfes greift auch das Motiv des Raubvogels auf, der in der linken oberen Ecke einen kleinen weißen Vogel schlägt.

Die imposanten Tapisserien bestechen nicht nur durch ihre künstlerische Komposition und brillante Farbigkeit, sondern auch durch die hohe kunsthandwerkliche Ausführung. Kleinste Farbnuancen, Pinselduktus und Farbvaleurs setzte die Ateliergemeinschaft Schulz-Riedl in dem Gewebe um.

Leider befinden sich die Teppiche bereits seit Langem im Depot der Salzburger Festspiele. Allerdings erweist sich die Magazinierung auch als Glücksfall für den Erhaltungszustand, denn die Gobelins haben über die Jahrzehnte nichts von ihrer intensiven Farbigkeit und Strahlkraft eingebüßt. Bleibt zu hoffen, sie einmal wieder in der „Kunstkammer" des Großen Festspielhauses zu sehen!

Jakob Reitinger

---

[10] ASF 11 – undatiert.

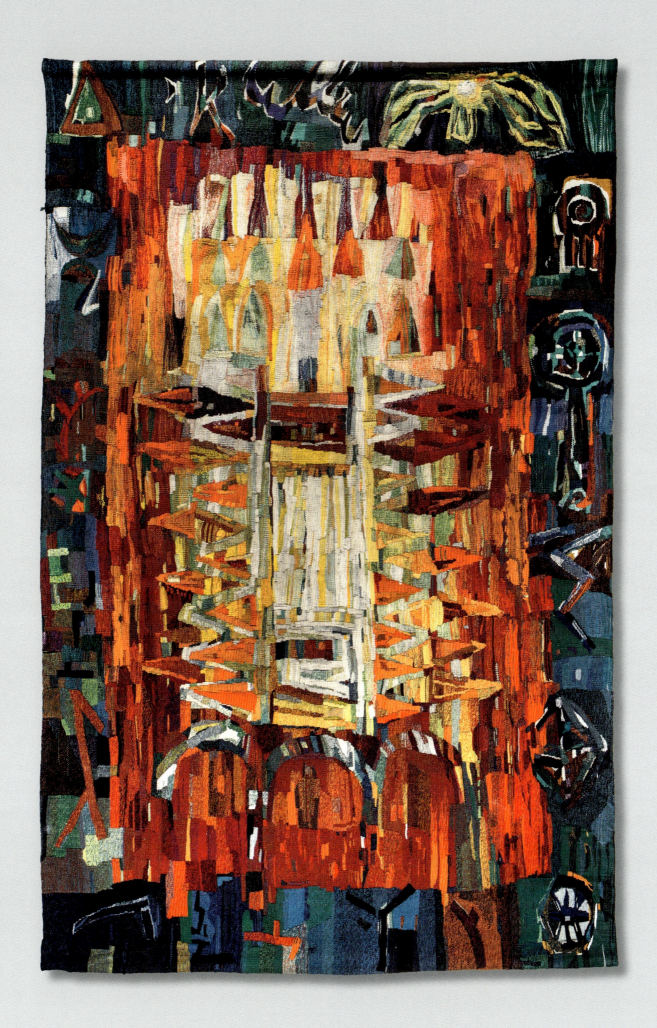

Kunst im
Großen
Festspielhaus

Zielpunkt

Der Große Saal

Die Bestrebungen von Auftraggeber, Architekt, Künstlern, Firmen und Handwerkern, bei dem Bau des „Neuen" Hauses allerhöchste Qualität und Raffinesse aufzubieten, erreichen im Herzen des Festspielhauses, dem Großen Saal, einen Höhepunkt. Wortwörtlich kann von einer Gesamtinszenierung, von meisterhafter universaler Ausstattungsregie gesprochen werden – vom monumentalen Eisernen Vorhang bis hin zu den kleinsten Details.

Im Archiv der Salzburger Festspiele haben sich zahlreiche Zeichnungen und Aquarelle erhalten, die minutiös den Planungs- und Gestaltungsprozess widerspiegeln. Nicht alle Blätter sind signiert, in ihrem Charakter aber dem Atelier Holzmeisters und seinem Umkreis zuzuordnen. Die links und auf Seite 203 abgebildeten ausgewählten Beispiele zeigen zum einen die Konzentration auf bestimmte Gestal-

tungselemente, zum anderen vermitteln sie einen Eindruck von der harmonischen Gesamtwirkung des Raumes. Der Blick in den Großen Saal fängt das feinsinnige Farbenspiel in Verbindung mit der Lichtregie genauso ein, wie das Miteinander verschiedener Materialien. Noch bestimmen Naturtöne die Raumwirkung, die später durch den roten Vorhang, die violette Polsterung der Bestuhlung und die Pastelltöne der Decke von Carl Unger stärkere farbliche Akzente erhielt. Auf der vorangegangenen Doppelseite präsentiert sich der Saal in seinem heutigen Erscheinungsbild, das im Wesentlichen noch dem Konzept Holzmeisters entspricht.

Der oben gezeigte Entwurf arbeitet mit Hell-Dunkel-Kontrasten und experimentiert mit der Betonung der Lamellenwand. Die starke Helligkeit wirft dabei die Frage auf, ob zu diesem Zeitpunkt an eine weiße Lasur gedacht war.

Jakob Reitinger

Lamellendecke

Carl Ungers Antiken- und Technikbegeisterung

Kunst im Großen Festspielhaus

Carl Unger gestaltete den Großteil der Decke als großflächiges Kunstwerk.[1] Ursprünglich plante der Künstler die Decke in einer Holzintarsien-Ausführung, die mit der Rangbrüstung im Saal sowie mit den Täfelungen der Foyers und Stiegenaufgänge korrespondieren sollte. Aus Zeit-, Gewichts- und Kostengründen konnte dieses Vorhaben jedoch nicht umgesetzt werden. Mit metallisch schimmernden Dispersionsfarben erzielte Unger in einer Lasierungstechnik eine besondere Raumwirkung.[2] Zum einen sollen die Farben und Formen an Zeltplanen, wie sie die Zuschauerränge der antiken Amphitheater überspannten, erinnern.[3] Zum anderen entwarf Unger die Decke in seiner „Flug-Phase", in der er sich intensiv mit Flugzeugen, Flughäfen und dem Fliegen beschäftigte.[4] Seine Beobachtungen verarbeitete er nicht nur im Festspielhaus, sondern in zahlreichen anderen Werken wie zum Beispiel Ölgemälden.[5] Die künstlerische Abstraktion in meist langgezogenen *Unger dachte zunächst daran, die Decke mit Holz-Intarsien zu versehen. Er fügte sehr spitze Dreiecke aneinander. Die unterschiedlichen Maserungen und Farben der verschiedenen Holzarten hätten ein lebhaftes Muster ergeben.*

---

[1] 790 m² von 1100 m² Deckenfläche.
[2] ASF 46 – 24.8.1959.
[3] ASF 5 – undatiert, S. 12.
[4] Ölgemälde: „Flugbrücke", 1961, Privatbesitz.
[5] Persönliches Gespräch mit Prof. Felix Unger, Sohn von Carl Unger, am 22.10.2014.

Der ganz auf die Aufführung gespannte Besucher des Großen Saales übersieht nur zu leicht die nuancierte und delikate Farbgebung der Decke. An den erhaltenen Entwürfen lässt sich nachvollziehen, mit wie großer Aufmerksamkeit Carl Unger die Möglichkeiten verschiedener Farbvariationen auslotete.

Mit meisterlichem Geschick und großen Pinseln setzte Unger an der Decke um, was er zuvor in den akribischen Entwürfen kleinteilig geplant hatte. Die Leichtigkeit der Wirkung resultiert nicht zuletzt aus dem Fehlen eines rigiden Ordnungssystems sich wiederholender Muster. Das untere Foto zeigt die von Unger verwendeten Pinsel, die sich wie auch die Entwürfe in Privatbesitz befinden.

nen, blockartigen Formen, in blauen, grauen und beigebraunen Farbtönen, könnte Kondensstreifen, Geschwindigkeit oder auch das Rollfeld assoziieren lassen.

Zur Verbesserung der Akustik ist die Zuschauerraumdecke im Großen Saal mit schallleitenden Lamellen abgehängt. Seitlich und oberhalb der Vorbühne befinden sich weitere Lamellen. Die Lamellen neben der Bühne funktionieren als schwenkbare Klappen[6] die geöffnet oder vollständig geschlossen werden können.[7] Auch bei der Gestaltung dieser Bühnenrahmung legte Unger besonderen Wert auf die Farbgebung. Die ursprünglich sechs sanft abgestuften neutralen Grautöne sollten den Blick nicht vom Wesentlichen, also dem Geschehen auf der Bühne, ablenken. Diese Lamellenbespannung mit den aufwändig gefärbten Stoffen[8] war ein Teil des ausgeklügelten Farbkonzeptes für den gesamten Großen Saal. Anfang der 1990er Jahre wurde im Zuge der von Gerard Mortier angeordneten Umbauten auch dieser Bühnenrahmen verändert. Die neue schwarze Stoffbespannung sollte ihn einerseits noch festlicher und eleganter erscheinen lassen und andererseits das wieder auflebende Prinzip der Guckkastenbühne verstärken. Es mag moderner wirken, ergibt jedoch einen harten Kontrast zur bemalten Decke und dem gut durchdachten ursprünglichen Gesamtkonzept des großen Saals.

Tanja von Schilling

---

[6] Seitenlamellen: Höhe: 9–11 m, Breite: 127 bzw. 161 cm.
[7] Festspielhaus 1960, S. 143.
[8] Jute-Krepp 255/255, Gewicht: 475 g/m², Zusammensetzung eines Garns 12 lea, 2-fach, Dichte 84 Fäden auf 10 cm für Kette und 6 lea, 2-fach, Dichte: 75 Fäden auf 10 cm für Schuss.

Eiserner Vorhang

Rudolf Hoflehners glänzender Blickfang

Kunst im Großen Festspielhaus

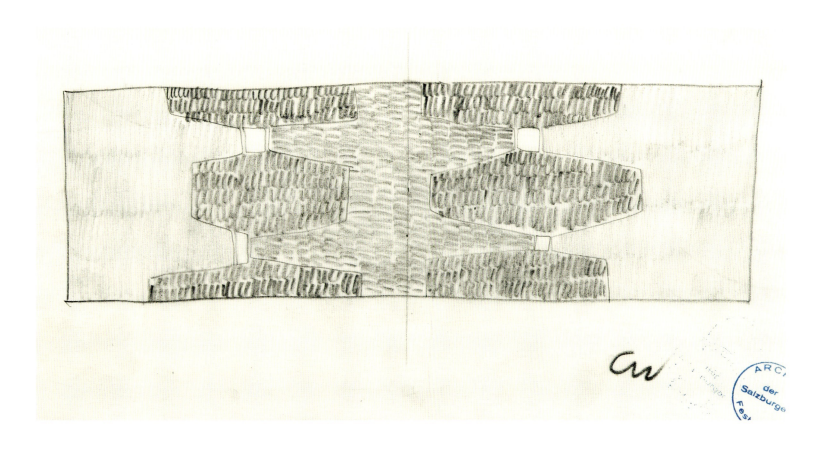

Nach einigen verheerenden Bränden im 19. Jahrhundert ist ein Eiserner Vorhang in jedem Theater oder Konzerthaus als Feuerschutzwand zwischen Bühnenhaus und Zuschauerraum gesetzlich vorgeschrieben. Immer wieder gibt es Projekte, um diese wenig ansehnliche Schutzvorrichtung durch Künstler aufwerten zu lassen.[1]

Wegen der überbreiten Bühne fällt der Eiserne Vorhang im Großen Saal des Salzburger Festspielhauses besonders groß aus.[2] Um der einseitigen Belastung standzuhalten, ist das Gerüst aus Fachwerks-Trägerrost beidseitig mit Stahlblech verkleidet.[3] Holzmeister wollte diese Fläche, die die Wirkung des Raumes entscheidend mit prägt, an der Zuschauerseite ebenfalls künstlerisch gestaltet wissen. In den Korrespondenzen sind einige Male Probleme der Motivfindung erwähnt. Von figuralen Formen riet Holzmeister ab und so wurde der Vorschlag, ein Panoramabild von Salzburg nach Vorbildern des 19. Jahrhunderts abzubilden,[4] rasch verworfen, da es die ohnehin schon sehr niedrig und breit wirkende Fläche optisch noch verlängert hätte. Schließlich fiel die Entscheidung für etwas abstrakt, modern und zeitlos

Anders als Unger, dem in der Malerei ein großes Farbspektrum zur Verfügung stand, musste Hoflehner in seinen Entwürfen für den Eisernen Vorhang eine Vorstellung von der Strukturierung des Metalls vermitteln. Erst die Vielzahl der Studien, die zeichnerisch weniger anspruchsvoll erscheinen, offenbart den Einfallsreichtum des Künstlers.

---

[1] Starke u.a. 2007.
[2] Breite: 35,3 m, Höhe: 9,6 m, davon 30 × 9 m sichtbar. Gewicht: 38 Tonnen.
[3] Ablassen mit Antriebswinde mit hydraulischen Dämpfern. Anheben mittels elektronischer Trommelwinde mit 11,5 kW.
[4] ASF 23 – 25.8.1958, S. 4.

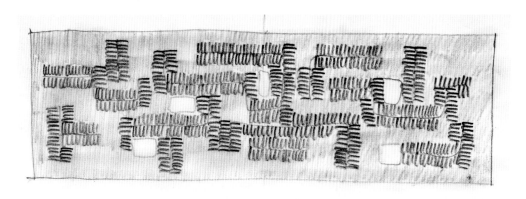

Eine Auswahl an Skizzen, die sich weder chronologisch ordnen noch einer bestimmten Hand sicher zuschreiben lassen, versammelt diese Seite. Viele Ideen mögen gleichzeitig nebeneinander entstanden sein. Holzmeister und Hoflehner dürften sich wechselweise Anregungen gegeben haben. Die Rhythmisierung der riesigen Gesamtfläche bestimmt alle Zeichnungen.

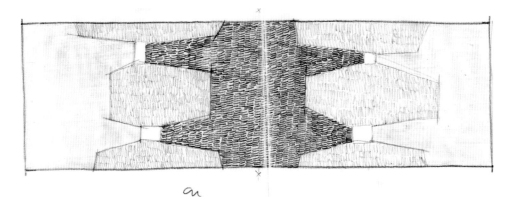

Wirkendes. Die zuschauerseitigen Stahlplatten wurden besonders aufwändig zu einem Muster von Polygonen geschliffen und poliert, sodass schöne Lichtreflexe entstehen und das Kunstwerk in verschiedenen Farb- und Hell-Dunkel-Nuancen erstrahlt.

Das Archiv der Salzburger Festspiele bewahrt zahlreiche Entwürfe für die künstlerische Gestaltung des Eisernen Vorhangs auf, doch nur zwei davon tragen Signaturen. Der eine ist Holzmeister selbst zuzuschreiben, der zweite, eine technische Zeichnung vom tatsächlich ausgeführten Motiv mit genauen Maßangaben, Rudolf Hoflehner. Alle anderen tragen ein noch nicht identifiziertes Kürzel. Viele der Zeichnungen ähneln im Stil gesicherten Werken Holzmeisters. Die große Anzahl an Studien lässt auf die intensive Auseinandersetzung des Architekten mit dieser Aufgabe schließen. Wann Hoflehner ins Spiel kam, bleibt noch ungeklärt, da er in den Archivalien zum Eisernen Vorhang namentlich nicht genannt wird. Alle anderen im Festspielhaus tätigen Künstler sind in Belegen auffindbar. Vielleicht übernahm Hoflehner wegen seiner Kenntnis über das Material und die Technik die Umsetzung von Holzmeisters Ideen? Über die Entstehungsgeschichte dieses wichtigen und auch beeindruckenden Werkes können nur Vermutungen angestellt werden. Aufgrund seiner Dimensionen, seines Gewichts sowie der aufwändigen Bearbeitung und Montage beanspruchte seine Herstellung einige Zeit. Um eine späte „Notfall-Entscheidung" handelt es sich daher nicht, zumal der Eiserne Vorhang als eines der ersten Werke fertiggestellt und eingebaut wurde.

Tanja von Schilling

Roter Vorhang

Ein Kunstwerk aus der Textilwerkstatt Gretl und Leo Wollner

Kunst im Großen Festspielhaus

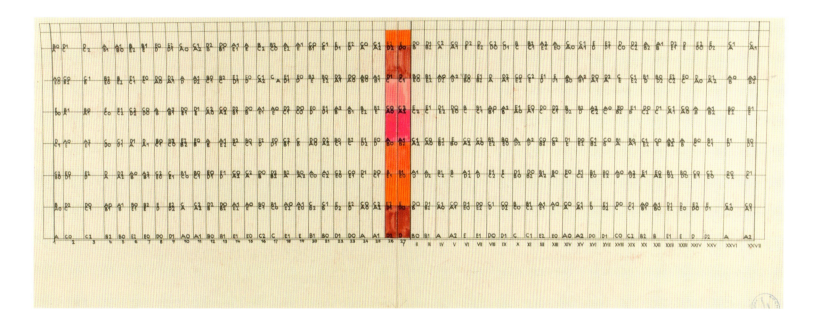

Der Färbeplan für den Roten Vorhang ist die „Partitur", nach der die Firma Backhausen das Prunkstück ausführte. Viele Rottöne und Druckmuster spielen zusammen in einem bemerkenswert dünnen Stoff, der mit einem leichten und eleganten Faltenwurf die gesamte Bühnenbreite füllte.

Das Textilatelier von Gretl und Leo Wollner[1] entwickelte das Konzept sämtlicher Textilien für Sitze, Wände, Böden und den Bühnenhauptvorhang im Großen Festspielhaus. Als exklusive Sonderanfertigungen waren die verarbeiteten Stoffe nicht im Handel erhältlich.[2] Das Herzstück von Wollners Auftrag bildete der rotgemusterte Bühnenvorhang. Dieser Spielvorhang aus Baumwollvelours hat eine Fläche von 540 m² und kann seitlich weggezogen oder zum sogenannten Wagner-Vorhang gerafft werden.[3] Es stellte eine große Herausforderung dar, die hohen Anforderungen an Qualität und Material in dieser Größenordnung zu bewältigen. Zahlreiche Diskussionen über die ideale Webtechnik, die Farben, die Funktionalität und die Kosten begleiteten seine Planung und Herstellung. Insbesondere sollte der Vorhang gegen allzu schnelle Verschmutzung resistent sein. Wollner wollte das Prunkstück bei der Firma Pausa AG in Mössingen (Deutschland) fertigen lassen, die er bereits aus früheren Kooperationen kannte. Das Textilunternehmen verfügte über Erfahrung mit großformatigen Stoffbahnen und hatte auch schon mit Künstlern wie HAP Grieshaber und Willi Baumeister zusammengearbeitet. Für die Vergabe wurde ein Wettbewerb ausgeschrieben, an dem auch die Firma Pausa AG sich

---

[1] Leo und Gretl führten das Atelier gemeinsam, und sie waren auch beide aktiv dort als Designer tätig. In jeglichen Korrespondenzen ist nur Leo Wollner angeführt, weil es in den 1950er Jahren noch üblich war, Geschäfte nur mit dem Ehemann abzuschließen. Erst 1979 wurde im „Bundesgesetz über die Gleichbehandlung von Frau und Mann im Arbeitsleben" (BGBl 108/1979) die berufliche Gleichbehandlung beschlossen.
[2] ASF 35 – 6.6.1959.
[3] ASF 51 – 15.9.1959.

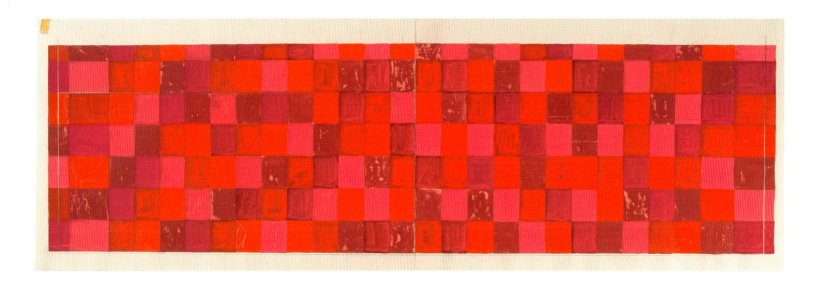

Wie bei den Entwürfen Hoflehners für den Eisernen Vorhang erkennt man auch bei den Farbmustern des Ehepaars Wollner die detailreiche und sorgfältige Planung. Die Vorlage zielt auf den farbigen Gesamteindruck ab, für den die grafische Gestaltung der Einzelfelder noch keine Rolle spielte. Die kleinen Punkte und zarten Striche sind aus nächster Nähe deutlich zu erkennen, in weiterer Entfernung verschmelzen sie zu einem lebendigen Formenspiel.

beteiligte. Der Auftrag für die Herstellung und das Färben erging jedoch schließlich an die Firma Backhausen in Wien. Neben dem exakten Färbeplan gab es auch eine genaue Nähanleitung, wobei das Farbmusterkonzept und die Strichrichtung des Stoffes genauestens einzuhalten waren, um die besondere optische Wirkung zu erzielen.[4] Die Fläche wurde in rechteckige Felder in verschiedenen hellen und dunkleren Rottönen eingeteilt, die sich auf den Entwürfen aus je vier verschiedenen Feldern mit den Bezeichnungen A, A0, A1 und A2, im gleichen System bis zum Buchstaben E, zu größeren rechteckigen Kompartimenten zusammensetzen. Die verschiedenen im Seidensiebdruckverfahren erzeugten Rottöne changieren beim Öffnen oder Schließen des Vorhanges in einem reichen Farbenspiel. Geometrische Muster mit variierendem Linienspiel, eine feinstufige Nuancierung der Rottöne, die ein spannendes Farbenspiel erzeugt, waren ein Merkmal für die Werkstatt des Designer-Ehepaars Leo und Gretl Wollner. Anfang der 1990er Jahre ließ Gerard Mortier einen neuen, einfachen Bühnenvorhang anbringen. Heute befindet sich der noch immer funktionstüchtige und unbeschädigte Vorhang, der den Rang eines eigenständigen Kunstwerks für sich reklamieren darf, im Depot des Festspielhauses.

Tanja von Schilling

[4] ASF 57 – 2.12.1959.

Dieser Blickfang, für sich selbst genommen ein Kunstwerk, muss heute im Depot auf seinen nächsten Einsatz warten.

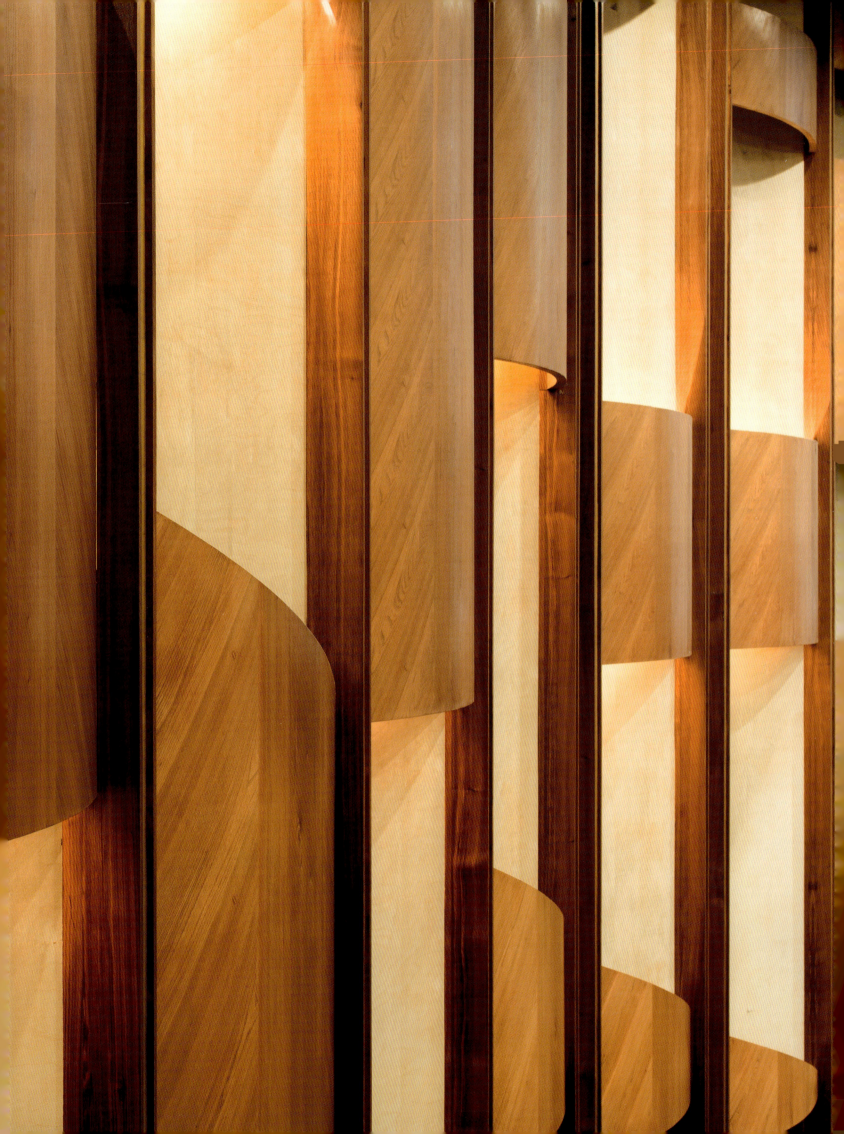

Leisten, Lampen, Marketerie

Interieur en détail

Kunst im Großen Festspielhaus

Eine Hauptrolle in der Ausgestaltung des Großen Saals spielt das Licht. Es steht mit Akustik und Kunsthandwerk im Fokus des Anspruchs an diesen Raum. Wie im ganzen Haus werden auch hier Orte von besonderer Bedeutung betont und erhalten einen festlichen Charakter. Ausgänge und Mittellogen des Parterres sind so zum Beispiel von länglichen Wandlustern gerahmt. Die für die Akustik so wichtigen Wandpaneele wurden gleich einem Lampenschirm mit Beleuchtungskörpern hinterlegt, um verschiedene Lichtstimmungen im Raum erzeugen zu können. Je nach Erfordernis an das Darzubietende kann die Lichtwirkung im Saal verändert und angepasst werden. Eine bis dahin ungewöhnliche Lösung fand man für die Deckenbeleuchtung. Die Entscheidung fiel zu Gunsten einer breiten Verteilung von vielen Lichtquellen auf und in der Deckenkonstruktion. Lösungen, wie etwa einen großen zentralen Beleuchtungskörper oder hochfahrbare Luster[1] zu installieren, wurden verworfen.

---

[1] Die bekannte Wiener Traditionsfirma J. & L. Lobmeyr entwarf und fertigte nicht nur die Luster für Staatsoper, Burgtheater u. v. a., sondern auch die berühmten „Sputnik"-Leuchten für die New Yorker Met. Holzmeister beauftragte die Firma für mehrere Räume im Festspielhaus Beleuchtungskörper auszuführen.

Mit Glas verblendete Leuchten sind in die Absätze der Lamellen des Plafonds eingesetzt. Spotlichter unter jeder einzelnen dieser Lampen betonen die Struktur. Das Konzept bestimmt auch die Unterseite der Rangbrüstung, oberhalb der Logen. Hier enden die zum Bühnenraum weisenden Spitzen in kreisrunden Spots. Im Bereich der Vorbühne ändert sich die Beleuchtungsform nochmals. Kleine, wie Guckfenster wirkende Deckenstrahler sind in den gestuft abfallenden Bereich integriert.

Der enorme kunsthandwerkliche Aufwand setzt sich durchgehend fort, unzählige Einzelheiten wurden in höchstem Anspruch an Qualität der Ausführung, Technik und Material gestaltet. Vieles davon wird auch erfahrenen Festspielbesuchern bisher noch verborgen geblieben sein, obgleich Details, wie die vergoldeten Leisten, Rillen und Profile der Holzvertäfelungen, die kleinen Messinglampen zur Beleuchtung des Treppenbodens, die Marketerie an der Rangbrüstung, die mit einem Goldgewebe der Firma Backhausen bespannten Lautsprecher, die aus der Wand ausklappbaren Dienstsitze und vieles Andere, das Festliche und Ehrgebietende des Raumes prägen. Gerade die Details bezeugen die bis ins Kleinste durchdachte Planung und Gestaltung, bei der Holzmeister immer wieder den Rat der Künstler und Experten suchte. In seinem selbst verfassten Konzept spricht Holzmeister wiederholt das Ineinandergreifen vieler Faktoren und Überlegungen an:

„Der Auswahl der Fourniere, der Gegenüberstellung verschiedener Holzarten, die bei den Täfelungen und der Rangbrüstung in vielen Varianten behandelt und bei den Panelen im Hauptfoyer bis zur plastischen Intarsie gebracht wurde, galt die besondere Pflege seitens des Planers und des Holzfachmannes, Karl Unger hat auch hier wertvoll mitgearbeitet."[2]

Ein Aspekt darf allerdings keinesfalls außer Acht gelassen werden: Jegliche gestalterischen Maßnahmen wurden im Zweifelsfall zu Gunsten der Akustik angepasst.

Jakob Reitinger

---

[2] ASF 5 – undatiert, S. 12.

Direktionsetage

Zentrale der Kunst

Kunst im Großen Festspielhaus

Dem Festspielhaus-Besucher verborgen bleibt die Direktionsetage, auf deren repräsentative Ausstattung Holzmeister ebenfalls viel Wert legte, um besonderen Gästen ein festliches Ambiente präsentieren zu können.

Nach einer kompletten Umgestaltung der Etage im Jahr 2008 ist die ursprüngliche Erscheinung und Nutzung nur mehr in Ansätzen vorhanden.

Von Beginn an war die Leitung der Salzburger Festspiele in Präsidium, Intendanz und kaufmännische Direktion unterteilt. Unterstellt sind der Intendanz die künstlerische Betriebsdirektion mit dem künstlerischen Betriebsbüro sowie die Sparten Schauspiel und Konzert. Auf der Ebene des Logenfoyers, links von der Bühne gesehen, wurden für diese Direktionen Räumlichkeiten geschaffen. Bei ihrer Konzeption achtete man auf eine Trennung der Wege, um die Nutzung durch besondere Gäste und Mitarbeiter zu ermöglichen.

Um das Festspielhaus ungesehen betreten zu können, führt der Weg vorbei an der Haupt-Portiersloge. Die Zufahrt ist wie durch ein Vestibül direkt in den Innenhof möglich. Ein kleines, intimes Stiegenhaus führt hinauf zum Empfang. Zur Linken liegt das Büro der Präsidentin, zur Rechten endet ein Gang mit Tapetentür unmittelbar im Logenfoyer. Gäste der Präsidiale können so in den Pausen und zu anderen Gelegenheiten ohne Umwege zu Einladungen in die Direktionsetage gelangen. Der große Empfangsraum war, wie der öffentlich zugängliche Teil des Festspielhauses, mit Baccaratmuschel-Leuchten und den charakteristischen lederbezogenen Holzbänken ausgestattet. Zu beiden Seiten des Empfangsraumes befinden sich wie bei einer Enfilade verbunden die Zimmer und Sekretariate des Präsidiums, der Intendanz und der künstlerischen Betriebsdirektion. Holzmeister bedachte den gesamten Bereich mit vielen praktischen Annehmlichkeiten und technischen Ausstattungen. Dazu gehörten kleine Badezimmer und Teeküchen sowie Lautsprecher mit Direktübertragung aus den Spielstätten.

Ein zusätzliches größeres Stiegenhaus führt zur Direktionsetage. Auf verschiedenen Ebenen liegen hier Herren- und Damensologang, die Bühne, Orchestergang und in weiterer Folge der Zugang durch eine „Geheimtür" in Hutters Logensalon.

Im Laufe der Intendanzen wurden die Räumlichkeiten unterschiedlich intensiv genutzt. Gerard Mortier zum Beispiel lud gerne Künstler zu kleinen Empfängen in seine Räume ein.

Das Präsidentenzimmer war auf dieser Ebene der einzige Raum mit einer künstlerischen Ausstattung und wird noch heute für wichtige Empfänge genutzt. Ursprünglich hing dort der Gobelin „Sphärenklänge" von Herbert Boeckl. Die Stuckdecke von Gudrun Baudisch-Wittke zeichnet den Raum noch heute aus.

Ein Detail am Rande: Die sogenannten „Mascherl-Luster" aus der Zeit Herbert von Karajans haben die Jahrzehnte überdauert und befinden sich heute im Archiv der Salzburger Festspiele.

Jakob Reitinger

Mörtelschnittdecke

Schlichte Eleganz von Gudrun Baudisch-Wittke

Kunst im Großen Festspielhaus

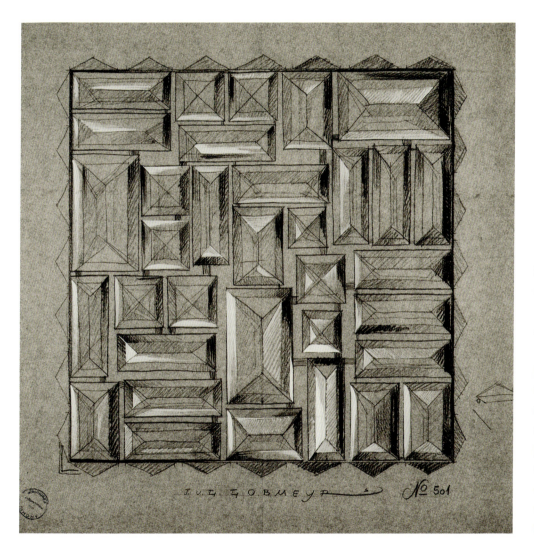

Bei der Ausgestaltung des Präsidentenzimmers plante Holzmeister eine ganz besondere künstlerische Aufwertung des Raumes. Von Gudrun Baudisch-Wittke und Hilda Schmid-Jesser wurden Entwürfe für eine Stuckdecke erbeten.[1] Zu integrieren waren die Beleuchtungskörper und die vorhandene Deckenunterkonstruktion. Die Wahl fiel auf den Entwurf von Baudisch-Wittke, der versenkte, quadratische Kristallleuchter vorsah.[2]

Die Decke im Präsidentenzimmer ist die letzte von Baudisch-Wittke ausgeführte Stuckdecke.[3] Im Laufe ihrer Schaffenszeit hatte sie bereits viele Stuckdecken gefertigt, einige bei gemeinsamen Projekten mit dem Architekten, so im Palais Kemal Atatürk in Ankara.[4] Die schlichte Decke im Festspielhaus gliederte die Künstlerin in unterschiedlich große Bänder, welche wie bei einem Relief sich teilweise tiefer, teilweise höher aus der Ebene heraus heben. Sechs schmale wechseln mit fünf breiten Bändern.

In die zurückhaltende Decke des Zimmers setzt die Künstlerin leicht vertieft ein querrechteckiges mit feinen parallelen Rillen strukturiertes Grundfeld. Wie appliziert wirken die fünf unterschiedlich langen Streifen, die Baudisch-Wittkes Relief mit dem Weiß der Decke verklammern. Auf den drei längeren, quadratisch gemusterten Bändern setzen die Kristalllampen klare Akzente, systematisch am Ende und in der Mitte positioniert. In Zartgrau eingefärbt, hebt sich die Komposition von der hellen Umgebung ab, bleibt mit ihr jedoch durch das Lichtspiel auf dem fein variierenden Relief verschränkt.

Aus feinem Sand in unterschiedlicher Körnung, den sie zusammen mit Weißkalk zu Mörtel anrührte und als Stuck anbrachte,[5]

---

[1] ASF 32 – 21.4.1959. Die Entwürfe waren bis zum 15.06.1959 einzureichen.

[2] ASF 36 – 07.07.1959, S. 1, Pkt. 2.

[3] Baudisch 2007, S. 30.

[4] Ebd.

[5] Wutzel 1980, S. 45.

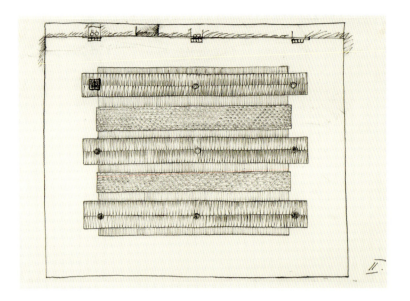

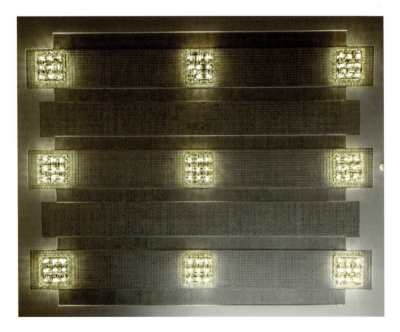

kreierte die Künstlerin eine elegante Oberfläche, die des Präsidentenzimmers würdig ist.

In den erhaltenen Schriftstücken[6] wird von einer Ausführung der Decke laut Entwurfsskizzen gesprochen. Das Archiv der Salzburger Festspiele verwahrt eine nicht signierte Skizze, welche möglicherweise einen ersten Entwurf der Künstlerin für den Stuckplafond der Decke zeigt. Die Skizze ist wie die Ausführung linear in geometrische Formen gegliedert. Herauskragende breite Streifen wechseln sich mit schmalen, kürzeren ab. Auf den breiten Streifen befinden sich je drei runde Markierungen, eventuell angedeutete Lampen, allein oben links erscheint schon deren spätere rechteckige Form.

Stuckdecken als oberste Auszeichnung eines Raumes haben eine lange Tradition. Holzmeister wählte diese Art der Aufwertung sicherlich bewusst – schließlich war und ist das Präsidentenzimmer nicht nur Arbeitszimmer, sondern auch Repräsentationsraum. Das Werk der Künstlerin entspricht nicht nur dem damaligen Zeitgeschmack, sondern besticht auch heute noch durch die Verbindung von Form, Funktion und Eleganz des Materials.

Annika Jeuter

---

[6] ASF 40 – 27.07.1959.

Nachwort

Die Kunst im Festspielhaus nach 1960

Nachwort

„[...] *sie müssen sich wieder erinnern, dass die Malerei eine Zauberschrift ist, die mit farbigen Klecksen statt der Worte, eine innere Vision der Welt, der rätselhaften, wesenlosen, wundervollen Welt um uns übermittelt [...] dass Malen etwas mit Denken, Träumen und Dichten zu tun hat [...] Ja es gibt Leute, denen es wie ein Paradoxon erschiene, wollte man ihnen das Selbstverständliche sagen, dass die Kunst der Farben an Gewalt über die Seele gleich ist der Kunst der Töne, dass in Bildern, wie in den wundervollen Werken der Musik, Offenbarungen und Erlebnis enthalten ist."*

Hugo von Hofmannsthal (1893)[1]

Die bildende Kunst war abseits aller künstlerischen Richtungsdiskussionen jedem Intendanten und jedem Direktorium auch nach der Fertigstellung des Großen Festspielhauses 1960 ein besonderes Anliegen – ein sichtbares Zeichen für die Einbindung aller Künste in das Gesamtkunstwerk Salzburger Festspiele.
Als 1963/64 das Kleine Festspielhaus wieder einmal umgestaltet wurde, bestand Josef Kaut, sozialdemokratisches Mitglied im Direktorium, darauf, die Steinskulptur „Orpheus II" von Alfred Hrdlicka

---

[1] Hugo von Hofmannsthal: *Die Malerei in Wien*, 1893 In: Bernd Schoeller (Hrsg.) in Beratung mit Rudolf Hirsch: *Hugo von Hofmannsthal: Gesammelte Werke, Band Reden und Aufsätze I (1891–1913)*, Fischer Taschenbuch Verlag, Frankfurt am Main 1979ff., S. 525–528

Markus Prachensky „Swing de Provence".

anzukaufen. Das ließ in Salzburg die Wellen politisch hochgehen. Da Hrdlicka bekennender Kommunist war, diskutierte der Gemeinderat sein politisches Bekenntnis und nicht den künstlerischen Wert der Figur. Die Festspiele ließen sich glücklicherweise nicht davon beeindrucken. Es wurde extra ein erhöhtes „Orpheus-Foyer" geschaffen. Heute steht der „Orpheus II" aber im Unteren Großen Pausenfoyer nahe dem monumentalen Portal Fischers von Erlach.

An der Wand gegenüber Hrdlickas Steinskulptur liefern seit 2013 die kraftvoll dynamischen roten Pinselstriche des österreichischen Malers Markus Prachensky den ergreifenden Beweis für Hofmannsthals These, „dass die Kunst der Farben an Gewalt über die Seele gleich ist der Kunst der Töne". Prachensky, einer der wichtigsten österreichischen Vertreter der Abstraktion, bezeichnete Rot als die Farbe seines Lebens: „Rot – das ist Feuer, Liebe … Es gibt kein Bild ohne Rot. Dann finde ich keinen Zugang. Auf Rot baue ich auf."[2]
Sein Werk war inspiriert von Eindrücken zahlreicher Reisen, die er in seinen Bildern auf das Wesentliche reduzierte, auf Form und Farbe. Für jede Werkserie wählte der Künstler zudem Musik aus, die seinen Schaffensprozess im Atelier begleitete. Diese fand sich dann oftmals auch im Titel des Werkes wieder, zusammen mit jenem Ort, aus dem der Künstler die Inspiration schöpfte: „Swing de Provence" (2007).

Auch Gerard Mortier wollte Akzente setzen. Seinen Bemühungen verdanken wir die farbenstarken vier Großkreuze „Dreams with the Wrong Solution" des amerikanischen Multi-Akteurs Robert Longo im Foyer des Großen Festspielhauses („Pressure in Heaven" – blau, „Songs of Surrender" – schwarz, „Prayers of Fire" – rot, „Crying of Public" – gold). 1993 schuf

---

[2] Markus Prachensky zum Thema … http://www.prachensky.net/de/werke/1990–1999.html (aufgerufen am 19.04.2018)

Robert Longo „Dreams with the Wrong Solution".

Longo zudem das Bühnenbild für eine Neuinszenierung von Mozarts „Lucio Silla". Mortier war es, der dessen Kunst nicht nur für einen flüchtigen Musiksommer erhalten wollte. Er wollte verhindern, dass die Kreuze in alle Welt verkauft würden und sie gerne im Festspielhaus behalten. Möglich wurde das durch das Ehepaar Karlheinz und Agnes Essl, das die Kreuze für ihre Sammlung erwarb und den Festspielen zunächst als Dauerleihgabe zur Verfügung stellte. 2016 gingen sie als großzügige Schenkung aus der Privatsammlung des Ehepaares Essl ins Eigentum des Salzburger Festspielfonds über.

Auf verschlungenen Wegen kam die monumentale Bronzeskulptur „Der Wächter" (1962) des österreichischen Bildhauers Andreas Urteil ins Eingangsfoyer des Großen Hauses, wo sie seit 2015 die Besucher in Empfang nimmt. In den 1960er Jahren wurde in Wien die Idee geboren, ein Denkmal für Gustav Mahler zu errichten. Zu diesem Zweck wurde der „Gustav Mahler-Denkmalverein" unter der Leitung von Manfred Mautner-Markhof und Hans Landesmann gegründet. Nach ausführlichen Debatten wurde die Skulptur „Der Wächter" des jungverstorbenen Wotruba Schülers Andreas Urteil (1933–1963) als mögliche Denkmalfigur ausgewählt. Landesmann, der zwischen 1991 bis 2001 ein Jahrzehnt lang als kaufmännisch-organisatorischer Leiter und Verantwortlicher für den Konzertbereich gemeinsam mit Gerard Mortier die Salzburger Festspiele der Post-Karajan-Ära prägen sollte, erteilte den Auftrag für einen Bronzeguss an die Witwe Urteils. Sollte das Denkmal nicht realisiert werden, würde er die Skulptur privat erwerben und in seinem Garten aufstellen. Dazu ist es dann nach langwierigen Verhandlungen auch gekommen. Die als Denkmal für Gustav Mahler erdachte letzte Plastik von Urteil fand vierzig Jahre lang einen würdigen Platz im Haus Landesmann. Nach dem Tod Hans Landesmanns im Jahr 2013 stiftete seine Familie die Skulptur den Festspielen, zum Andenken an den großen Förderer zeitgenössischer Kunst.

Im Eingangsbereich zum Unteren Großen Pausenfoyer steht zudem seit 2011 auch die lebensgroße Skulptur „Mozart 2003" des Salzburger Künstlers Hermann Rastorfer, die ursprünglich 2006 für das Haus für Mozart erworben wurde.

In der Donald-Kahn-Lounge im ersten Stock des Großen Festspielhauses, die seit 1995 als Empfangssaal für Förderer, Spon-

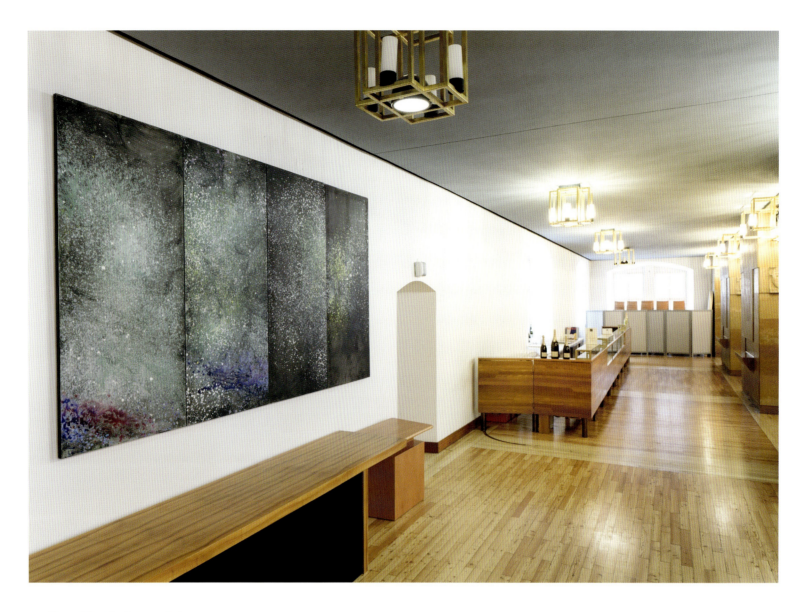

Cynthia Polsky „Black Forest Light".

soren und deren Gäste sowie als Raum für Pressekonferenzen und verschiedene Veranstaltungen im Rahmen der Salzburger Festspiele dient, schmückt seit 2008 ein 200 × 365 cm großes Gemälde mit dem Titel „Black Forest Light" (1973) der amerikanischen Künstlerin, Kunstsammlerin und Mäzenin Cynthia Polsky die Wand. Als Landschaften, in die sich der Betrachter verlieren kann, konzipierte die in der Tradition der farbbasierten Abstraktion der Farbfeldmalerei der späten 1950er und frühen 1960er Jahre malende Künstlerin ihre großformatigen Gemälde.

Im Eingangsbereich zur Donald-Kahn-Lounge ist seit 2009 Daniel Richters Bild „Musik" (2008) zu sehen. Gestiftet wurde das Kunstwerk von unserem damaligen Projektsponsor Montblanc, der zwischen 2002 und 2014 das Young Directors Project im Rahmen der Salzburger Festspiele unterstützte. Richter, einer der wichtigsten Vertreter der neueren deutschen Malerei, gestaltete 2008 für die Salzburger Festspiele das Bühnenbild für Béla Bartóks „Cantata profana/Herzog Blaubarts Burg" unter der Regie von Johan Simons im Großen Festspielhaus und 2010 jenes für Vera Nemirovas Neuinszenierung von Alban Bergs Oper „Lulu" in der Felsenreitschule. Malerei ist für Daniel Richter wie Musik, „präzise aber auch unklar. Die Qualität eines Bildes ist nichts, was du in eine Sprache übersetzen kannst. Wenn du es übersetzen könntest, bräuchtest du kein Bild dafür."[3] „Musik" zeigt zwei

---

[3] Lisa Beisswanger: *Join the Joyride – Malerei und Musik bei Daniel Richter*, SCHIRN MAG, Oktober 2015, http://www.schirn.de/magazin/kontext/join_the_joyride_malerei_und_musik_bei_daniel_richter/ (aufgerufen am 15.04.2018)

Daniel Richter „Musik".

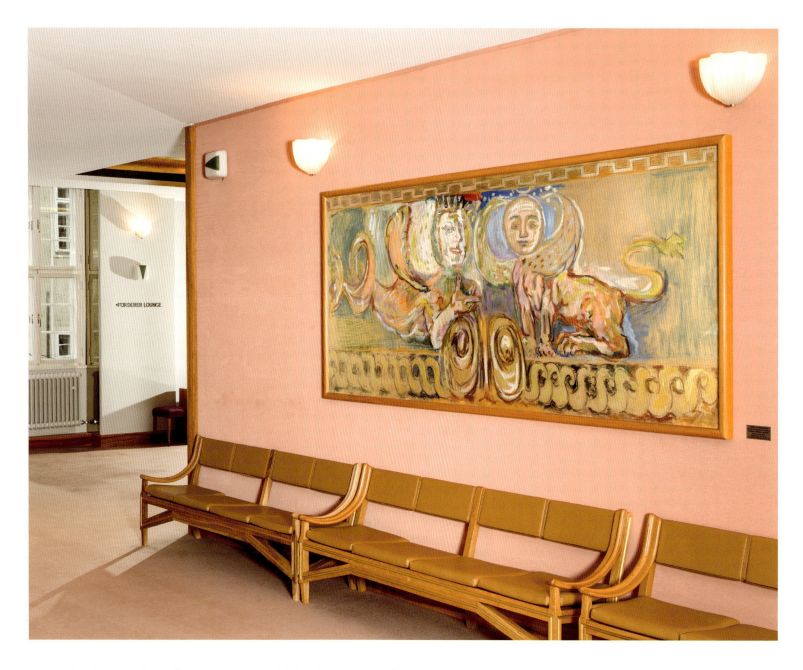

Oskar Kokoschka „Männliche Chimäre mit Sonne, weibliche Chimäre mit Mond".

Taliban-ähnliche Figuren auf mohnrotem Feld, die ihre traditionellen Instrumente wie Waffen schultern. Von einer „Verzahnung von Fremdheit und Kultur bringenden Gestalten" sprach Richter bei der Enthüllung, und von „Widerspruch zeigenden und versöhnenden Kräften".

Zu einer Art Familienzusammenführung kam es im Sommer 2013 im Goldenen Gang. Der Entwurf zu Oskar Kokoschkas Gobelin „Männliche Chimäre mit Sonne, weibliche Chimäre mit Mond" (1956), den der Verein der Freunde der Salzburger Festspiele angekauft hatte, ist nach Jahren in den Räumlichkeiten des Landes Salzburg ins Festspielhaus zurückgekehrt und hängt nun in unmittelbarer Nähe seines „großen Bruders" im Eingangsbereich der Donald-Kahn-Lounge.

Zudem nützen die Festspiele dank der Unterstützung von Leica und der Leica Galerie Salzburg das Foyer des Großen Festspielhauses seit Jahren für temporäre Fotoausstellungen. Das Publikum reagierte darauf begeistert und bestärkt uns in dem Vorhaben, alljährlich auch mit der bildenden Kunst einen besonderen Festspielakzent zu setzen und so die Vision der Gründerväter zu erfüllen, Räume nicht nur musikalisch, sondern auch visuell zum Klingen zu bringen.

Helga Rabl-Stadler

Anhang

Künstlerviten

Baudisch-Wittke, Gudrun

Gudrun Baudisch (1907 Pöls–1982 Salzburg), die nach ihrer 2. Hochzeit 1940 den Doppelnamen Baudisch-Wittke führte, war ab 1922 Schülerin in der Bildhauer- und Keramikklasse der Kunstgewerbeschule Graz. Anschließend arbeitete sie von 1926 bis 1930 in der Wiener Werkstätte, darauf war sie als selbständige Keramikerin tätig. Holzmeister und Baudisch lernten einander Ende der 1920er Jahre in Wien im Freundeskreis um Josef Hoffmann kennen. In den frühen 1930er Jahren begann die erste intensive Zusammenarbeit mit Holzmeister, insbesondere oblagen Baudisch die baukeramischen Arbeiten für den Präsidentenpalast Kemal Atatürks in Ankara, wo sie unter anderem eine große Stuckdecke fertigte. Wegen der Übersiedelung von Baudisch nach Berlin ruhte die Zusammenarbeit bis in die 1950er Jahre. Nach dem Zweiten Weltkrieg gründete Baudisch-Wittke die „Keramik Hallstatt" und entwarf gleichzeitig auch für die Gmundner Keramik. 1968 gründete sie zusammen mit Johann Hohenberg, der ab 1968 die Gmundner Keramik übernommen hatte, die Werkgemeinschaft „Gruppe H" (H steht für Hallstatt und Hohenberg). 1969 wurde das Verkaufslokal der „Gruppe H" in Salzburg am Universitätsplatz 6 gegründet. 1974 zog die Künstlerin nach Salzburg an den Universitätsplatz um und hatte ein Atelier im Stadtteil Riedenburg.[1]

Bertoni, Wander

Wander Bertoni (1925 Codisotto/Reggio Emilia, Italien) floh vor dem Kriegsdienst und gelangte 1943 als Zwangsarbeiter nach Wien. Dort fand seine erste Begegnung mit der Kunst, besonders der Bildhauerei, statt. 1947 war er einer der Gründerväter des Wiener Art Clubs. Diese progressive Künstlervereinigung beeinflusste maßgeblich mit ihren Aktivitäten und Ausstellungen im In- und Ausland die Entwicklung der bildenden Künste.[2] 1946 bis 1952 studierte Bertoni an der Wiener Akademie der schönen Künste bei Fritz Wotruba. Er übernahm jedoch kaum den kubistisch-kantigen Wotruba-Stil. Vielmehr bedeutete die Anleitung der Kollegin Maria Biljan-Bilger für ihn Anregung und Entwicklung hin zur nicht figurativen, abstrakten Plastik.[3] Seit den späten 1950er Jahren entstand ein Großteil seiner Skulpturen als öffentliche und private Aufträge, u.a. für die Brüsseler Weltausstellung und für die Stadt Wien. Von 1965 bis 1994 leitete Bertoni die Meisterklasse für Bildhauerei an der Wiener Akademie für angewandte Kunst. Seitdem lebt und arbeitet er in Winden am Nordufer des Neusiedler Sees, wo auch ein großes Freilichtmuseum mit seinen Skulpturen und Objekten im Freien und in einem Ausstellungspavillon entstanden ist.[4]

Boeckl, Herbert

Herbert Boeckl (1894 Klagenfurt–1966 Wien) studierte von 1912 bis 1914 Architektur an der Technischen Hochschule in Wien. Seine künstlerische Ausbildung erwarb er sich durch Privatunterricht bei Adolf Loos während des Studiums. Schon 1919 bezog er ein eigenes Atelier in Klagenfurt und schloss einen Kommissionsvertrag auf Vorschuss mit dem Kunstverleger und -händler Gustav Nebehay ab, was ihm Studienreisen nach Frankreich und

---

[1] Gugg 2002, S. 56–57; Baudisch 2007, S. 30.
[2] Zum Art Club, Sektion Österreich s. Breicha 1981.
[3] Sotriffer 1981, S. 174–175.
[4] Bertoni (Website).

Italien ermöglichte. Von 1935 bis 1939 war Boeckl als Professor an der Akademie der bildenden Künste in Wien tätig. Nach dem Zeiten Weltkrieg arbeitete er von 1952 bis 1960 in den Sommermonaten intensiv an dem großen Freskenzyklus in der Engelskapelle im Stift Seckau.[5] Boeckls künstlerisches Verdienst war vor allem, dass er mit seinem Frühwerk die österreichische Kunst aus der Stagnation des Expressionismus herausführte und in der Folge einer der wichtigen Lehrer der Moderne wurde.[6]

Fischer, Richard Kurt

Richard Kurt Fischer (1913 Götzis/Vorarlberg – 1999 Innsbruck) lebte ab 1933 in Innsbruck und besuchte dort von 1933 bis 1936 die Staatsgewerbeschule. Von 1946 bis 1949 absolvierte er das Studium an der Wiener Akademie für angewandte Künste, die er mit dem Staatspreis abschloss. Er besuchte zweimal, 1953 und 1954, die Salzburger Sommerakademie bei Kokoschka, der ihn in einem Brief als „verdammt begabtes Luder"[7] bezeichnete. Ab den 1950ern bis in die 1980er Jahre arbeitete Fischer vielseitig als Schnitzer, Bildhauer und Maler und konnte mehrere große Aufträge besonders für Ausstattungen kirchlicher Bauten ausführen. In Salzburg und Umgebung war er nicht nur im Neuen Festspielhaus tätig, sondern später auch für die Pfarrkirchen in Liefering (St. Martin) und in Parsch (Zum Heiligen Blut) sowie für den Alterssitz mit Privatkapelle von Erzbischof Karl Berg in Mattsee. Fischer bekleidete jahrzehntelang sozusagen die Funktion von Holzmeisters „Hauskünstler" und stattete viele von dessen Kirchenbauten aus. Umgekehrt ließ sich Fischer von Holzmeister eine Privatkapelle in Kristallform entwerfen, für die der Architekt erste Skizzen in den 1950er Jahren vorlegte, die aber erst rund 40 Jahre später in Arzl bei Innsbruck errichtet wurde. Fischer lebte stets zurückgezogen und spartanisch. Er sagte von sich selbst, sein Lebenslauf sei ganz ohne Bedeutung, es zähle nur das künstlerische Ergebnis.[8] 1993 fand zu seinem 80. Geburtstag eine erste Retrospektive seines Lebenswerks in der Siebenkapellen-Kirche von Innsbruck-Pradl statt.

Hoflehner, Rudolf

Rudolf Hoflehner (1916 Linz – 1995 Colle di Val d'Elsa/Italien) besuchte zunächst die Staatsgewerbeschule für Maschinenbau in Linz. Von 1936 bis 1938 studierte er Architektur in Graz und anschließend bis 1939 Bühnenbild an der Akademie der bildenden Künste in Wien bei Emil Pirchan.[9] Nach dem Zweiten Weltkrieg lehrte Hoflehner bis 1951 an der Kunstgewerbeschule in Linz. Danach studierte er von 1951 bis 1954 erneut an der Wiener Akademie, jetzt Bildhauerei bei Fritz Wotruba, wo er in dessen Atelier schon als freischaffender Bildhauer tätig wurde. Von 1962 bis zu seiner Emeritierung 1981 war er Professor an der Stuttgarter Akademie der bildenden Künste. In seinen späteren Werkphasen wandte Hoflehner sich seit den 1970er Jahren einer farbstarken, expressiven Malerei mit Anklängen an Francis Bacon zu. Ab 1985 schuf er wieder monumentale Skulpturen.[10]

Hoke, Giselbert

Giselbert Hoke (1927 Warnsdorf/Nordböhmen – 2015 Klagenfurt) verlor während des Zweiten Weltkrieges als gerade 17-Jähriger seinen rechten Arm. Nach Kriegsende studierte er trotz dieser Beeinträchtigung an der Wiener Akademie der bildenden Künste bei Robin Christian Andersen und Herbert Boeckl und an der Wiener Universität. Ab 1947 lebte Hoke in Ateliergemeinschaft mit Studienkollegen und unternahm viele Reisen mit Arbeitsaufenthalten in Europa, Nord- und Südamerika und im Fernen Osten. Von 1967 bis 1995 war er Professor an der Fakultät für Architektur der TU in Graz und baute das Institut für Künstlerische Gestaltung auf. Ab 1976 begann Hoke mit dem Bau des Werkhauses bei Schloss Saager/Gallizien in Kärnten, wo er auch lebte. 1982 bis 1989 unterrichtete er mehrfach an der Sommerakademie Salzburg im Bereich Malerei und Wandmalerei. Sein Werk umfasst neben Tafelbildern und Grafiken auch zahlreiche Fresken, Glasfenster und Emailwände im öffentlichen Raum.[11]

Hrdlicka, Alfred

Alfred Hrdlicka (1928 Wien – 2009 Wien) lernte zunächst Zahntechniker, zeichnete unterdessen aber eifrig und formte Figuren aus Gips. Deshalb brachte ihn sein Vater, ein führender Gewerkschaftsfunktionär, kurz nach Kriegsende mit dem Linksintellektuellen und damals kurzzeitigem Unterrichtsminister Ernst Fischer zusammen, der Hrdlickas väterlicher Freund und Mentor wurde. Hrdlicka begann sein langes Studium an der Akademie der bildenden Künste in Wien. Zunächst studierte er von 1946 bis 1952 Malerei bei Albert Paris Gütersloh und Josef Dobrowsky, dann von 1952 bis 1959 Bildhauerei bei Fritz Wotruba. 1959 stellte ihm die

---

[5] Schmied 2002, S. 564.
[6] Gugg 2002, S. 70.
[7] Hauser 1993, S. 9.
[8] Ebd.
[9] Muschik 1966, S. 168–169.
[10] Schmied 2002, S. 581.
[11] Ebd.

Gemeinde Wien ein erstes eigenes Atelier zur Verfügung. 1960 stellte er erstmals, zusammen mit Fritz Martinz, in der Wiener Zedlitzhalle aus. Weitere Ausstellungen in Wien, 1962 und 1963 in Salzburg und dann auch im Ausland folgten und führten zu seiner Bekanntheit als einer der bedeutendsten österreichischen Bildhauer der Nachkriegszeit. Ab den 1970er Jahren kamen Lehrtätigkeiten, insbesondere an den Akademien in Stuttgart, Berlin und Wien hinzu.[12] Seit den 1990er Jahren belasteten Hrdlicka körperliche Einschränkungen. Durch seine jahrzehntelange Arbeit am Stein war sein Körper um 16 cm geschrumpft, zudem war sein Sehvermögen eingeschränkt. Hinzu kamen private Schicksalsschläge wie der Tod der Ehefrau Barbara 1994 und der Freitod der Geliebten Flora 1999. Dennoch blieb Hrdlickas unbeugsamer künstlerischer und politischer Überlebenswille bestehen. 2008 ehrte ihn sein wohl größter Sammler Reinhold Würth mit einer Retrospektive zum 80. Geburtstag.[13] Als sein wichtigstes Werk bezeichnete Hrdlicka sein „Mahnmal gegen Krieg und Faschismus", 1988 am Wiener Albertinaplatz errichtet.

Hutter, Wolfgang

Wolfgang Hutter (1928 Wien – 2014 Wien) besuchte zunächst von 1943 bis 1945 an der Wiener Kunstgewerbeschule die Klasse der Allgemeinen Formenlehre bei Wolfgang Böhm. Anschließend studierte er von 1945 bis 1950 an der Akademie der bildenden Künste bei Robin Christian Andersen und bei seinem Vater Albert Paris Gütersloh. Als freischaffender Maler war Hutter Mitglied des Art Clubs. In den 1950er Jahren begründete Hutter gemeinsam mit Arik Brauer, Ernst Fuchs, Rudolf Hausner und Anton Lehmden die Wiener Schule des Phantastischen Realismus. Die erste große Ausstellung dieser dem Surrealismus nahestehenden Gruppierung fand 1959 im Oberen Belvedere statt. Von 1966 bis 1996, ab 1974 als ordentlicher Professor, leitete Hutter die Meisterklasse für Malerei und Grafik an der Wiener Hochschule für angewandte Kunst.[14] Bedeutende Werke im öffentlichen Raum sind u.a. Gobelin-Entwürfe für das Wiener Burgtheater, Bühnenbilder und Ausstattungen für weitere Wiener Theater sowie der Eiserne Vorhang für das Stadttheater Wiener Neustadt.

Kokoschka, Oskar

Oskar Kokoschka (1886 Pöchlarn/Niederösterreich – 1980 Montreux/Schweiz) studierte von 1904 bis 1909 an der Wiener Kunstgewerbeschule und arbeitete von 1907 an gleichzeitig für die Wiener Werkstätte. Die 1910er Jahre verliefen für Kokoschka außerordentlich turbulent: 1912 bis 1915 bestand das stürmische Liebesverhältnis mit Alma Mahler-Schindler, im Kriegsdienst von 1914 bis 1916 wurde er 1915 schwer verwundet (Kopfschuss und Stich in die Lunge). 1917 ließ sich Kokoschka nach einem Sanatoriumsaufenthalt in Dresden nieder und übernahm von 1921 bis 1923 eine Professur an der dortigen Akademie der bildenden Künste. Es folgte fast ein Jahrzehnt intensiver Reisen in Europa, Nordafrika und in den Vorderen Orient. 1933 kehrte er nach Wien zurück, doch schon 1934 sah er sich aufgrund der politischen Ereignisse gezwungen, nach Prag zu übersiedeln, wo er seine spätere Frau Olga kennenlernte. 1938 emigrierte Kokoschka, als entarteter Künstler gebrandmarkt, nach London. 1947 erhielt er die britische Staatsbürgerschaft, 1953 übersiedelte er nach Villeneuve am Genfer See.[15] Ebenfalls 1953 begann die enge Beziehung zu Salzburg – zusammen mit seinem Galeristen Friedrich Welz gründete er die „Schule des Sehens", die nachmalige Salzburger Internationale Sommerakademie, die er elf Sommer lang leitete.[16] Ein beträchtliches Konvolut besonders des druckgrafischen Werks von Kokoschka gelangte als Stiftung von Friedrich Welz in die Landessammlung Rupertinum.

Lehmann, Arno

Arno Lehmann (1905 Berlin – 1973 Salzburg) war als Keramiker, Maler und Bildhauer tätig. Nach dem Studium an der Münchner Akademie kehrte er 1933 nach Berlin zurück, wo er eine Keramik-Werkstatt eröffnete. Dort schuf er für die Olympia-Sportstätten 1936 ein großes Keramik-Relief. Im Zweiten Weltkrieg wurde sein Berliner Atelier zerstört. 1944 bezog Lehmann in der „Villa Alberti" in Bad Aussee Wohnung und Atelier, wo er hauptsächlich Gebrauchsgüter fertigte. 1949 musste er umsiedeln und erhielt ein Atelier im „Hohen Stock" der Festung Hohensalzburg. Als international anerkannter Keramikkünstler schuf Lehmann auch Gemälde mit Tusche und Erdwachsfarben.[17] In den 1960er Jahren kombinierte er seine Keramik mehr und mehr mit anderem Material (z.B. Bronze-/Eisenstäbe für Gitter). Lehmann schuf gegen Ende seines Lebens immer weniger Werke, was auf seine Not, begründet im ausbleibenden Erfolg, Krankheit und familiäre Probleme zurückzuführen war. 2007 wurden seine Keramiken in einer Ausstellung des Salzburg Museums gewürdigt.

---

[12] Schmied 2002, S. 582.
[13] Valentien 2008, S. 68–69.
[14] Schmied 2002, S. 583.
[15] Schmied 2002, S. 588.
[16] Gugg 2002, S. 152.
[17] Kaindl-Hoenig 1983, S. 120.

Leinfellner, Heinz

Heinz Leinfellner (1911 Steinbruck/Steiermark, heute: Zidani Most, Slowenien – 1979 Wien) besuchte von 1927 bis 1930 die Kunstgewerbeschule in Graz. Von 1932 bis 1940 studierte er an der Akademie der bildenden Künste in Wien Bildhauerei, 1933/34 bei Anton Hanak und 1935 bis 1939 bei Josef Müllner. Von 1946 bis 1948 war er zunächst freier Mitarbeiter bei Fritz Wotruba und von 1948 bis 1952 auch Wotrubas Assistent an der Wiener Akademie. 1947 war Leinfellner eines der Gründungsmitglieder des Art-Clubs.[18] Im Jahr 1959 erhielt er einen Ruf an die Akademie für angewandte Kunst in Wien, zunächst als Dozent der Meisterklasse für keramisches Gestalten, bis er dann im Jahr 1972 zum ordentlichen Professor ernannt wurde.[19] 1960 schuf er für die Gemeinde Wien das Keramikrelief am Wiener Kahlenberg als Gedenkstein für das „Entsatzheer" von 1683.

Plattner, Karl

Karl Plattner (1919 Mals/Italien – 1986 Mailand) war ein Südtiroler Maler. Sein Schwerpunkt lag in der Wandmalerei, die er meist als öffentliche Aufträge ausführte. Er begann 1935 eine Lehre als Anstreicher in Mals und später in Brixen. Die Begegnung mit Anton Sebastian Fasal, Professor der Wiener Akademie der bildenden Künste, ermöglichte ihm 1938/39 in zweijähriger Begleitung als Assistent bei der Restaurierung von Fresken die Freskomalerei zu erlernen. 1943 besuchte Plattner für sechs Monate die Berliner Kunstakademie, dann musste er Kriegsdienst leisten. Ab 1946 setzte er seine Studien in Florenz, Mailand (Akademie Brera) und Paris fort. 1952 ging er mit seiner Frau nach Brasilien. Hier erhielt er bedeutende Aufträge und hatte Ausstellungen in Rio de Janeiro und São Paulo. 1963/64 malte Plattner die Fresken an und in der Kapelle der neugebauten Europa-Brücke, danach konzentrierte er sich vor allem auf Tafelmalerei und Grafik.[20]

Schmid-Jesser, Hilda

Hilda Schmid-Jesser (1894 Maribor/Slowenien – 1985 Wien) studierte von 1914 bis 1917 an der Kunstgewerbeschule in Wien bei Oskar Strnad, Josef Hoffmann und in der Fachklasse für Bildhauerei bei Anton Hanak. Von 1922 bis 1938 war sie dort als Assistentin der Fachklasse für Bildhauerei, ab 1935 als Professorin tätig. Ab den 1920er Jahren gestaltete Schmid-Jesser zahlreiche Wandbilder für öffentliche und private Auftraggeber, u. a. ein Sgraffito für den Österreich-Pavillon der Pariser Weltausstellung 1937. In der Nachkriegszeit schuf sie Werke für die Wiener Staatsoper, das Burgtheater und das Theater an der Wien sowie für das Innsbrucker Landestheater. Ab 1945 bis zu ihrer Emeritierung 1966 lehrte sie als Professorin an der Wiener Angewandten Malerei und Grafik.[21]

Schneider-Manzell, Toni

Toni Schneider-Manzell (1911 Friedrichshafen – 1996 Rosenheim) lernte Bildhauerei an der Münchner Akademie und in Ascona. 1944 übersiedelte er nach Weitwörth nördlich von Salzburg und 1955 nach Salzburg. 1958 war er Initiator der Biennale Christlicher Kunst der Gegenwart in Salzburg. Er erhielt zahlreiche Großaufträge für den sakralen und profanen Bereich, in Salzburg das Tor und die Kanzel im renovierten Dom, in Speyer das Haupttor des Kaiserdoms und in Wien das Julius Raab-Denkmal. Schneider-Manzell war einer der letzten mitteleuropäischen Bildhauer, die sich im Rahmen einer klassischen Formensprache dem gesamten Aufgabenspektrum der plastischen Kunst stellten und in gestalterischem Universalismus bewältigten.[22]

Unger, Carl

Carl Unger (1915 Wolframitzkirchen bei Znaim, heute: Olbramkosel/Mähren – 1995 Wien) besuchte von 1934 bis 1939 die Meisterklasse an der Wiener Akademie der bildenden Künste bei Herbert Boeckl, dessen Tochter Maria er 1943 heiratete. Nach Kriegsende arbeitete er als freischaffender Künstler und gehörte 1947 zu den Mitbegründern des Wiener Art Clubs. 1950 begann seine Lehrtätigkeit an der Wiener Akademie für angewandte Kunst, zunächst als Leiter der Klasse für das Studium der menschlichen Gestalt. Im selben Jahr und nochmals 1954 war er an der Biennale in Venedig beteiligt. 1969 wurde er an der Akademie in Wien zum Professor berufen, von 1971 bis 1975 war er deren Rektor. Schwerpunkte seiner künstlerischen Tätigkeit waren Mosaike, Glasfenster und Malereien für öffentliche Bauten, darunter die Wiener Stadthalle, die ehemalige Zentralsparkasse sowie das Technologische Gewerbemuseum in Wien.[23]

Wollner, Leo und Gretl

Leo Wollner (1925 Wien – 1995 Wien) besuchte von 1939 bis 1942 die Bundeslehr- und Versuchsanstalt für Textilindustrie in Wien. Anschließend studierte er von 1942 bis 1949 an der Wiener Hochschule für angewandte Kunst in der Abteilung Mode-Textil bei Professor Eduard J. Wimmer-Wisgrill. Schon 1947 wurde Wollner als freier Mitarbeiter im Kunstwerkstätten-

Verein unter der Leitung von Professor Josef Hoffmann tätig. Dieser erkannte und förderte die Talente von Leo Wollner und dessen Studienkollegin und Ehefrau Gretl (1920–2006). 1949 machte sich das Paar nach Studienabschluss als Textildesigner selbstständig. Regelmäßig wurden die beiden für Entwürfe von namhaften Textilunternehmen beauftragt, besonders von der deutschen Firma Pausa AG in Mössingen. Seit Beginn der 1950er Jahre erhielten sie internationale Preise und Auszeichnungen. Von 1957 bis 1990 leitete Leo Wollner als Professor die Textilabteilung der Stuttgarter Akademie für bildende Künste.[24]

Thomas Pensler

---

[18] Muschik 1966, S. 172.
[19] Schmied 2002, S. 592.
[20] Höller 2004, S. 15–16.
[21] Wiesner 2006, S. 124, Skrypzak 2003.
[22] Gugg 2002, S. 223.
[23] Schmied 2002, S 616.
[24] Wollner (Website).

Abkürzungs- und Quellenverzeichnis

Abkürzungen:

ASF Archiv der Salzburger Festspiele (ohne Signaturen; Nummern folgen der Chronologie der verwendeten Archivalien, die als Kopien in einem eigenen Ordner in dieser Reihenfolge abgelegt dem Archiv zur Verfügung gestellt wurden).

BGV Bundesgebäudeverwaltung I, Außenstelle Salzburg während der Bauarbeiten, Residenzplatz 1

BGBl Bundesgesetzblatt

ORF Österreichischer Rundfunk

o.V. ohne Verfasser

o.O. ohne Ort

Quellenverzeichnis:

ASF – Archiv der Salzburger Festspiele

Die Altbestände des ASF haben keine Signaturen, daher werden hier die zitierten Quellen chronologisch geordnet gelistet. Die Nummern dienen als Kurzzitate für die Fußnoten, eine kurze Beschreibung des Inhaltes gewährleistet die Auffindung im ASF. Die Sammlung ausgewählter Dokumente wurde außerdem in Kopie bei Projektende dem Archiv der Salzburger Festspiele in gebundener Form übergeben. Dort zu finden unter: „Kunst im Großen Festspielhaus, Seminar unter der Leitung von Univ.-Prof. Dr. Andrea Gottdang u. Ass. Prof. Dr. Ingonda Hannesschläger, WS 2014/15 & SS 2015".

ASF [Nr.]
Autor, Titel, Datum, Seite(n). – In den Anmerkungen werden nur die Nummernverweise angegeben.

Quellen undatiert:

ASF 1 – undatiert
Zeitleiste ohne Titel: 9.10.1953 (1. Arbeitssitzung des Beratungs- und Finanzierungskomitees) – 28.1.1958 (Abrissgenehmigung vom Bundesdenkmalamt), undatiert. / Zeitleiste: Die endgültige Festlegung des Fassungsraumes stützt sich auf folgende Daten: 9.10.1953 (wie oben) – 24.1.1958 (nach Besprechung mit Baupolizei 2371 Plätze, davon 342 Stehplätze oder 303 Sitze, letzter Stand, Vergrösserung der Sitzbreite auf 51 bis 53).

ASF 2 – undatiert
o.V.: Vormemorandum, undatiert, S. 1–2.

ASF 3 – undatiert
o.V. [Clemens Holzmeister], Warum ein neues Festspielhaus, undatiert, S. 1–4.

ASF 3b
Memorandum über ein neues Mozart-Festspielhaus in Salzburg. Verfaßt vom Präsidium des Amtes der Salzburger Landesregierung, S. 1–10; dazu Anlage I: Kostennachfrage [vorgelegt am 6.5.1955] sowie Anlage II: Gutachten über das Projekt von Prof. Clemens Holzmeister für das neue Festspielhaus, S. 1–7.

ASF 4 – undatiert
o.V. Das neue Festspielhaus in Salzburg, Konzept undatiert, S. 1–8.

ASF 5 – undatiert
Clemens Holzmeister, Das neue Festspielhaus, undatiert, S. 1–15.

ASF 6 – undatiert
Johann Vogel (?), Betrifft: Neubau Festspielhaus Salzburg. Information, undatiert, S. 1–5.

ASF 7 – undatiert
Gottfried von Einem, Beantwortung des von der Direktion der Salzburger Festspiele ausgesandten Fragebogens das Projekt des neuen Festspielhauses betreffend, undatiert, S. 1–2.

ASF 8 – undatiert
Liste der Künstler Salzburg Festspielhaus, Künstlerliste mit Adressen, gegliedert nach: Bildhauer, Maler, Kunstgewerbe, undatiert, 1 Seite.

ASF 9 – undatiert
Aufstellung der künstlerischen Arbeiten (ausgestrichen und handschriftlich mit „Vorschlag zur Heranziehung von Künstlern" überschrieben) beim Bau des neuen Festspielhauses in Salzburg, undatiert, S. 1–2.

ASF 10 – undatiert
Josef Gregor und Heinz Kindermann (Professoren am Institut für Theaterwissenschaften Wien), Vorschläge für die Ausstattung der Eingangshalle Salzburg, undatiert, S. 1–3.

ASF 11 – undatiert
Giselbert Hoke an Holzmeister, Erläuterung des eingereichten Entwurfes, undatiert, S. 1–2.

ASF 12 – undatiert
Wander Bertoni an BGV, Betrifft: Neues Salzburger Festspielhaus. Brunnenfiguren in der Eingangshalle (gemäß Auftrag), undatiert.

Datierte Quellen in chronologischer Ordnung:

ASF 13 – 1.3.1951
Holzmeister an Klaus, Vorlage des Vorprojektes, Wien, 1.3.1951.

ASF 14 – 18.9.1953
Bundesministerium für Unterricht und Kunst Dr. Kolb an Bundesminister für Finanzen Dr. Kamitz bezüglich Notwendigkeit eines Hauses und Kosten, Wien, 18.9.1953, S. 1–3.

ASF 15 – 9.10.1953
Protokoll der ersten Arbeitssitzung des Beratungs- und Finanzierungskomitees betreffend Bau des Festspielhauses, S. 1–4.

ASF 16 – 12.11.1955
Finanzminister Kamitz an Landeshauptmann Klaus, Umsetzung und Finanzierung des Neubaus, Wien, 12.11.1955, S. 1–3.

ASF 17 – 07.1957
Holzmeister, Das neue Festspielhaus von Salzburg. Gedanken über die bauliche Entwicklung seit dem Jahre 1926, Juli 1957, S. 1–4.

ASF 18 – 26.4.1958
Bundesministerium für Handel und Wiederaufbau an Holzmeister, Konstituierung des Kunstausschusses (Berufung Holzmeisters) mit Nennung der Mitglieder: Vorsitz Landeshauptmann Dr. Josef Klaus, Stellvertreter: Sekt. Chef Dipl. Ing. Erich Föhner, Mitglieder: Min. Rat Dipl. Ing. Rudolf Kloss, Min. Rat Dipl. Ing. Josef Krzisch, Direktor Dr. Vinzenz Oberhammer, Min. Rat Dr. Karl Haertl, Min. Ob. Köar Dr. Adele Kaindl, akad. Maler Prof. Anton Steinhart, Arch. Prof. Dr. Clemens Holzmeister, Wien, 26.4.1958.

ASF 19 – 26.4.1958
Niederschrift über die Sitzung des erweiterten Bauausschusses für den Neubau des Salzburger Festspielhauses unter dem Vorsitz des Bundesministers für Handel und Wiederaufbau Dr. Bock, Salzburg, 26.4.1958, S. 1–11.

ASF 20 – 6.5.1958
(Antwort auf Brief von Sedlmayr vom 12.4.1958 an Holzmeister) Holzmeister an Sedlmayr betreffs Attika, Wien, 6.5.1958, S. 1–2.

ASF 21 – 10.5.1958
Sedlmayr an Holzmeister, Antwort betreffs Attika, München, 10.5.1958.

ASF 22 – 19.8.1958
Information zur Kunstausschusssitzung am 25.8.1958, Zusammenstellung der von Holzmeister vorgesehenen Ausstattung, Salzburg, 19.8.1958, S. 1–5.

ASF 23 – 25.8.1958
Protokoll Kunstausschusssitzung, Salzburg, 25.8.1958, S. 1–8.

ASF 24 – 17.12.1958
Kokoschka an Klaus, handschriftliches Schreiben bezüglich der Kunstwerke für das Festspielhaus, Villeneuf, 17.12.1958, S. 1–2 (mit Beilage Glückwunschkarte für Weihnachten).

ASF 25 – 12.2.1959
Berufsvereinigung der bildenden Künstler Österreichs an den Künstlerischen Beirat für den Festspielhaus-Neubau zu Händen Herrn Rektor, Dipl.-Architekt, Dr. Clemens Holzmeister, Beschwerde der Salzburger Künstler, Salzburg, 12.2.1959, S. 1–2.

ASF 26 – 13.2.1959
Protokoll Kunstausschusssitzung, Salzburg, 13.2.1959, S. 1–8.

ASF 27 – 16.3.1959
Hoflehner an Holzmeister, Offert, Wien, 16.03.1959.

ASF 27a – 24.3.1959
BGV an Lehmann, Auftrag, Salzburg, 24.3.1959, S. 1–2.

ASF 28 – 6.4.1959
BGV an Slavi Soucek, Wolfgang Hutter, Karl Plattner, Max Weiler, Betr.: Herstellung von Entwürfen für die Wandmalereien in den beiden Logenvorräumen des neuen Salzburger Festspielhauses, Wien, 6.4.1959, S. 1–2.

ASF 29 – 7.4.1959
Holzmeister an Klaus, Einladung an 6 Salzburger Künstler zur Entwurfseinreichung, Salzburg, 7.4.1959.

ASF 30 – 7.4.1959
Atelier Holzmeister an Maria Bilger, Kurt Fischer, Giselbert Hoke, Wolfgang Hutter, Martin Polasek, Gustav Hessing, Emil Thomann und Max Weiler, Auftragsschreiben für Gobelinentwürfe, Salzburg, 7.4.1959, S. 1–2.

ASF 31 – 7.4.1959
BGV an Wander Bertoni, Rudolf Kedl, Hans Knesl, Heinz Leinfellner, Karl Prantl, Walter Ritter, Alexander Silveri, Toni Schneider-Manzell, Elisabeth Turolt, Auftrag zur Herstellung von Entwürfen für den künstlerischen Flachreliefschmuck an 4 Natursteinpfeilern im Nichtraucher-Pausensaal, Wien, 7.4.1959, S. 1–3.

ASF 32 – 21.4.1959
BGV an Baudisch, Schmid-Jesser, Aufforderung zur Erstellung von Entwürfen für den Stuckplafond im Präsidentenzimmer, Salzburg, 21.4.1959, S. 1–2.

ASF 33 – 04.1959
Holzmeister an Baudisch u.a., Aufforderung zur Einreichung von Entwürfen, Salzburg, April 1959, S. 1–2.

ASF 34 – 11.5.1959
BGV an die Wiener Gobelin-Manufaktur (Auftrag)/Schreiben der BGV an Atelier Holzmeister (zur Kenntnisnahme), Wien, 11.5.1959, S. 1–2.

ASF 35 – 6.6.1959
Wollner an BGV, Informationen bezüglich Auftrag, Wien, 6.6.1959, S. 1–2.

ASF 36 – 7.7.1959
Aktenvermerk Nr. 91 zur Künstlerischen Ausstattung, Wien, 7.7.1959, S. 1–3.

ASF 37 – 16.7.1959
Holzmeister bzw. Engele an Bertoni bezüglich Planung der Brunnen, Salzburg, 16.7.1959.

ASF 38 – 23.7.1959
Bertoni an Bauausschuss-Sekretär Engele bezüglich Ausführung der 2 Brunnen, Wien, 23.7.1959.

ASF 39 – 27.7.1959
Schmid-Jesser an Engele, Bestätigung des Auftrages, Bad Goisern, 27.7.1959.

ASF 40 – 27.7.1959
Baudisch an BGV, Auftragszusage und Honorarvereinbarung, Hallstatt, 27.07.1959.

ASF 41 – 27.7.1959
Hutter an BGV, Honorarforderung, Wien, 27.7.1959.

ASF 42 – 28.7.1959
BGV an Hocke, Auftragsvergabe, Salzburg, 28.7.1959, S. 1–2.

ASF 43 – 28.7.1959
BGV an Atelier Schulz-Riedl, Auftragsvergabe, Salzburg, 28.7.1959, S. 1–2.

ASF 44 – 29.7.1959
BGV an Fischer, Auftragsvergabe, Salzburg, 29.7.1959.

ASF 45 – 30.7.1959
Holzmeister an Hutter, Anfertigung der Gipsplatten, Salzburg, 30.7.1959.

ASF 46 – 24.8.1959
Unger an BGV, Kostenvoranschlag für die Decke im Zuschauerraum, Wien, 24.8.1959, S. 1–2.

ASF 47 – 25.8.1959
BGV an Plattner, Auftrag, Wien, 25.8.1959, S. 1–2.

ASF 48 – 31.8.1959
Schmid-Jesser an Holzmeister, Information bezüglich der Gestaltung an der Feststiege, Wien, 31.8.1959.

ASF 49 – 1.9.1959
BGV an Hutter, Auftrag, Wien, 1.9.1959.

ASF 50 – 8.9.1959
BGV an Holzmeister: Neubau Festspielhaus; Künstlerische Ausschmückung; Kostensituation (2 Seiten). Mit Beilage (3 Seiten), 1: A) Entwurfskosten zur künstlerischen Ausschmückung, Beilage 2: B) Ausführungskosten zur künstlerischen Ausschmückung Salzburg, Eingang 8.9.1959. Beilage 2: Kostensituation zur Künstlerischen Ausschmückung, Salzburg, 8.9.1959.

ASF 51 – 15.9.1959
BGV an Pausa AG, Absage an Pausa (Vergabe an Backhausen), Salzburg, 15.9.1959.

ASF 52 – 17.9.1959
Holzmeister an BGV bezüglich künstlerischer Ausstattung, Wien, 17.9.1959, S. 1–2.

ASF 53 – 21.10.1959
Aktennotiz über Besprechung im Atelier von Holzmeister mit Vertretern der BGV (Dr. Vogel) und des Ministeriums (Dr. Zimmel und Arch. Ing. Reysach) bezüglich Innengestaltung, Wien, 21.10.1959, 2 Seiten.

ASF 54 – 28.10.1959
Lehmann an Engele bezüglich Farb-Gestaltungs-Möglichkeiten; Beilage: Schreiben an Dr. Vogel, Betr.: Neubau Festspielhaus 16 Wandkeramikgebilde, Salzburg, 28.10.1959, S. 1–2.

ASF 55 – 2.11.1959
Baudisch-Wittke an die BGV, Kostenvoranschlag, Hallstatt, 2.11.1959.

ASF 56 – 13.11.1959
BGV an Gudrun Baudisch-Wittke, Auftragserteilung, Salzburg, 13.11.1959, S. 1–2.

ASF 57 – 2.12.1959
Wollner an BGV bezüglich Möbelbezugsstoff, Wien, 2.12.1959, S. 1–2.

ASF 58 – 12.1.1960
Holzmeister an Baudisch bezüglich Ausführung und Motivfindung, Wien, 12.1.1960.

ASF 59 – 5.2.1960
Information zur Presseführung beim Neubau des Salzburger Festspielhauses am 5. Februar 1960, S. 1–4.

ASF 60 – 16.2.1960
BGV an Lore Bujatti, bezüglich Schriftzug Fassade, Salzburg.

ASF 61 – 27.2.1960
Hoflehner an Holzmeister, Fertigstellung Relief aus Eisen, Wien, 27.2.1960.

Pressemeldungen aus Sammlung des Archivs:

ASF Presseordner – im Archiv befinden sich zwei „Presse-Ordner" mit Sammlung von Zeitungsausschnitten, datiert 1959/60 und 1960, Zitate in den Fußnoten.

Literaturverzeichnis:

Achleitner 1982
Friedrich Achleitner (Hg.) : Romantischer Realismus. Bemerkungen zur Architektur Clemens Holzmeisters, in: Clemens Holzmeister (Kat. Ausst., Akademie der bildenden Künste Wien 1982), Wien 1982, S. 7–11.

Baudisch 2007
Gudrun Baudisch zum 100. Geburtstag (Kat. Ausst., Museum Zinkenbacher Malerkolonie, St. Gilgen 2007), St. Gilgen 2007.

Becker 1966
Paul Becker: Clemens Holzmeister und Salzburg, Salzburg 1966.

Becker 1992
Udo Becker: Lexikon der Symbole, Freiburg im Breisgau 1992.

Bertoni 1995
Wander Bertoni: Meine Aufträge, Wien 1995.

Brandhuber / Fussl 2017
Brandhuber Christoph / Maximilian Fussl: In Stein gemeißelt. Salzburger Barockinschriften erzählen, hg. v. Ursula Schachl-Raber. Mit kunsthistorischen Beschreibungen von Roswitha Juffinger, Salzburg 2017.

Breicha 1981
Otto Breicha (Hg.): Der Art Club in Österreich. Zeugen und Zeugnisse eines Aufbruchs. Monographie eines Aufbruchs (Kat. Ausst. Wien 1981), Wien 1981.

Dehio 1986
Salzburg. Stadt und Land, bearb. v. Bernd Euler, Ronald Gobiet, Horst R. Huber, Roswitha Juffinger, Wien 1986 (Dehio-Handbuch. Die Kunstdenkmäler Österreichs).

Demus 1961
Klaus Demus: Zu Oskar Kokoschkas Komposition „Amor und Psyche", in: Mitteilungen der österreichischen Galerie 1961, Jg. 5, Nr. 49, S. 39–40.

Dürre 2007
Stefan Dürre, Art. Engobe, in: Seemanns Lexikon der Skulptur, Bildhauer, Epochen, Themen, Techniken, Leipzig 2007, S. 118.

Edl 2004
Bernhard Edl: „Das Neue Festspielhaus Salzburg", Dipl.-Arbeit, TU Wien, Fakultät für Raumplanung und Architektur, Wien 2004.

Festspielhaus 1960
Das neue Salzburger Festspielhaus. Zur Eröffnung am 26. Juli 1960, hg. v. Republik Österreich, Land Salzburg u. a., Salzburg 1960.

Festspielhausgemeinde 1937
Salzburger Festspielhausgemeinde (Hg.): Führer durch das Salzburger Festspielhaus, Salzburg 1937.

Festspielhausprojekt 1955
Festspielhausprojekt im August 1955, in: Bastei. Blätter des Stadtvereins Salzburg für Erhaltung und Pflege von Bauten, Kultur und Gesellschaft 4 (1955), S. 1–3.

Fischer 1993
Richard K. Fischer (Hg.): Auf den Flügeln des Geistes, Innsbruck 1993.

Fischer 2014
Michael Fischer: Die Salzburger Festspiele. Ihre Bedeutung für die europäische Festspielkultur und ihr Publikum [2. Symposium zum Thema: Festspiele der Zukunft, Jänner 2014], Salzburg 2014.

Fuhrich / Prossnitz 1990
Edda Fuhrich / Gisela Prossnitz: Die Salzburger Festspiele. Ihre Geschichte in Daten, Zeitzeugnissen und Bildern. 1. 1920–1945, Salzburg 1990.

Fuhrmann 1985
Franz Fuhrmann: Der Salzburger Festspielbezirk. Gestalt und Baugeschichte, in: Bühne der Welt. Glanzvolles Salzburg, Bayreuth 1985, S. 55–63.

Gallian 1996
Anita Gallian: Wiener Gobelinmanufaktur 1921–1987, Universität Wien, Dipl.-Arb. 1996.

Gallup 1989
Gallup, Stephen: Die Geschichte der Salzburger Festspiele, Wien 1989.

Gottdang 2009
Andrea Gottdang: Programm und Propaganda. Hans Poelzigs Vorprojekt für das Salzburger Festspielhaus, in: Insitu, Zeitschrift für Architekturgeschichte 1/2 (2009), S. 223–240.

Greger-Amanshauser / Ramsauer 2010
Sabine Greger-Amanshauser / Gabriele Ramsauer: Genius loci, in: Das große Welttheater. 90 Jahre Salzburger Festspiele von A bis Z. Eine Enzyklopädie, Salzburg 2010, S. 23–26.

Gütersloh 1981
Albert Paris Gütersloh: Was ist nun der Art Club? Rede vom 12.4.1947 zum ersten Hervortreten des Art Clubs mit einer Vorschau auf die für Rom vorbereitete Ausstellung seiner Mitglieder, in: Breicha 1981, S. 7–18.

Gugg 2002
Anton Gugg: Kunstschauplatz Salzburg. Lexikon zur Malerei, Skulptur, Grafik und Fotografie seit 1945, Salzburg 2002.

Guggenberger 2006
Ulrike Guggenberger: Im Gravitationsfeld der „Wiener Schule des Phantastischen Realismus" und doch auf eigenständiger Bahn, in: Harry J. A. Poelmann (Hg.): Phantastischer Realismus (Kat. Ausst., Schloss Mattsee bei Salzburg 2006), Kirchberg b. M. 2006, S. 14–22 .

Hadamowsky 1966
Franz Hadamowsky: Ein Gespräch mit Clemens Holzmeister als Einführung, in: Clemens Holzmeister und Salzburg (Kat. Ausst., Salzburger Residenzgalerie 1966), hg. v. Franz Hadamowsky, Salzburg 1966, S. 7–16.

Hauser 1993
Krista Hauser: Richard Kurt Fischer – „Ein verdammt begabtes Luder", in: Fischer 1993, S. 9–13.

Höller 2004
Silvia Höller: Karl Plattner 1919–1986 (Kat. Ausst. RLB-Kunstbrücke, Innsbruck März–Mai 2004), Innsbruck 2004.

Hölz 2015
Christoph Hölz (Hg.): Gibt es eine Holzmeister-Schule? Clemens Holzmeister (1886 – 1983) und seine Schüler, Innsbruck 2015 (Schriftenreihe des Archivs für Baukunst im Adambräu 8).

Hofmannsthal 1952
Hugo von Hofmannsthal: Festspiele in Salzburg, Wien 1952.

Holl 1967
Holl, Oskar: Dokumente zur Entstehung der Salzburger Festspiele, in: Maske und Kothurn, Vierteljahresschrift für Theaterwissenschaft 13, 1967, Heft 2/3, S. 148–179.

Holzbauer 1982
Wilhelm Holzbauer: Komplexität und Widerspruch. Zur Arbeit Clemens Holzmeisters, in: Clemens Holzmeister (Kat. Ausst., Akademie der bildenden Künste Wien 1982), hg. v. Friedrich Achleitner, Wien 1982, S. 13–17.

Holzmeister 1937
Clemens Holzmeister: Bauten, Entwürfe und Handzeichnungen, Salzburg 1937.

Holzmeister 1957
Clemens Holzmeister: Das neue Festspielhaus von Salzburg. Gedanken über die bauliche Entwicklung seit dem Jahre 1926, in: Alte und moderne Kunst 9/10, Innsbruck 1957, S. 7–9.

Holzmeister 1966
Clemens Holzmeister: Bauwerk der Festspiele: „Werden und Wirken". Rede zur Eröffnung der Salzburger Festspiele 1966, Engl. v. Richard Rickett, Französ. v. Martha Eissler, hg. u. komm. v. Max Kaindl-Hönig, Salzburg 1966 (Salzburger Festreden 3).

Holzmeister 1976
Clemens Holzmeister. Architekt in der Zeitenwende, Teil 1: Selbstbiographie, Werkverzeichnis, Salzburg 1976.

Hrdlicka 1969
Alfred Hrdlicka: Alfred Hrdlicka, München 1969 (Moos-Künstler-Bücher 1).

Hrdlicka 1973
Alfred Hrdlicka: Alfred Hrdlicka. Skulptur und grosse Zeichnungen, Wien 1973.

Hunger 1988
Herbert Hunger: Lexikon der griechischen und römischen Mythologie. Mit Hinweisen auf das Fortwirken antiker Stoffe und Motive in der bildenden Kunst, Literatur und Musik des Abendlandes bis zur Gegenwart, 8., erw. Aufl., Wien 1988.

Husslein-Arco 2009
Agnes Husslein-Arco (Hg.): Herbert Boeckl (Kat. Ausst. Retrospektive, Belvedere Wien, 21. Okt. 2009–31. Jan. 2010), Wien 2009.

Kaindl-Hönig 1983
Max Kaindl-Hönig: Arno Lehmann. Keramik, Plastik, Malerei, hg. v. Günter Praschak, Salzburg 1983.

Klaus 1960
Josef Klaus: Das neue Salzburger Festspielhaus zur Eröffnung am Dienstag, den 26. Juli 1960, Salzburg 1960.

Köller 1961
Ernst Köller: Zur Innenausstattung des Salzburger Monsterbaus, in: Alte und moderne Kunst 43 (1961), S. 19–21.

Kolbe 2003
Jürgen Kolbe (Hg.): Wagners Welten (Kat. Ausst., Münchner Stadtmuseum, 17.10.2003–25.1.2004), Wolfratshausen 2003.

Kretschmer 2013
Hildegard Kretschmer: Die Architektur der Moderne, Stuttgart 2013.

Kriechbaumer 2007
Robert Kriechbaumer: Salzburger Festspiele 1945–1960. Bd. 2: Ihre Geschichte von 1945 bis 1960, Salzburg–Wien 2007.

Kriechbaumer 2009
Robert Kriechbaumer: Salzburger Festspiele 1960–1989. Die Ära Karajan, 2 Bde., Salzburg–Wien 2009.

Matten 1960
Rudolf Matten: Kunst aus 10.000 Fäden, in: Express am Wochenende, 16. Juli 1960, S. III.

Mayr 2005
Norbert Mayr: Anton Faistauer und die Monumentalkunst, in: Anton Faistauer 1887–1930, red. v. Anton Laub (Kat. Ausst., Salzburger Museum Carolino Augusteum, 11.2.–22.5.2005), Salzburg 2005, S. 155–222.

Mayr 2010
Norbert Mayr: 90 Jahre Festspielhausgeschichte in Salzburg – Ein Streifzug, in: Architecture & Town-Planning (Architektúra & Urbanizmus) 3–4 (2010), S. 274–293.

Muck u.a. 1978
Herbert Muck, Georg Mladek, Wolfgang Greisenegger: Clemens Holzmeister. Architekt in der Zeitenwende. Sakralbau, Profanbau, Theater, Salzburg 1978.

Muschik 1966
Johann Muschik: Österreichische Plastik seit 1945 (Bücher für Kenner und Sammler), Baden–Wien 1966.

Muschik 1974
Johann Muschik: Die Wiener Schule des Phantastischen Realismus, Wien–München 1974.

Nicolai 2000
Bernd Nicolai: „Zeichen geordneter Macht" – Clemens Holzmeister und die Türkei, in: Clemens Holzmeister, hg. v. Georg Rigele (Kat. Ausst., RLB Kunstbrücke Innsbruck 2000), Innsbruck 2000, S. 116–134.

Pehnt / Schirren 2007
Wolfgang Pehnt / Matthias Schirren (Hg.): Hans Poelzig. 1869 bis 1936. Architekt Lehrer Künstler, München 2007.

Plattner 1954
Karl Plattner, in: Prisma, Mitteilungsblatt des Südtiroler Künstlerbundes, 5 (1954), S. 50–51.

Hapkemayer 1996
Andreas Hapkemayer, Die österreichischen Arbeiten: Salzburg, Innsbruck, Wien, in: Karl Plattner: Die öffentlichen Arbeiten, Texte v. Pier Luigi Siena, Andreas Hapkemayer, Ierma Sega (Kat. Ausst., Museum für moderne Kunst Bozen, 28.11.1996–15.2.1997), Bozen 1996, S. 14–16.

Phantasten 1990
Die Phantasten Brauer, Fuchs, Hausner, Hutter, Lehmden (Kat. Ausst., Künstlerhaus Wien 1990), Wien 1990.

Posch 2010
Wilfried Posch: Clemens Holzmeister. Architektur zwischen Kunst und Politik. Mit einem Werkverzeichnis von Monika Knofler, Salzburg 2010.

Prossnitz 2007
Prossnitz, Gisela: Salzburger Festspiele 1945–1960, Bd. 1: Eine Chronik in Zeugnissen und Bildern, Salzburg und Wien 2007.

Salzburger Nachrichten 27.07.1960
o.V.: Um 19.40 Uhr hob Karajan den Taktstock, in: Salzburger Nachrichten, 27.07.1960, S. 1.

Salzburger Volkszeitung 24.8.1963
o.V.: „18 zu 11 für Hrdlicka-Plastik", in: Salzburger Volkszeitung, 24.08.1963, S. 5.

Schmied 1988
Wieland Schmied: Hoflehner. Wandel und Kontinuität, Stuttgart 1988.

Schmied 2002
Wieland Schmied (Hg.): Geschichte der Bildenden Kunst in Österreich, Bd. 6, München–London–New York 2002.

Skrypzak 2003
Joann Skrypzak: Design Vienna 1890s to 1930s, with essay by Barbara Copeland Buenger, (Kat. Ausst. Elvehjem Museum of Art 2003), Univ. of Wisconsin 2003.

Smola 2004
Franz Smola: Der Teppich ist mein bestes Stück! Herbert Boeckls Bildteppich „Die Welt und der Mensch", in: Belvedere-Zeitschrift für bildende Kunst 2 (2004), S. 18–39.

Smola 2008
Franz Smola: Erzähler und Mythenbildner. Die Phantastischen Realisten und ihre frühen Bildthemen, in: Agnes Husslein-Arco (Hg.): Phantastischer Realismus. Arik Brauer, Ernst Fuchs, Rudolf Hausner, Wolfgang Hutter, Anton Lehmden (Kat. Ausst., Belvedere Wien, 20.5.–14.9.2008), Wien 2008, S. 19–31.

Sotriffer 1981
Kristian Sotriffer: Wander Bertoni. Das plastische Werk 1945 bis 1980, Wien 1981.

Spielmann 2003
Heinz Spielmann: Oskar Kokoschka. Leben und Werk, Köln 2003.

Starke u.a. 2007
Hartmut H. Starke, Harald Scherer, Christian A. Buschhoff: Praxisleitfaden Versammlungsstättenverordnung. Ein Anwendungshandbuch für Berufspraxis, Ausbildung, Betrieb und Verwaltung. 2. überarbeitete Auflage, Berlin u. a. 2007.

Steinberg 2000
Michael P. Steinberg: Ursprung und Ideologie der Salzburger Festspiele 1890–1938, Salzburg [u.a.] 2000 (zuerst als: The meaning of the Salzburg Festival. Austria as theater and ideology, 1890–1938, Ithaca, NY [u.a.] 1990).

Stellungnahme 1955
Stellungnahme der freischaffenden Architekten in Salzburg zur Festspielhausfrage, in: Bastei. Blätter

des Stadtvereins Salzburg für Erhaltung und Pflege von Bauten, Kultur und Gesellschaft 4 (1955), S. 5–6.

Valentien 2008
Freerk Valentien: Ein sehr persönlicher Bericht, in: Weber 2008, S. 66–73.

Weber 2008
Carmen Sylvia Weber (Hg.): Alfred Hrdlicka. Bildhauer, Maler, Zeichner (Kat. Ausst. Kunsthalle Würth, Schwäbisch Hall, 19.1.–29.6.2008; Projekt der Adolf Würth GmbH & Co. KG), unter Mitarbeit von Alfred Hrdlicka, Künzelsau 2008.

Wiesner 2006
Franziska Wiesner: Das Grosse Festspielhaus Salzburg. Die künstlerische Ausgestaltung unter Clemens Holzmeister (1959–1960), Universität Salzburg, Dipl.-Arb. 2006.

Wolf 2014
Norbert Christian Wolf: Eine Triumphpforte österreichischer Kunst. Hugo von Hofmannsthals Gründung der Salzburger Festspiele, Salzburg–Wien 2014.

Wutzel 1980
Otto Wutzel: Gudrun Baudisch Keramik. Von der Wiener Werkstätte zur Keramik Hallstatt, Linz 1980.

Websites / Internetseiten / Film

Autogenes Brennschneiden
https://de.wikipedia.org/wiki/Autogenes_Brennschneiden (aufgerufen am 12.1.2017).

Brünieren
https://de.wikipedia.org/wiki/Brünieren (aufgerufen am 4.7.2017).

Bertoni
www.wanderbertoni.com (aufgerufen am 8.2.2017).

Finscher 2016
Ludwig Finscher, Art. Pause, I., in: MGG Online, hrsg. von Laurenz Lütteken, Kassel–Stuttgart–New York. 2016ff., zuerst veröffentlicht 1997, online veröffentlicht 2016, https://mgg-online.com/article?id=mgg15893&v=1.0&rs=id-2d7b22a4-c700-f7f1-7007-d80a8a150144 (aufgerufen am 10.5.2017).

Freiluftorgel im Toscaninihof
http://www.salzburg.com/wiki/index.php/Freiluftorgel_im_Toscanini-Hof (aufgerufen am 4.7.2017).

Hutter wird 80
ORF, Wien Heute: Wolfgang Hutter wird 80, Sendung 13.12.2008.

Interview Holzmeister
Interview mit dem Architekten Clemens Holzmeister, Interviewer Erich Schenk, Wien, 11.4.1967, Österreichische Mediathek, , 43:30min, http://www.mediathek.at/atom/131CE428-39D-0013D-00000 F38-131BE0B7 – Minute 24 (aufgerufen am 4.6.2017).

Jacobi 1956
Johannes Jacobi: „Deutsche Städte bauen neue Theater", in: Die Zeit 28 (12. Juli 1956), http://www.zeit.de/1956/28/deutsche-staedte-bauen-neue-theater (aufgerufen am 6.7.2017).

Platen 2016
Emil Platen, Art. Fuge, I.–IV., in: MGG Online, hg. v. Laurenz Lütteken, Kassel–Stuttgart–New York, 2016ff., zuerst veröff. 1995, online veröffentlicht 2016, https://mgg-online.com/article?id=mgg15404&v=1.0&rs=id-d74a7ada-cf5e-172e-0bee-ff3b891506e5 (aufgerufen am 10.5.2017).

Schumann / Prokop / Scheidl 2014
Petra Schumann, Ursula Prokop, Inge Scheidl, Art. Clemens Holzmeister, in: Architektenlexikon Wien 1770-1945, Architekturzentrum Wien, online veröffentlicht am 29.1.2008, geändert am 24.4.2014, http://www.architektenlexikon.at/de/241.htm (aufgerufen am 6.7.2017).

ORF Bericht 1960
ORF Aufzeichnung, Medienarchiv: Festspielhaus Salzburg, 24.6.1960, 20:20 min.

Wolfgang Hutter 1967
ORF, Das Österreich-Porträt. Wolfgang Hutter, Sendung 9.7.1967.

Wollner
Michaela Wollner, http://www.leoandgretlwollner.com (aufgerufen am 4.7.2017).

Bildquellen

Wir haben uns bemüht, bei den hier verwendeten Bildern die Rechteinhaber ausfindig zu machen. Falls es dessen ungeachtet Bildrechte geben sollte, die wir nicht recherchieren konnten, bitten wir um Benachrichtigung an den Verlag. Berechtigte Ansprüche werden im Rahmen der üblichen Vereinbarungen abgegolten.

Pläne und Skizzen befinden sich, soweit nicht anders vermerkt, im ASF

22 Guckkastenbild; Inv. Nr. G 945, ca. 1760, Gouache auf Holz, 16,7 x 23,6 cm. Kunstsammlungen der Erzabtei St. Peter, Salzburg

24 Clemens Holzmeister und Salzburg, Katalog der Ausstellung Residenzgalerie Salzburg, Salzburg 1966

40 Johann Michael Sattler. Die Pferdeschwemme bei den Hofstallungen in Salzburg, 1828, Salzburg Museum, InvNr. 53–25.

45 LH Josef Klaus: Bundeskanzleramt/Bundespressedienst

145, 146/147 unten, 147 oben rechts, 148/149 unten aus: Die Kunst und das Schöne Heim, April 1964.

Bildmaterial aus dem Archiv der Salzburger Festspiele

9, 13, 20, 23 (rechts), 26, 32, 54, 55, 56 (beide), 96, 98 (oben), 132, 188 Archiv der Salzburger Festspiele/Foto Karl Ellinger

15 Nachlass Gustav Schikola Fotosammlung OstLicht, Wien

21, 43 Oskar Anrather

23 (links) Archiv der Salzburger Festspiele Foto B. Kerschner

25 (oben) Salzburger Festspiele Foto Andreas Kolarik

31, 53 Carl Pospesch – Photo Dina Mariner Lienz

35 Ausschnitt aus einer Zeitschrift ungeklärter Provenienz

44 Archiv der Salzburger Festspiele Foto Würth & Sohn Nachf.

52, 57, 113 Archiv der Salzburger Festspiele

98 (unten) Archiv der Salzburger Festspiele Foto Ferdinand Schreiber

214 (unten) Diaarchiv Abteilung Kunstgeschichte, Universität Salzburg, Foto Oskar Anrather

© Für alle anderen Fotos, inklusive Aufnahmen der Kunstwerke: Hubert Auer Fotowork, Hallein/Salzburg

Bildrechte der KünstlerInnen

29 Rüdiger Fahrner, Porträt Clemens Holzmeisters, © Bildrecht, Wien 2018

106–108 Blick in die Eingangshalle mit Wander Bertonis „Theater" und „Musik", 1960, © Bildrecht, Wien 2018

109 Wander Bertoni, Musik, 1960 © Bildrecht, Wien 2018

110 Wander Bertoni, Theater, 1960 © Bildrecht, Wien 2018

160 Oskar Kokoschka, Amor und Psyche (Detail), 1958 © Fondation Oskar Kokoschka/Bildrecht, Wien, 2018

162 Oskar Kokoschka, Amor und Psyche, 1958 © Fondation Oskar Kokoschka/Bildrecht, Wien, 2018

163 Oskar Kokoschka, Männliche Chimäre und Sonne, weibliche Chimäre und Mond, 1958 © Fondation Oskar Kokoschka/Bildrecht, Wien, 2018

164, 166–167, 169 Herbert Boeckl, Sphärenklänge, Herbert Boeckl Nachlass

171, 172, 174–179 Karl Plattner, Salzburg, seine Erbauer und seine Musik, 1960 © Bildrecht, Wien 2018

170, 180–185 Wolfgang Hutter, Von der Nacht zum Tag, 1960 © Bildrecht, Wien 2018

191–193 Heinz Leinfellner, Reliefs, 1960 © Bildrecht, Wien 2018

194 Giselbert Hoke, Der Kampf zwischen Gutem und Bösem, 1960 © Bildrecht, Wien 2018

228 Markus Prachensky, Swing de Provence, 2007 © Brigitte Prachensky

230-232 Robert Longo, Dreams with the Wrong Solution, 1993 © Bildrecht, Wien, 2018

233 Andreas Urteil, Der Wächter, 1962 © Werknutzungsrechte Nachlass Andreas Urteil

234 Cynthia Polsky, Black Forest Light, 1973 © Cynthia Polsky

235 Daniel Richter, Musik, 2008 © Bildrecht, Wien, 2018

236 Oskar Kokoschka, Männliche Chimäre mit Sonne, weibliche Chimäre mit Mond, 1956 © Fondation Oskar Kokoschka/Bildrecht, Wien, 2018

Für alle Werke Clemens Holzmeisters: Archiv für Baukunst, Universität Innsbruck.

Wir danken den NachfahrInnen aller KünstlerInnen, die uns unentgeltlich die Genehmigung erteilt haben, die Kunstwerke abzubilden.

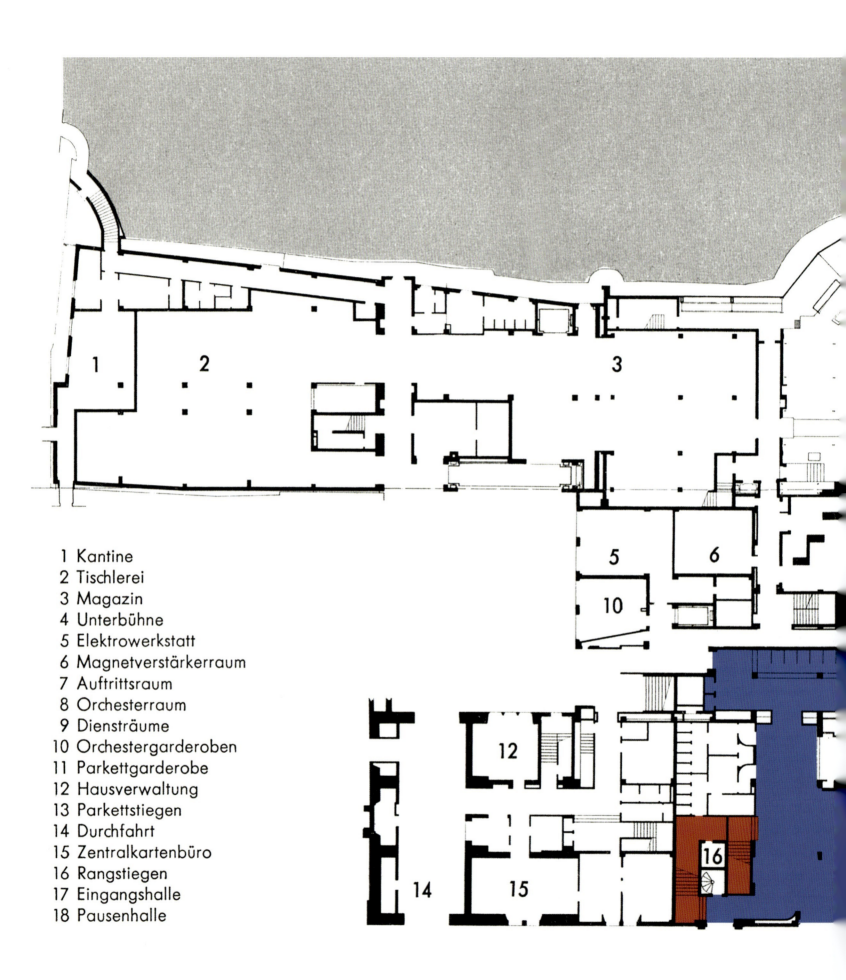

1 Kantine
2 Tischlerei
3 Magazin
4 Unterbühne
5 Elektrowerkstatt
6 Magnetverstärkerraum
7 Auftrittsraum
8 Orchesterraum
9 Diensträume
10 Orchestergarderoben
11 Parkettgarderobe
12 Hausverwaltung
13 Parkettstiegen
14 Durchfahrt
15 Zentralkartenbüro
16 Rangstiegen
17 Eingangshalle
18 Pausenhalle

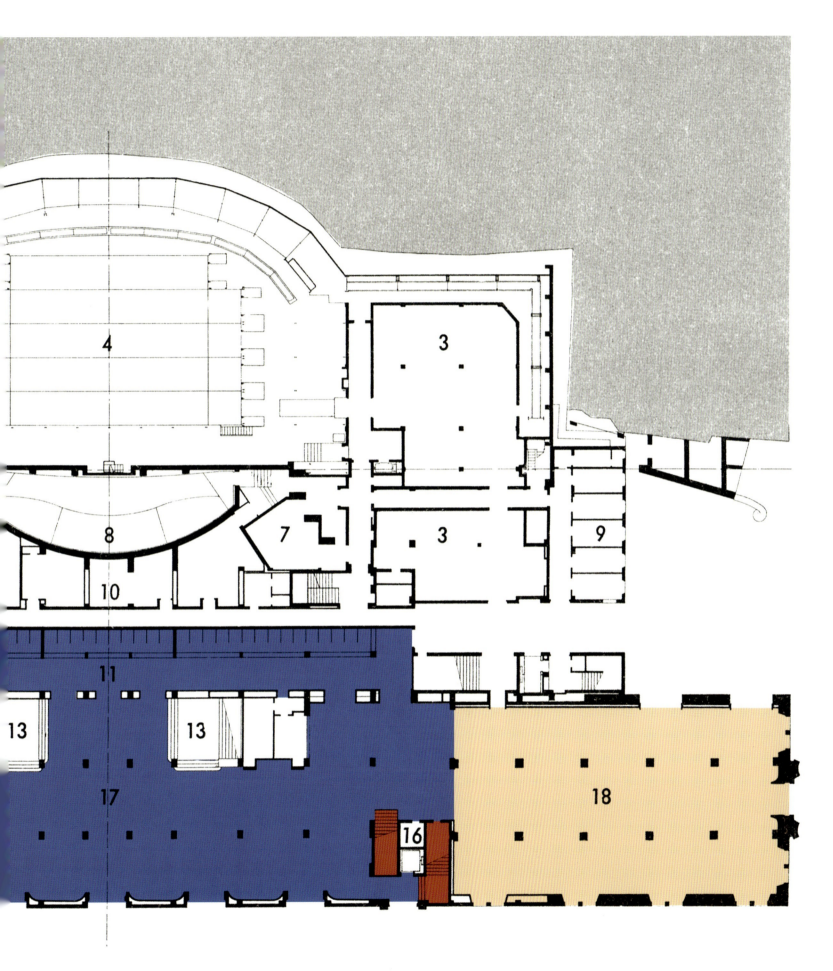

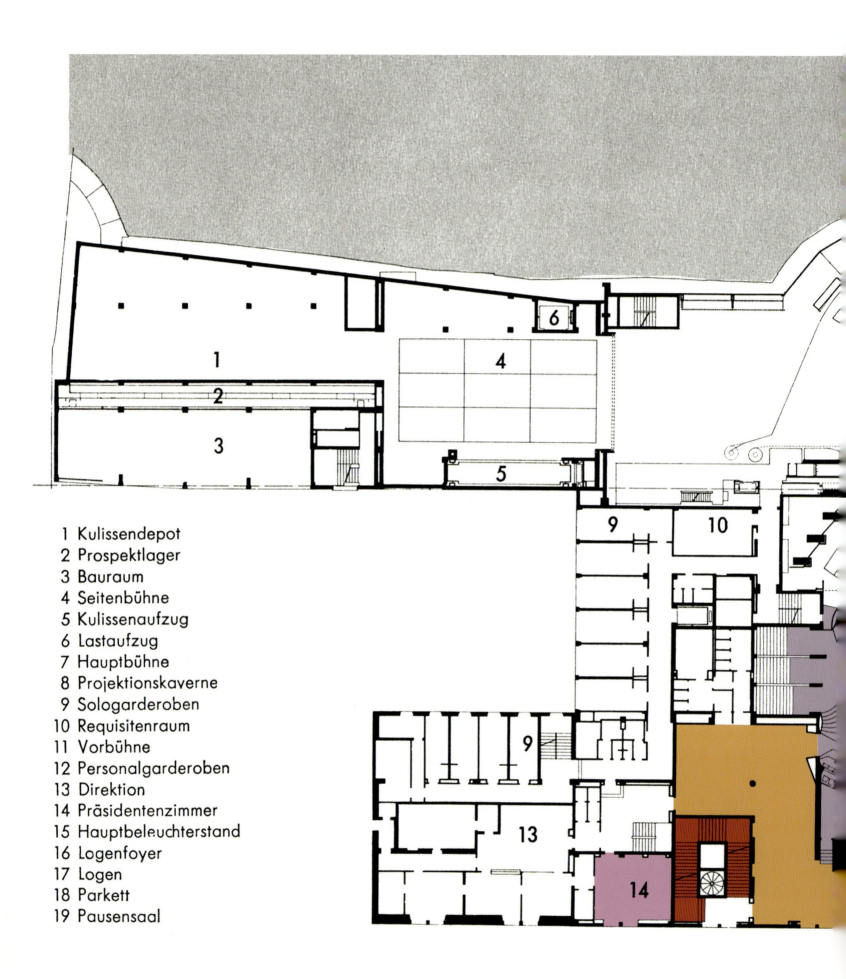

1 Kulissendepot
2 Prospektlager
3 Bauraum
4 Seitenbühne
5 Kulissenaufzug
6 Lastaufzug
7 Hauptbühne
8 Projektionskaverne
9 Sologarderoben
10 Requisitenraum
11 Vorbühne
12 Personalgarderoben
13 Direktion
14 Präsidentenzimmer
15 Hauptbeleuchterstand
16 Logenfoyer
17 Logen
18 Parkett
19 Pausensaal

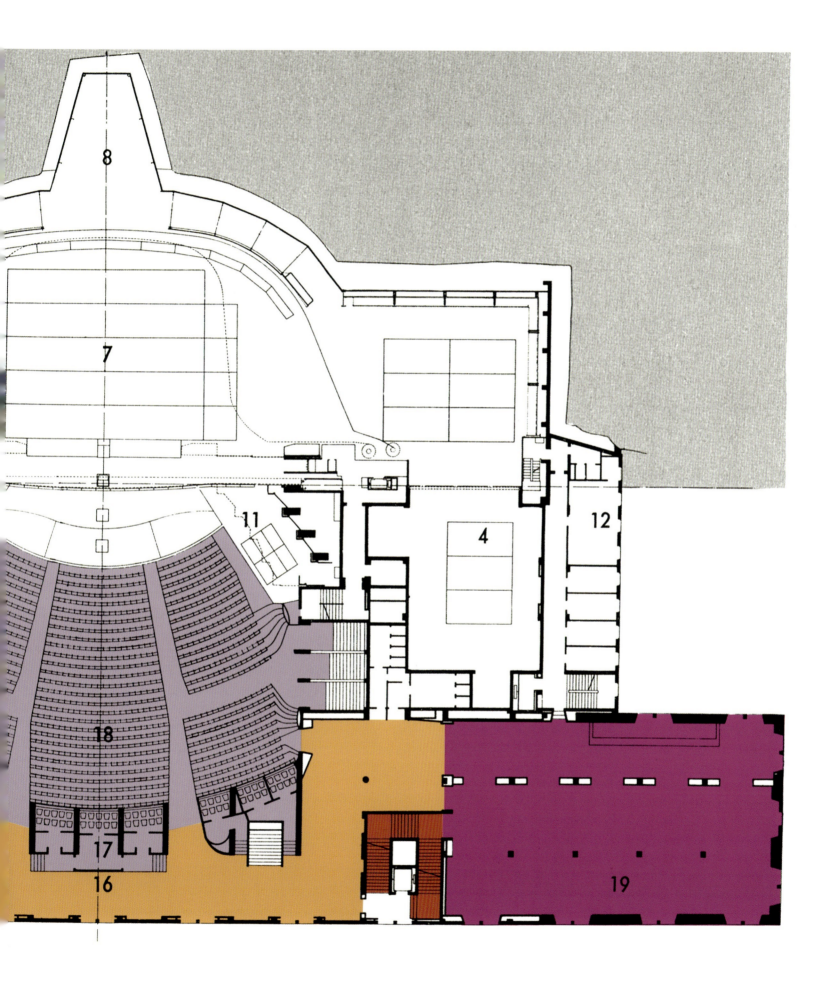

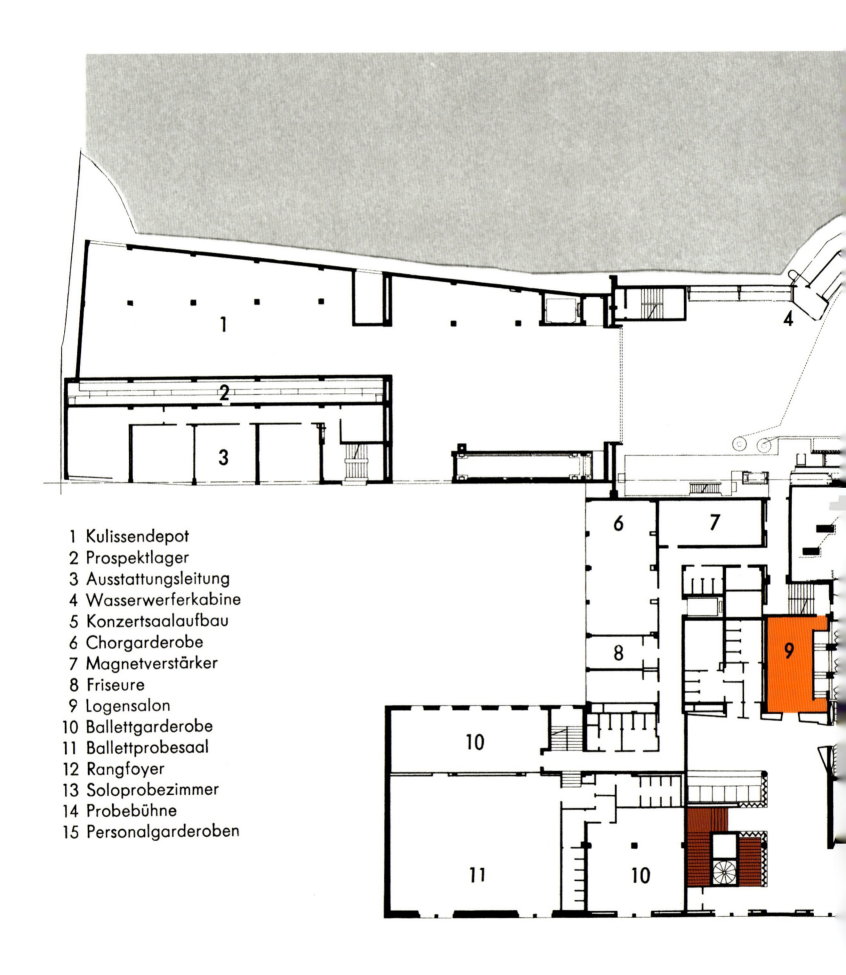

1 Kulissendepot
2 Prospektlager
3 Ausstattungsleitung
4 Wasserwerferkabine
5 Konzertsaalaufbau
6 Chorgarderobe
7 Magnetverstärker
8 Friseure
9 Logensalon
10 Ballettgarderobe
11 Ballettprobesaal
12 Rangfoyer
13 Soloprobezimmer
14 Probebühne
15 Personalgarderoben

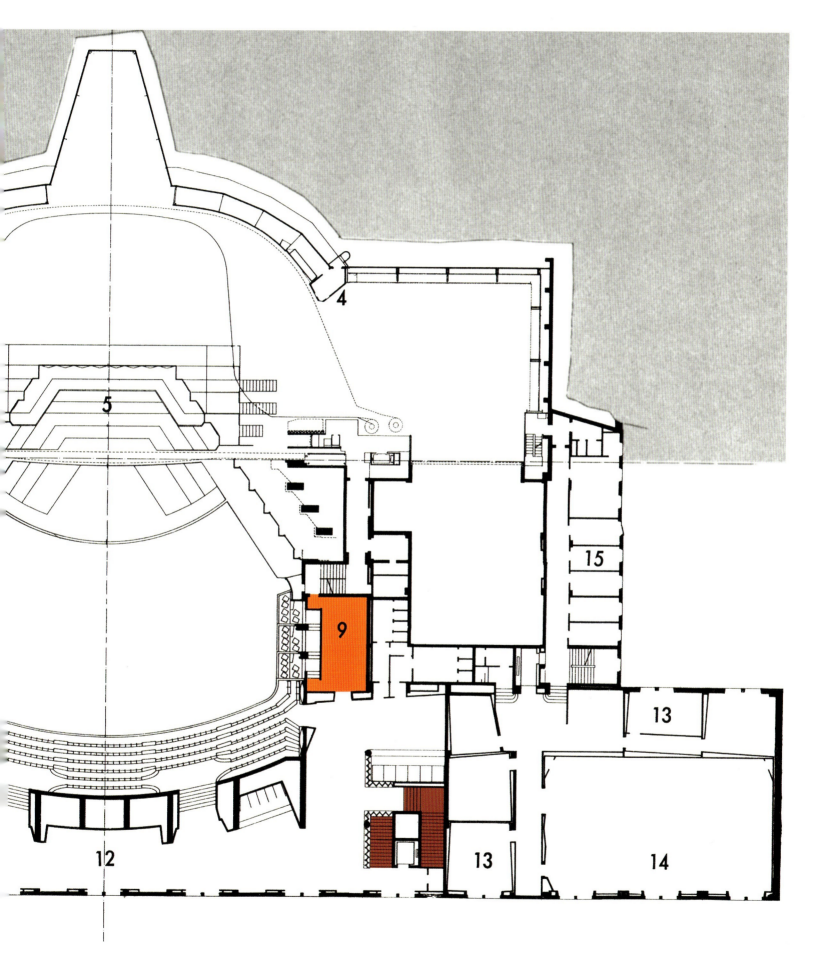

Impressum

Kunststandort Salzburg
Das Große Festspielhaus – Clemens Holzmeisters Gesamtkunstwerk

Herausgegeben von
Andrea Gottdang und Ingonda Hannesschläger

Salzburg, 2018

Autoren:
Gudrun Ball
Petra Brugger-Rückenbach
Andrea Gottdang
Ingonda Hannesschläger
Doris Huber
Günther Jäger
Annika Jeuter
Karin Kovarbasic
Thomas Pensler
Rudolf Plaichinger
Helga Rabl-Stadler
Jakob Reitinger
Tanja von Schilling

Redaktion: Andrea Gottdang, Ingonda Hannesschläger
Foto und Bildbearbeitung: Hubert Auer
Satz und Layout: Dennis de Kort
Druck: Aumayer Druck und Verlag, Munderfing
ISBN 978-3-903078-20-8

Artbook
Dennis de Kort
5020 Salzburg, Forellenweg 35
www.artbook.at

Alle Rechte vorbehalten. Ohne ausdrückliche Genehmigung des Verlegers und der Herausgeber ist es nicht gestattet, dieses Buch oder Teile davon auf fotomechanischem oder elektronischem Weg zu vervielfältigen. Für den Inhalt verantwortlich sind die namentlich ausgewiesenen Autoren.

Spezieller Dank an:
Dr. Klaus und Manuela Esser
Universität Salzburg
Salzburger Festspielfonds
Freunde der Kunstgeschichte